April Cassidy

Er statt ich

Wie ich Gott und meinen Mann ehren lernte

CLV

Die Autorin und die Herausgeber bieten keine medizinische oder psychologische Hilfe, und dieses Buch verfolgt nicht das Ziel, eine Diagnose zu stellen oder medizinische oder psychologische Probleme zu behandeln. Wenn du als Leserin medizinische, psychologische oder andere fachliche Unterstützung benötigst, nimm bitte die Dienstleistung deiner Krankenversicherung oder eines professionellen Beraters in Anspruch.

Persönliche Geschichten wurden mit Genehmigung veröffentlicht. In einigen Fällen wurden Namen und weitere persönliche Details geändert, um die Privatsphäre der beteiligten Personen zu schützen.

Bibelzitate sind der Elberfelder Bibelübersetzung, Edition CSV Hückeswagen 2003, entnommen.

1. Auflage 2021
2. Auflage 2025

Christliche Literatur-Verbreitung e.V.
Ravensberger Bleiche 6 · 33649 Bielefeld
www.clv.de

Bei Fragen zur Produktsicherheit erreichen Sie uns
über gpsr@clv.de oder auf dem Postweg.

Übersetzung: Erika Breul, Köln
Satz: EDV- und Typoservice Dörwald, Steinhagen
Umschlag: Lucian Binder, Marienheide
Druck und Bindung: Finidr

Artikel-Nr. 256658
ISBN 978-3-86699-658-8

CLV

Ich widme dieses Buch meinem geliebten Ehemann Greg. Ich bin so dankbar für deine Geduld mit mir. Während ich darum kämpfte, eine gottesfürchtige Ehefrau zu sein, bist du mir so ein schönes Vorbild von Jesu Gnade gewesen, von seiner Barmherzigkeit, Vergebung und seiner bedingungslosen Liebe zu mir. Ich danke und preise Gott für das, was er in uns und in unserer Ehe getan hat. All das hätte ich gewiss nicht alleine geschafft. Was für ein Geschenk Gottes, dass wir seinen schmalen Weg gemeinsam gehen dürfen.

Vorwort

Heute (2016) bin ich eine glücklich verheiratete christliche Mutter von zwei Kindern. Ich arbeite in Teilzeit als Apothekerin und blogge über Themen rund um die christliche Ehe. Es ist meine größte Leidenschaft, Gottes Vorstellungen von Ehe mit anderen Frauen zu teilen. In diesem Buch möchte ich zusammen mit dir Einiges entdecken, von dem ich wünschte, dass ich es schon vor meiner eigenen Hochzeit mit Greg gelernt hätte. Ich bete, dass Gott meine schmerzhaften Erfahrungen nutzen kann, um dir zu helfen, die Fehler zu vermeiden, die ich beging, und durch die ich meinem eigenen Glück im Weg stand. Möge er dir stattdessen seine lebendige, wunderbare Weisheit geben. Ich bin keine professionelle Eheberaterin, Psychologin, Psychotherapeutin oder sonst wie ausgebildete »Expertin«. Ich bin eine Ehefrau, die Gott von ganzem Herzen liebt und die von ihren persönlichen, lebensverändernden Erfahrungen mit Jesus Christus und der Bibel erzählen möchte.

Ich schreibe aus der Perspektive einer willensstarken Ehefrau, die sich kontrollierend, bestimmend, perfektionistisch, menschengefällig, übertrieben verantwortungsbewusst und »hilfsbereit« verhielt und einen passiven, antriebslosen Ehemann dominierte. In diesem Buch beschreibe ich in erster Linie meine eigenen Erfahrungen. Aber Gott schenkte mir das Privileg, zu sehen, wie er Hunderte Frauen und ihre Ehen durch meinen Blog (www.peacefulwife.com) verändert hat, und ich freue mich, dass ich auch die Geschichten einiger dieser Ehefrauen teilen darf.

Wir alle haben unsere eigene Weltanschauung, unsere eigene Persönlichkeit und unsere eigene persönliche Geschichte, die beeinflusst, in welcher Art und Weise wir das aufnehmen, was wir lesen. Obwohl Gottes Wort für alle Ehen und alle Situationen gilt, wird mein Buch wahrscheinlich der Kategorie Ehe am meisten helfen, in der eine dominante Frau mit einem passiven Ehemann verheiratet ist. Frauen, die eher schüchtern, zu unterwürfig oder passiv sind, müssen sich dem biblischen Konzept einer gottesfürchtigen Ehefrau womöglich aus einem anderen Blickwinkel nähern. Vielleicht müssen sie lernen, ihre Meinung deutlicher zu vertreten und mutiger zu sein. Ich möchte offen darüber sein, in welche Richtung meine Gedanken gehen, damit so viele Frauen wie möglich Nutzen aus meinem Buch ziehen können.

Mein Ziel ist es, Gott mit jedem Wort, das ich schreibe, zu ehren. Ich bete, dass jeder Gläubige meine Worte sorgfältig anhand der Heiligen Schrift prüft. Ich bin schließlich auch nur ein Mensch und kann mich irren. Die Bibel ist die einzige Quelle absoluter Wahrheit. Als Nachfolger Christi sollen wir Jesus lieben und ihm gehorchen. Was wir damit in unserem Leben erreichen, liegt in seiner Hand.

Ein Buch reicht lange nicht aus, um alles zu fassen, was man darüber wissen muss, eine gottesfürchtige Ehefrau zu sein. Aber ich freue mich darauf, wenigstens etwas mit dir teilen zu können. Ich bete, dass Gott deinen Weg mit ihm und deine Ehe reichlich segnet, während du betend diese Seiten liest. Ich bete, dass Gott mich dazu benutzt, dich auf Jesus als Retter und Herrn und auf die Weisheit seines Wortes hinzuweisen. Ich bete für dich, meine liebe neue Freundin, dass du übernatürlichen Frieden, große Freude und ein Leben in Fülle erfährst, das Gott für Frauen wie dich vorbereitet hat, die Jesus über alles andere auf dieser Welt ehren und gefallen wollen. Jesus und der Heilige Geist sind Schlüssel zu einem gottgefälligen Leben. Ich kann dir die harte Arbeit nicht abnehmen, aber ich freue mich riesig über das Privileg, dich auf dieser aufregenden Reise zu begleiten. Ich habe selbst noch Tausende Kilometer vor mir. Keine von uns wird perfekt sein, bis wir im Himmel sind und Jesus, unserem Herrn, gegenüberstehen. Und auch wenn du versuchst, Gott zu gefallen, gibt es keine Garantie für bestimmte Ergebnisse in deiner Ehe oder im Leben deines Mannes. Aber du darfst wissen, dass Gott radikale Veränderung in *dir* bewirken wird, wenn du ihn von ganzem Herzen suchst und in vollem Gehorsam ihm gegenüber wandeln möchtest.

> Denn ich weiß ja die Gedanken, die ich über euch denke, spricht der HERR, Gedanken des Friedens und nicht zum Unglück, um euch Ausgang und Hoffnung zu gewähren. Und ihr werdet mich anrufen und hingehen und zu mir beten, und ich werde auf euch hören. Und ihr werdet mich suchen und finden, denn ihr werdet nach mir fragen mit eurem ganzen Herzen; und ich werde mich von euch finden lassen, spricht der HERR. (Jeremia 29,11-14)

> So spricht der HERR, dein Erlöser, der Heilige Israels: Ich bin der HERR, dein Gott, der dich lehrt zu tun, was dir nützt, der dich leitet auf dem Weg, den du gehen sollst. O dass du geachtet hättest auf meine Gebote! Dann wäre dein Frieden gewesen wie ein Strom und deine Gerechtigkeit wie Meereswogen. (Jesaja 48,17-18)

Wichtig: Wenn du in deiner Ehe mit ernsthaften Problemen konfrontiert bist – körperlicher, emotionaler oder seelischer Misshandlung, Drogen- oder Alkoholabhängigkeit, unkontrollierten psychischen Störungen, kriminellen Aktivitäten, extremer Kontrolle und Manipulation, sexueller Untreue usw. –, suche bitte so schnell wie möglich die angemessene Hilfe einer gottesfürchtigen und erfahrenen Person! Wenn du zu Hause nicht sicher bist, bringe dich und deine Kinder in Sicherheit. Dieses Buch soll Missbrauch oder Sünde nicht gutheißen. Ich möchte nicht, dass Frauen gegen ihre Ehemänner sündigen, und ich möchte nicht, dass Männer gegen ihre Ehefrauen sündigen.

Schwere Eheprobleme gehen über den Rahmen dieses Buches hinaus. Ich schreibe als ältere Frau, Freundin und Schwester im Herrn, die jüngeren Frauen helfen möchte, in ihrem Verständnis einer gottesfürchtigen Ehe zu wachsen. Menschen mit schwerwiegenden Problemen benötigen persönliche Hilfe von gottesfürchtigen, weisen, reifen, erfahrenen Fachleuten, die in den jeweiligen Situationen angemessene Hilfe bieten können.

Matthew und Jen

Eines Abends beschloss Matthew, für das Abendessen Steaks auf der Terrasse zu grillen. In der Nähe des Grills schwärmten viele Fliegen, also bat er ihren jugendlichen Sohn Jacob, die Fliegenklatsche zu holen. Jen lachte und sagte: »Jacob, die brauchst du nicht zu holen. Das ist einfach verrückt. So viele Fliegen kannst du niemals mit einer kleinen Fliegenklatsche töten.« Jacob gehorchte seiner Mutter: Er ging ins Haus und ignorierte Matthews Bitte. Jen war überrascht, als Matthew plötzlich still wurde und den Rest des Abends schweigsam blieb. Jen hatte keine Ahnung, worüber ihr Mann so verärgert war.

John und Megan

Eines Morgens machte Megan sich zur Arbeit fertig und war dabei noch damit beschäftigt, Johns Verwandten, die einige Tage in ihrem Haus verbrachten, ein besonderes Frühstück vorzubereiten. John betrat die Küche und Megan sagte: »Schatz, kannst du mir kurz helfen? Ich würde gerne noch ein paar Sachen fertig machen, aber ich muss jetzt wirklich los.« John antwortete: »Mach dir keine Mühe, das passt schon so.« Megan verteidigte sich: »Ich habe nur versucht, dir zu helfen, damit du deiner Familie etwas zum Frühstück anbieten kannst.« Ihr Mann erwiderte: »Die sind keine Babys. Sie wissen selbst, was sie essen wollen – und außerdem sind sie nicht deine Familie.«

Megan starrte John an und schoss zurück. »Also sollen sie sich ihr Frühstück selbst zusammensuchen, wenn sie aufwachen?« So ging es noch eine Weile weiter, bis Megan aufgebracht herausplatzte: »Du bist unglaublich!« Nach einigen weiteren Sticheleien sagte John hart: »Wenn du nur deine Klappe halten würdest, hätten wir diese Probleme nicht.« Völlig außer sich verließ Megan das Haus – sie konnte nicht verstehen, was gerade passiert war. Wie konnte eine unschuldige Bitte um Hilfe, Johns Verwandten ein guter Gastgeber zu sein, so viel Schaden anrichten? Warum war John so schwierig? Der ganze Tag war ruiniert.

Greg und April

Wie immer kam April auch an diesem Tag erst spät von der Arbeit nach Hause. Als sie die Tür öffnete, kam ihr der Geruch eines köstlichen warmen Abendessens entgegen. Froh ging sie in die Küche und sah, wie Greg lächelnd den Tisch deckte. Dann fiel ihr Blick auf das Spülbecken. Es war überfüllt mit schmutzigen Töpfen und Pfannen. Ihre Stimmung sank. Sie wusste, dass sie eine halbe Stunde dafür brauchen würde, all das Geschirr von Hand zu spülen. Ganz zu schweigen von der Zeit, die sie damit verbringen würde, Herd und Arbeitsplatte von all den Fettspritzern zu säubern. Greg bemerkte Aprils Blick und sagte stolz: »Schau, Schatz, ich habe die Töpfe und Pfannen schon mal für dich vorgespült!« Sie stieß einen verärgerten Seufzer aus und begann mit einer sarkastischen Lektion: »Ja. Das ist einfach toll! Dafür bekommst du eine 3+. Du hast mir trotzdem noch einen ganzen Stapel schmutziges Geschirr stehen lassen, das ich von Hand spülen kann. Warum hast du es nicht selbst gespült?« Schnell verschwand das Lächeln aus dem Gesicht ihres Mannes.

Es hätte ein lustiger, romantischer, schöner, intimer Abend werden können, stattdessen entstanden verletzte Gefühle, Bitterkeit und Stille. Greg verbrachte den Abend wie sonst: in das Fernsehprogramm vertieft, ohne seiner Frau viel Aufmerksamkeit zu schenken. Und April fühlte sich wie so oft ignoriert, erschöpft, unbeachtet, überfordert, einsam, verbittert und verärgert.

Was ist hier nur los?

Warum finden wir es so schwierig, uns einfach mit unseren Männern zu unterhalten? Warum ist die Beziehung zwischen Ehemännern und Ehefrauen heutzutage oft so angespannt? Warum müssen Männer nur so dickköpfig, nervig und kompliziert sein? Warum können sie nicht einfach das tun, was wir ihnen sagen, und sich darauf konzentrieren, uns glücklich zu machen? Das Leben wäre so viel einfacher, oder?

Es scheint, als wäre den Ehen während der letzten Jahrzehnte ein großes Puzzlestück abhandengekommen. Wir wissen, dass es besser laufen könnte. Wir bemühen uns sehr, an unseren Beziehungen zu arbeiten. Vielleicht lesen wir sogar viele christliche Eheratgeber und beten täglich, aber wir können unsere Ehemänner einfach nicht dazu bringen, am gleichen Strang zu ziehen wie wir. Wir geben unseren Männern hilfreiche Tipps und kluge Ratschläge, äußern frei unsere Meinung und sagen offen, was wir denken und fühlen. Wir erklären, wie ungeliebt, voneinander losgelöst, einsam und verletzt wir uns in unserer Ehe fühlen. Wir sagen ihnen genau, was sie tun könnten, um bessere Ehemänner zu sein und uns das Gefühl zu geben, geliebt zu werden. Wir sagen ihnen, dass sie uns nicht genug Aufmerksamkeit schenken. Wir sagen ihnen, dass sie eine engere Beziehung zu den Kindern suchen und romantischer mit uns umgehen müssten. Wir versuchen, liebevoll und hilfsbereit zu sein. Wir versuchen, Zeit für unsere Männer zu finden – Zeit zum Reden und Sich-Anvertrauen. Und dennoch fühlen wir uns sehr oft nicht zurückgeliebt. Vielleicht lassen wir uns auch nicht anmerken, wie verletzt wir uns fühlen. Wir bleiben einfach distanziert, bedrückt, angsterfüllt und einsam.

An dieser Stelle wird es persönlich. Fühlst du dich von deinen Erwartungen an die Ehe betrogen? Weinst du nachts in dein Kissen, weil es dir an Romantik, Verbundenheit und Dynamik in deiner Ehe fehlt? Vielleicht folgst du der Goldenen Regel: Du versuchst, mit deinem Ehemann zu reden und ihn so zu lieben, wie du selbst geliebt werden möchtest, aber es scheint nicht zu funktionieren. Du versuchst, eine gute christliche Ehefrau zu sein, aber es scheint, als würde dein Mann seinen Teil der Abmachung einfach nicht einhalten. Vielleicht hast du in deiner Ehe tiefe Wunden und Leid davongetragen. Du denkst, dass all deine Eheprobleme sich in Luft auflösen würden, wenn dein Ehemann sich nur ändern würde und liebevoller, freundlicher, geduldiger, offener, aufmerksamer, romantischer, verständnisvoller wäre …

So habe ich lange gedacht! Dann öffnete Gott plötzlich meine Augen. Was mir fehlte, hatte eigentlich schon die ganze Zeit direkt vor mir in der Bibel gesteckt. Leider hat unsere Kultur Gottes Vorstellungen von Ehe weitestgehend vergessen und verdreht. So konnte ich lange Zeit nicht sehen, was Gott eigentlich von mir als Ehefrau verlangte. Was er immer noch von mir und von allen anderen Ehefrauen verlangt.

In Epheser 5 gibt Gott Ehemännern und Ehefrauen sehr explizite Anweisungen und macht den eigentlichen Zweck und die Absicht einer Ehe deutlich. Wenn du so bist wie ich in meinen jungen Ehejahren, verbringst du vielleicht mehr Zeit damit, darüber nachzudenken, wie dein Mann Gottes Geboten besser gehorchen könnte, als darüber, was Gott in dir verändern möchte. In diesem Buch soll es nur darum gehen, was Gott uns als Ehefrauen befiehlt und wie wir diese Anweisungen alltäglich auf eine sehr praktische Weise ausleben können, die uns bisher vielleicht noch nicht bewusst war. Ich werde mich hier nicht damit beschäftigen, was Gott den Ehemännern sagt, aber das bedeutet nicht, dass sie aus dem Schneider sind. Das ganze Wort Gottes gilt für sie genauso wie für uns. Vor Gott werden sie für ihren eigenen Gehorsam ihm gegenüber Rechenschaft ablegen müssen und dafür, ob sie die Männer waren, zu denen er sie berufen hat. Aber jetzt sollten wir Frauen uns auf unsere Beziehung zu Gott konzentrieren. Es liegt in unserer Macht, unseren Ehen viel Heilung und Segen einzuhauchen, wenn wir uns dafür entscheiden, in Gottes Willen, in seiner Weisheit, seinem Wort und in der Kraft seines Geistes zu leben.

Ich bete, dass wir mit neuen Augen sehen lernen, was Gott uns als Frauen und Ehefrauen in der Bibel zu sagen hat.

Ich bete, dass wir in diesem Buch gemeinsam herausfinden, was es tatsächlich bedeutet, eine gottesfürchtige Frau in der heutigen Gesellschaft zu sein. Wir wollen unter die Lupe nehmen, was ein Mann als Respektlosigkeit wahrnimmt, wie wir als Evas Töchter die Tendenz dazu haben, alles bestimmen zu wollen, und wie echter Respekt unseren Ehemännern gegenüber praktisch aussieht. Wir werden uns mit dem weithin missverstandenen Konzept der biblischen Unterordnung befassen und darüber sprechen, warum die göttliche Idee der Ehe funktioniert und wie wir darin Freiheit, Freude und Intimität mit Gott und unserem Ehepartner finden. Schließlich werden wir auch einige praktische Schritte besprechen, die uns helfen, unser Frausein so zu leben, wie Gott es sich wünscht. Vor allem soll es um unsere eigene Vertrautheit mit Jesus, unsere Unterordnung unter ihn als Herrn und um unsere Ehrfurcht vor ihm gehen.

1
Meine Geschichte

Greg und ich lernten uns kennen, als ich fünfzehn und er sechzehn Jahre alt war, und wir waren sechs Jahre zusammen, bevor wir heirateten. Er war mein einziger fester Freund. Einmal trennte ich mich für drei elende Wochen von ihm, kurz bevor ich 1991 aufs College ging. Abgesehen davon gab es zwischen uns praktisch keinen Konflikt. Schon gegen Ende der zehnten Klasse sprachen wir über Ehe. Ich konnte es kaum erwarten, Greg zu heiraten. Er war so ein zuverlässiger, verantwortungsbewusster, vertrauenswürdiger, gut aussehender, intelligenter, athletischer, leistungsfähiger, aufmerksamer, liebevoller, gottesfürchtiger junger Mann. In der Schule bestand er alle Kurse mit Auszeichnung, genau wie ich. Meine Gefühle waren ihm wichtig und er machte meinen Familienmitgliedern jedes Jahr gut ausgewählte Weihnachtsgeschenke. Einmal die Woche führte er mich auf ein Date aus und ließ sich bei unseren abendlichen stundenlangen Telefonaten auf lange, tiefgehende Diskussionen über alle möglichen Probleme der Welt oder theologische Dinge ein. Meine Familie liebte ihn und ich hatte den Segen meiner Eltern. Meine Ehe mit Greg würde das Beste sein! Alle meine Träume würden wahr, und wir wären »glücklich und zufrieden bis an das Lebensende«.

Wir wuchsen beide in guten, christlichen Elternhäusern auf, nahmen beide schon als Kinder Jesus Christus als unseren Erretter an und haben Eltern, die immer noch verheiratet sind (mit ihren ersten und einzigen Ehepartnern). Alle unsere Eltern haben einen Hochschulabschluss. Sie alle glauben an Jesus. Sie alle gehen verantwortungsvoll mit Geld um. Sie lieben ihre Ehepartner und ihre Kinder sehr. Gregs Vater ist Pastor und meiner ist Diakon. Unsere

Eltern hatten nie einen großen Streit. Sie waren natürlich nicht perfekt, aber in unseren Herkunftsfamilien gab es keine größeren Probleme, keine Süchte oder Affären, nie wurde mit Scheidung oder sonst etwas Schrecklichem gedroht. Wir hatten wirklich gute Vorbilder für eine Ehe und wir wurden beide als Kinder sehr geliebt und gut umsorgt.

Ich fand, dass Greg und ich sehr gut auf die Ehe vorbereitet waren. Nein, wir machten keinen Ehevorbereitungskurs, aber warum auch? Ich würde »Frau Gregory Cassidy« sein. Seufz! Wenn ich Eheratgeber las, schenkte ich den Kapiteln über Umgang mit Konflikten nicht viel Aufmerksamkeit, weil ich *wusste*, dass es bei uns keine Konflikte geben würde. Wir würden nicht wie all diese anderen Paare sein. Wir würden die ganze Sache mit der Ehe *richtig* machen und es würde kein bisschen schwierig werden. Wir hatten eine christliche Romanze wie aus dem Bilderbuch … bis wir heirateten. Wir hatten fast alles »richtig« gemacht. Niemand hätte besser auf die Ehe vorbereitet sein können als wir, so dachte ich stolz.

Unser Start ins Eheglück

Ich platzte fast vor Glück an diesem heißen, sonnigen Sommernachmittag in South Carolina, als wir unseren Hochzeitsempfang verließen. Der Duft warmer Kiefernnadeln lag schwer in der Luft und die drei stattlichen Magnolienbäume auf dem Kirchhof standen in voller Blüte. Mein langes, dichtes, welliges braunes Haar klebte sogar in der Kirche in meinem Nacken und an meinem Rücken. Die Klimaanlage konnte kaum mit den 300 Personen im Gebäude mithalten. Vom vielen Lächeln taten mir meine Wangen weh. Die Trauzeremonie und der Empfang waren perfekt gelaufen. Endlich waren wir Ehemann und Ehefrau! Greg und ich liefen zusammen die Treppenstufen vor unserer Kirche hinunter, während unsere Gäste und Familienmitglieder uns zum Abschied mit Rosenblättern bewarfen. Dann stiegen wir ins Auto und fuhren als Ehemann und Ehefrau davon. Unser »glücklich und zufrieden bis an das Lebensende« hatten wir in der Tasche! Unsere kleine Hochzeitsreise brachte uns in die Berge, nach Pigeon Forge, Tennessee. Wir hatten eine entzückende kleine Wohnung mit eigener Küche. Ich war absolut begeistert. Ich liebte jede Sekunde davon, endlich mit meinem frisch gebackenen Ehemann zusammen zu sein. Darauf hatte ich die sechs langen Jahre gewartet, und es war herrlich! Alles fand ich aufregend – zusammen einkaufen zu gehen, Greg morgens beim Rasieren zuzusehen, stundenlang zu reden und die Zweisamkeit zu genießen. Ich liebte die Intimität, die wir teilten, und war so dankbar, dass wir auf die Hochzeitsnacht gewartet hatten, um ganz eins zu werden. Es war herrlich! Genau so hatte ich mir immer meine Ehe erträumt. Ich hatte mich noch nie in meinem Leben so geliebt, erfüllt, sicher und glücklich gefühlt. Alles war absolut perfekt … für drei kurze Tage. Dann kamen wir von unserer Hochzeitsreise nach Hause und die Herausforderungen und Probleme begannen.

Genau so hatte ich mir immer meine Ehe erträumt …
Alles war absolut perfekt … für drei kurze Tage.

Meine kleine Liste unausgesprochener Erwartungen

Zu dem Zeitpunkt hätte ich meine Erwartungen nicht formulieren können – im Rückblick war die Liste sogar noch viel länger –, aber doch erwartete ich diese Dinge voll und ganz:

- vier bis fünf Stunden pro Abend, um miteinander zu reden und zu lachen, einander immer besser kennenzulernen, die Zweisamkeit und einander ganz zu genießen und zu kuscheln*
- Gregs ungeteilte Aufmerksamkeit immer genau dann, wenn ich sie will
- täglich körperliche Intimität
- ganz wie »echte Erwachsene« haben wir ein eigenes Haus, das nur uns gehört
- wir treffen unsere Entscheidungen unabhängig von anderen
- Greg bekommt sofort eine wunderbare Ingenieursstelle
- wir sind finanziell völlig unabhängig
- Greg initiiert es, gemeinsam mit mir zu beten und täglich in der Bibel zu lesen (obwohl wir das nicht getan haben, als wir miteinander ausgingen)
- wir bleiben beide noch ziemlich lange gesund
- wir sind beide jede Minute eines jeden Tages einfach glücklich, vor allem in den ersten Ehejahren
- Greg überschüttet mich täglich mit liebevollen Worten
- Greg macht mich glücklich und gibt mir das Gefühl, geliebt und wertgeschätzt zu sein
- Greg fühlt sich glücklich und von mir geliebt und wertgeschätzt
- Greg ist immer einer Meinung mit mir und tut alles, wie ich es will, weil wir uns immer einig sind – seine Gedanken und seine Prioritäten stimmen immer mit meinen überein

---

* Die Verheirateten unter euch lachen wahrscheinlich jetzt schon.

- wir müssen einander niemals etwas Schwerwiegendes vergeben
- wir müssen nicht leiden
- Greg denkt, fühlt und handelt genau wie ich

Willkommen in der Realität

Während der ersten drei Monate unserer Ehe arbeiteten Greg und sein Vater fieberhaft daran, ein altes Haus für uns zurechtzumachen – sechs Tage die Woche, jeden Abend bis weit nach Mitternacht, und das nach der Arbeit. Eine Woche nach unserer Hochzeit verrenkte ich mir den unteren Rücken, als ich mich bückte, um Regale zu streichen. (Ich hätte in die Hocke gehen sollen!) Plötzlich konnte ich nicht mehr alleine aus dem Bett kommen, mir nicht selbst die Schuhe anziehen, nicht mehr am Haus helfen, konnte manchmal nicht einmal gehen, weil mein Rücken die Belastung nicht aushielt. Körperliche Intimität wurde viele Monate lang fast unmöglich. Ich litt an Angst, Zweifeln, Einsamkeit und Depressionen, wie ich sie in meinen 21 Jahren noch nie erlebt hatte. Ich wollte meinen Freunden oder meiner Schwester nicht sagen, wie elend es mir ging. Jeden Tag rief ich meine Mutter an und weinte, aber abgesehen davon blieb ich in meinem Zimmer im Bett ganz allein – unter ständigen schweren körperlichen, emotionalen und seelischen Schmerzen. Ich hatte solche Angst, dass ich mich nie von meiner Rückenverletzung erholen würde. Ich dachte, Greg liebte mich nicht, weil er seine ganze Zeit auf der Arbeit oder am Haus verbrachte. Er schien mich zu ignorieren. Jede Nacht fiel er erschöpft ins Bett und drehte mir wortlos und ohne einen Kuss den Rücken zu, während ich weinte und ihm zu sagen versuchte, was ich brauchte. Keine Reaktion. Ein Problem nach dem anderen kam dazu. Ich fühlte mich ungeliebt, vernachlässigt, verlassen, abgelehnt und ignoriert. Ich glaubte meinen Gefühlen, ohne auch nur auf die Idee zu kommen, die Situation aus einem anderen Blickwinkel zu betrachten.

Ich ahnte nicht, wie sehr ich meinen liebevollen, jungen, unerfahrenen Ehemann in diesem Sommer missverstand und wie schwierig unsere Ehe für ihn war. Er bemühte sich so sehr, mich glücklich zu machen und für mich zu sorgen, indem er sich um das Haus kümmerte. Er und sein Vater rissen sich ein Bein aus in dem Versuch, in den wenigen Abendstunden nach der Arbeit so viel wie möglich an diesem alten Haus zu erledigen. Außerdem hatte auch Greg mit vielen Problemen zu kämpfen, die ich nicht sehen wollte. Natürlich weiß ich jetzt, dass ich sein Handeln mir gegenüber völlig falsch interpretiert hatte, aber zum damaligen Zeitpunkt konnte ich die Dinge nicht anders sehen. Ich hatte nicht begriffen, dass Männer und Frauen die Welt sehr, sehr unterschiedlich sehen und dass unser eigentliches Problem mein fehlendes Verständnis für Greg war und nicht, dass Greg mich nicht liebte.

Jetzt weiß ich, dass die Art und Weise, wie ich auf Greg und auf unsere Umstände reagierte, die Situation noch unendlich schwieriger machte, als sie ohnehin schon war. Greg dachte, fühlte und handelte anders als ich. Er versuchte mir seine Liebe dadurch zu zeigen, dass er am Haus arbeitete, um einen schönen Ort für mich zu schaffen, an dem ich mit ihm leben konnte, und dass er zur Arbeit ging, um für mich zu sorgen. Er versuchte, eine bessere Stelle zu finden, damit er besser für mich sorgen könnte. Er wollte Rücksicht auf meinen schwachen Rücken nehmen und deshalb nicht intim werden, um mir nicht wehzutun. Er war völlig erschöpft davon, zusätzlich zur 40-Stunden-Woche Dutzende von Bewerbungen zu schreiben, ständig Ablehnungen von potenziellen Arbeitgebern zu erhalten und dann noch weitere 40 Stunden pro Woche an dem Haus zu arbeiten, in dem wir leben würden. Er wusste nicht, was er mit mir anfangen sollte, und hatte mich noch nie so aufgebracht erlebt. Er dachte, wenn er mir Respekt entgegenbrächte und mich in Ruhe ließe, würde es mir besser gehen. Aber es wurde nicht besser. Er wurde schweigsam. Er sagte mir nicht, dass die Dinge, die ich tat und sagte, ihn verletzten. Anstatt dankbar für all das zu sein, was Greg und seine Eltern für mich taten, und ihre unglaubliche Großzügigkeit zu schätzen, mit der sie uns mit unserem Haus halfen, ging ich wütend und verbittert auf sie los. Ich hatte noch nie erlebt, dass ich meinen Willen nicht durchsetzen konnte, und konnte damit überhaupt nicht gut umgehen. Wie sich herausstellte, war ich viel verwöhnter und egoistischer, als ich es vor meiner Hochzeit gedacht hätte.

Zum Glück ging es nach diesen ersten drei Monaten besser. Irgendwann war das Haus fertig renoviert und nach ungefähr acht Monaten wurde mein Rücken etwas kräftiger. Wir hatten wieder mehr Zeit zusammen. Aber zu meinem Unglück hatte ich in diesem ersten Sommer einige schädliche Denkmuster verinnerlicht, und in unserer Beziehung hatten sich einige sehr ungesunde Angewohnheiten entwickelt, die unsere Ehe für viele Jahre beeinflussen würden.

Mein Versuch, die Dinge zu verbessern

Selbst nach diesen ersten extrem schmerzhaften drei Monaten schien es mir, dass Greg in unserer Ehe »nicht führen« würde. Damit meinte ich: Wenn ich ihn nach einer Sache fragte, musste ich zehn bis dreißig Sekunden auf eine Antwort warten. Wenn ich einen wirklich geduldigen Tag hatte, wartete ich vielleicht sogar ein paar Minuten (und seufzte dabei, rollte mit den Augen und klopfte natürlich nach einer Minute ungeduldig mit meinen Fingern auf den Tisch). Wenn mein Mann bis dahin keine Entscheidung getroffen hatte, übernahm ich sie einfach selbst, weil ich es ja wohl »musste«. Ich dachte, Greg sagte mir einfach nicht, was er wollte. Ich hatte keine Ahnung, dass er nicht immer sofort wusste, was er wollte, oder dass er mehr Zeit brauchte, um Entscheidungen zu treffen – dass dies einfach Teil seiner Persönlichkeit war. Manchmal traf Greg schließlich doch eine Entscheidung oder sagte, was er wollte, aber wenn ich dann anderer Meinung war, argumentierte ich solange für meine Lösung und das, was ich für richtig hielt, bis er mir zustimmte. Greg zog sich immer mehr zurück und ließ mich viele Entscheidungen treffen, ohne etwas dazu beizutragen.

Ich begann zu denken, dass ich geistlich viel reifer war als Greg. Ich las praktisch jeden Tag in der Bibel. Ihn sah ich nie in seiner Bibel lesen oder beten. Ich dagegen betete manchmal vier Stunden am Tag – das machte mich doch sicher sehr heilig! Ich betete und betete, dass Gott Greg verändern und ihn zu dem Mann machen würde, wie ich dachte, dass Gott ihn wollte. Ich sagte Gott, er solle Greg zu einem starken, gottesfürchtigen Führer und einem liebevollen, aufmerksamen und zärtlichen Ehemann machen. Greg musste mich schließlich lieben wie Christus die Gemeinde! Greg sollte aufhören, seine Zeit mit weltlichen Dingen wie Fernsehen zu verschwenden und sich stattdessen auf die wichtigen Dinge im Leben konzentrieren: auf Gott und auf mich. Na ja, vor allem auf *mich*. Ich war davon überzeugt, dass Greg das Problem in unserer Ehe war. Er wurde immer stiller, passiver und antriebsloser. Er schien kaum noch eine Meinung zu haben. Die meiste Zeit sah er fern oder arbeitete an irgendwelchen Projekten am Haus. Greg hatte viel Initiative gezeigt, als wir miteinander ausgingen und verlobt waren. Warum hatte er sich nach unserer Hochzeit in eine ganz andere Person verwandelt? Es war schon komisch, nie schien er all meine hilfreichen Vorschläge und meine Aufmerksamkeit wertzuschätzen.

Ich war davon überzeugt,
dass Greg das Problem in unserer Ehe war.

Mein Problem

Während meine Schwester und ich zusammen aufwuchsen, war ich die redseligere, dominierende von uns beiden. Es fühlte sich für mich einfach normal an, die Führung zu übernehmen. Ich kannte es nicht anders. Ich teilte *alle* meine Gedanken und Gefühle mit Greg und hielt nichts zurück, genauso wie ich immer mit meiner Schwester umgegangen war. Wenn Greg mir nichts entgegensetzte, ging ich davon aus, dass er mir zustimmte, so wie ich auch immer angenommen hatte, dass meine Schwester mir zustimmte. Wie sich herausstellte, bedeutet Schweigen lange nicht immer Zustimmung – weder bei Schwestern noch bei Ehemännern. Das hätte ich besser mal vor langer Zeit gelernt! Dann wurde ich Apothekerin, was wahrscheinlich nur meine Tendenz verstärkte, auch in unserer Ehe die Dinge selbst zu meistern. Mein Beruf förderte meine zwanghaften und perfektionistischen Charakterzüge. Als Apothekerin reicht es nicht, zu 99 Prozent genau zu arbeiten. Ich erwartete von mir absolute Perfektion, aber auch von Greg und von allen anderen. Ich verstand auch nicht, dass ich meinen »Patientenberatungs-Modus« abstellen musste, wenn ich nach Hause kam. In der Apotheke war ich war es gewohnt, meinen Mitarbeitern und Patienten zu sagen, was sie zu tun hatten. Zu Hause sagte ich oft auch meinem Mann, was er zu tun hatte. Ich wusste, was ich wollte und wie ich es erreichen konnte. In der Schule hatte ich hart gearbeitet und die besten Noten von mir erwartet. Ich war sehr selbstkritisch, übermäßig verantwortungsbewusst und ließ mir selbst nichts durchgehen, aber auch sonst niemandem. Eigentlich behandelte ich Greg so, wie ich mich auch immer behandelt hatte, nur war ich wahrscheinlich strenger mit mir selbst.

Ich dachte, ich wüsste über fast alles am besten Bescheid: in Bezug auf andere Menschen, auf meinen Mann und auf mich. In meinem tiefsten Inneren dachte ich sogar, ich wüsste es besser als Gott, obwohl ich das niemals bewusst zugegeben hätte. Ich dachte, die Leute bräuchten meine wunderbaren Ratschläge, meine Weisheit und meine »Hilfe«. In der Schule und in der Apotheke wurde ich für meine Bemühungen und meine großartige Persönlichkeit mit hervorragenden Noten, Vollstipendien, dem Lob aller meiner Lehrer, vielen guten Freunden und Auszeichnungen für den guten Kundenservice belohnt. Warum funktionierte diese erfolgreiche Herangehensweise nicht bei meinem Mann?

Es gab so viele Denkmuster über Weiblichkeit, Männlichkeit, Ehe und die Rolle von Männern und Frauen, die ich einfach von unserer Gesellschaft übernahm und nie wirklich infrage stellte. Ich dachte, ich wäre eine gottesfürchtige Frau. Ich kannte Gottes Anweisungen für eine Ehe gut. Ich las: »… die Frau aber, dass sie den Mann fürchte«* (Epheser 5,33), und dachte: »Haken dran! Das kann ich.« Ich meine, ich warf nie mit Sachen – na gut, bis auf das eine Mal, als ich Greg in dem ersten Sommer, in dem wir verheiratet waren, mit einem Höschen abwarf. Ich habe ihn nicht annähernd getroffen und das Höschen war sauber, das konnte also definitiv nicht als Respektlosigkeit meinerseits gelten. Ich schrie und schimpfte nicht, drohte nicht damit, mich scheiden zu lassen, schlug ihn nicht und ich verließ ihn auch nicht. Nie benutzte ich Namen wie »Idiot«, »Blödmann« oder »Dummkopf«. Ich verwendete noch nicht mal den Ausdruck »Halt den Mund«. Zugegeben, in diesem ersten Sommer *wollte* ich Greg wirklich körperlich wehtun, weil ich mehr als je zuvor emotional verletzt war und mich ungeliebt fühlte. Aber ich habe ihn nicht geschlagen. Und manchmal war die Versuchung groß zu gehen, aber ich bin nicht gegangen. Das zählte also auch nicht als Respektlosigkeit. Zugegeben, ich wurde schon mal etwas lauter, aber das lag nur daran, dass Greg mich zu ignorieren schien. Er hatte mich doch früher nie ignoriert.

---

* Anm. d. Hrsg.: Diese Bibelstelle ist grundlegend für die Argumentation dieses Buches. Schlachter 2000 übersetzt folgendermaßen: »Die Frau aber erweise dem Mann Ehrfurcht!« Die im englischen Original verwendete Bibelübersetzung New International Version (NIV) schreibt für »Ehrfurcht« an dieser Stelle »respect« (dt. »Respekt«) – daher rührt die Aufforderung der Autorin zum Respektieren und Ehren des Ehemanns.

Sicherlich würde er auf mich hören und meine Gefühle beachten, wenn ich seine Liebe, Aufmerksamkeit und Zuneigung, die er mir vor unserer Hochzeit so ungezwungen geschenkt hatte, nur deutlicher verlangen würde. Meiner Meinung nach verhielt ich mich absolut respektvoll. Ich behandelte meinen Ehemann viel besser als so einige andere Frauen ihre Männer.

Ich kannte Gottes Gebot: »Ihr Frauen, ordnet euch euren eigenen Männern unter, als dem Herrn« (Epheser 5,22). Wenn mein Mann (in sehr seltenen Fällen) auf einer Sache bestand, gab ich schließlich nach, weil ich wusste, dass er in unserer Ehe vorangehen sollte. Aber meine »Unterordnung« geschah erst, nachdem ich meine Auffassung genau ausführt und versucht hatte, ihn zu einer Meinungsänderung zu bewegen, während ich ihm erklärte, dass ich im Recht war und dass meine Meinung viel besser und biblischer war als seine. Ich folgte ihm nicht fröhlich, sondern mürrisch. Ich stritt, schmollte und beschwerte mich.

Damals nahm ich es nicht so wahr, aber ich versuchte Greg dazu zu zwingen, sich *mir* zu »unterordnen«. Ehrlich gesagt erwartete ich es von jedem, sich mir nicht nur zu unterwerfen, sondern mir in allem zuzustimmen und Dinge auf meine Art und Weise zu erledigen. Schließlich war ich »im Recht«, das war ja offensichtlich. Es war also meine Pflicht und Verantwortung, Gregs Meinung zu ändern, damit er die Dinge aus der richtigen Perspektive sehen konnte, wie ich. Was könnte wichtiger sein, als die richtige Auffassung zu einem Thema zu haben?

Manchmal versuchte ich Greg dazu zu bringen, seine Führerrolle einzunehmen – aber nur so, wie ich sie mir vorstellte. Ich verstand nicht, dass es eine andere Art zu denken gab als meine. Ich war nicht taktvoll und ließ ihm keinen Raum, wie ein Mann zu denken, zu fühlen und Dinge zu verarbeiten, männlich zu sein und seine eigene, einzigartige Persönlichkeit zu haben. Ich fühlte mich in unserer Ehe oft sehr einsam, gestresst, besorgt, überfordert und beunruhigt. Unsere Ehe war nicht schrecklich. Sie war wahrscheinlich besser als die meisten. Aber ich wusste, dass es auf jeder

Ebene so viel mehr Intimität geben konnte. Ständig versuchte ich herauszufinden, wie ich dafür sorgen könnte, dass die Dinge so liefen, wie ich sie für richtig hielt. Ich trug das Gewicht der Ehe auf meinen Schultern und fühlte mich für alle geistlichen, emotionalen und finanziellen Entscheidungen verantwortlich. Nie hatte ich Frieden. Ich ahnte nicht, dass Gott meine Gebete nicht erhören würde, wenn ich die von ihm gegebene Autorität meines Mannes über mich missachtete, mir selbst vertraute statt ihm und Bitterkeit und Stolz in meinem Herzen nährte. Meine Sünde vergiftete meine Beziehung mit Gott und mit Greg. Das Problem war: Ich erkannte meine Sünde nicht im Geringsten.

Das fehlende Puzzlestück

Im Dezember 2008 waren wir in der Buchhandlung unserer Gemeinde, als mir ein Exemplar von *Liebe und Respekt* von Emerson Eggerichs in die Hände fiel. Er schreibt einleitend: »Ja, natürlich, in einer Ehe ist die Liebe zwingend notwendig, insbesondere für die Frau, doch was darüber viel zu oft vernachlässigt wird, ist das Bedürfnis des Mannes nach Achtung.«[1] Auf der Grundlage von Epheser 5,22-33 erklärt er, dass Ehemänner Respekt genauso brauchen wie ihre Ehefrauen Liebe. *Bitte was?* Dieses Konzept war mir völlig fremd. Ich drehte ich mich direkt zu Greg um und fragte ungläubig, mitten im Buchladen: »In diesem Buch steht, dass Männer genauso viel Respekt brauchen wie Frauen Liebe. Das kann doch nicht stimmen, oder?« Mein Mann erschütterte mein ganzes Weltbild, als er beiläufig sagte: »Doch, ich würde sagen, das stimmt«, und sich dann wieder seinem Buch zuwandte.

Wie jetzt? Ich erstarrte, während mein Selbstverständnis einer guten Ehefrau zusammenbrach. Ich hatte meine Annahme, Männer und Frauen seien emotional und seelisch identisch und hätten genau die gleichen Bedürfnisse, nie infrage gestellt. Plötzlich ging mir die Geschichte unserer nun über 14-jährigen Ehe durch den Kopf. Ich sah alles aus einer völlig neuen und nur wenig schmeichelhaften Perspektive. Wenn sich mein Leben als gottesfürchtige Frau daran messen sollte, wie sehr ich Greg respektierte, und nicht daran, wie sehr ich ihn liebte, steckte ich in ernsthaften Schwierigkeiten!

In diesem Moment öffnete Gott mir die Augen und ließ auch in den nächsten Tagen, während ich das Buch las, nicht davon ab, mir leise deutlich zu machen, dass eigentlich *ich* unsere Ehe sabotiert und zerstört hatte. Ich hatte Greg zutiefst gekränkt. *Ich.* Das war ein Schock. Ich hatte nicht geahnt, dass sich Greg überhaupt verletzt fühlte, weil er nie etwas davon gesagt hatte. Ich lernte zu verstehen, dass Greg nur deshalb so passiv und still auf mich reagierte, um sich zu schützen. Er fühlte sich mit mir nicht sicher. Er fühlte sich von mir nicht respektiert. Und er hatte nie ein Wort darüber verloren. Ich hatte angenommen, dass Greg es mir sofort sagen würde, wenn ich ihm jemals wehtäte. Ich jedenfalls war ausgesprochen offen über die Situationen, in denen ich mich von ihm verletzt und ungeliebt fühlte. Es war, als hätte ich jetzt mein »Zeugnis der gottesfürchtigen Frau« bekommen, auf dem ich eine 1 erwartet hatte, wenn nicht sogar eine 1+, aber nun stand da eine 5. Ich war am Boden zerstört und von mir selbst erschrocken. Plötzlich machte alles Sinn. Dies war das fehlende Puzzlestück in unserer Ehe. Wenn ich in jenem ersten Sommer unserer Ehe nur gewusst hätte, dass auch Greg sich verletzt fühlte, hätte ich die Dinge gerne in Ordnung gebracht. Ich hatte meinen Mann nie absichtlich verletzt. Es brach mir das Herz, als mir aufging, dass ich ihm so viele Jahre lang unwissentlich wehgetan hatte.

Greg erstaunte mich. Er brauchte nur zwei Sekunden, um mir anderthalb Jahrzehnte Respektlosigkeit, Stolz und Kontrollsucht in unserer Ehe zu vergeben. Beeindruckend! Mir wurde klar, dass ich ihm auf keinen Fall so schnell etwas vergeben hätte, wenn ich ihm überhaupt jemals hätte vergeben können. Ich begann zu sehen, dass Greg in einigen wichtigen Bereichen einen gottesfürchtigeren Charakter hatte als ich. So sagte ich ihm: »Irgendwann, wenn ich diese ganze Respekt-Geschichte kapiert habe, wirst du dich wie der angesehenste Ehemann auf dem ganzen Planeten fühlen!« Greg lachte. Ein angenehmes Lachen.

Veränderung in Angriff nehmen

Meine lange, lange Reise begann mit einem einzigen, fürchterlich schmerzvollen und demütigenden Schritt. Ich wollte am liebsten alleine in einer Höhle leben und nie wieder mit einem anderen Menschen sprechen. Bevor ich Eggerichs' Buch las und Gott begann, die Motive meines Herzens aufzudecken, hatte ich nicht im Geringsten geahnt, dass fast alle meine Motive und Gedanken in meinem Kopf sündig waren. Wie hatte ich es fertiggebracht, diese Sünde jahrelang nicht zu sehen? Wie konnte ich weiterkommen? Ich erkannte, dass ich mich auch anderen Menschen in meinem Leben gegenüber respektlos und bestimmend verhalten hatte, und ging zu jeder einzelnen Person, um mich dafür zu entschuldigen.

Ich musste mich emotional von den Menschen in meinem Leben distanzieren und damit beginnen, Gott und seine Wahrheit zu suchen wie noch nie zuvor – in Demut und völliger Verzweiflung. Ich erkannte, dass ich nicht mit Menschen umzugehen wusste oder sie auf Gottes Weise lieben konnte, ohne dabei alles kontrollieren zu wollen. Ich erkannte, dass ich nicht mit Greg oder über ihn sprechen konnte, ohne respektlos zu sein. Ich beschloss, alles über Bord zu werfen, was ich über die Nachfolge Christi, das gottgefällige Frau- und Ehefrau-Sein, über Männlichkeit und über die Ehe zu wissen glaubte. Ich begann, jeden Tag stundenlang die Bibel zu studieren und zu beten. Ich wollte die männlichen Bedürfnisse meines Mannes verstehen lernen. Ich war erstaunt über die Entdeckung, wie anders mein Mann das Leben sah und wie verschieden von mir er darüber dachte. Gott öffnete allmählich meine Augen, sodass ich seinen Plan für Ehe, gottesfürchtige Weiblichkeit und gottesfürchtige Männlichkeit sehen konnte. Der Prozess war schwierig und frustrierend. Es fiel mir schwer, die neu gelernten Dinge zu begreifen, während ich versuchte herauszufinden, wie das Denken, Sprechen und Handeln einer gottesfürchtigen Frau praktisch aussieht. Es fühlte sich an, als müsste ich »das Rad neu erfinden«.

Ich beschloss, alles über Bord zu werfen, was ich über die Nachfolge Christi, das gottgefällige Frau- und Ehefrau-Sein, über Männlichkeit und über die Ehe zu wissen glaubte.

Ich wollte nicht mehr nur die Fehler meines Mannes sehen, beugte mich mit dem Gesicht zur Erde und bat: »Herr, erbarme dich meiner, eines elenden Sünders! Ändere *mich*!« Ich begann, Gott und Greg für die guten Seiten zu danken, die ich in Greg sehen konnte. Ich notierte eine täglich länger werdende Liste von Dingen, die ich an Greg bewunderte und respektierte. Ich verbrachte einen großen Teil meiner Stillen Zeit damit, meine eigenen Sünden zu bekennen und darüber Buße zu tun. Ich hörte auf, Gott zu bitten, er möge Greg ändern. Und langsam wurde unsere Situation besser.

Ich hörte auf, Gott und meinem Mann vorzulaufen. Ich beschloss, dort zu warten, wo ich mich gerade befand (emotional, geistlich und geografisch), und wenn ich dabei achtzig Jahre alt werden würde, aber ich wollte es von Gott und Greg erwarten, mich zu führen. Endlich begann ich zu verstehen, dass Gott souverän ist, nicht ich. Wenn er von mir verlangte, still zu sitzen und nicht loszugehen, bis mein Mann mich führt, was konnte ich dagegen sagen? Ich würde lieber still sitzen und mein Leben für Gott verschwenden, »nichts Wichtiges« tun, aber ihm gehorchen und in völliger Ungewissheit leben, wenn das sein Wille war. Ich lernte, dass ich es nicht besser wusste. Beim ganzen Eine-gottesfürchtige-

Ehefrau-Sein ging es eigentlich um meine Beziehung mit Jesus; es ging gar nicht darum, wie Greg mich behandelte. Das hieß nicht, dass ich meine Intelligenz aufgeben sollte. Aber ich gab meine weltliche Weisheit und mein sündiges Selbst auf. In meiner Seele machte ich Platz für die Weisheit meines Mannes, und in meinem Leben viel Platz für Gottes Weisheit. Ich habe gelernt, dass Ehemänner und Gott einen ganz anderen (gewöhnlich viel ausgedehnteren) Zeitplan haben als ich, und das ist auch ganz gut so.

Eine neue Sprache lernen

Es folgten einige Jahre voller Kämpfe, mehr als dreißig Bücher über die Bedeutung von Ehe und gottesfürchtiger Weiblichkeit, voller Fallen, Wieder-Aufstehen und Wieder-Probieren, und voller ernstem und inbrünstigem Gebet. Endlich fühlten sich Respekt und biblische Unterordnung ein wenig mehr an wie »ich«. Es war fast so, als würde ich eine neue Sprache lernen.

Nach diesen ersten zweieinhalb Jahren musste ich mich nicht mehr ständig bewusst geistlich und emotional verrenken, um respektvoll zu handeln und mich der Bibel gemäß unterzuordnen. Je mehr ich meinem Willen starb, mich ganz Jesus Christus hingab und nur seine Herrlichkeit und seinen Willen in meinem Leben wünschte, umso normaler fühlte es sich an. Ich begann zu verstehen, was es bedeutet, Jesus als *Herrn* nachzufolgen. Als ich anfing, Gott wirklich zu gehorchen und meine Seele sich daraufhin veränderte, konnte ich die Auswirkungen kaum glauben. Jeder Tag bot mir Anlass zur Freude. Zuerst war ich mir nicht sicher, was die Ruhe in meinem Kopf zu bedeuten hatte. Ich wusste nicht so recht, was ich davon halten sollte, dass Angst, Reizbarkeit, Einsamkeit, Verbitterung und Sorge fehlten. Es war seltsam und wunderbar! Endlich gab es wieder Platz in meinem Kopf für andere Dinge, und das ständige enge Gefühl auf meiner Brust war verschwunden. Endlich konnte auch ich sagen: So fühlt sich *Frieden* an! Ich erlebte

Freiheit, Stille und echten Frieden, der Tage, Wochen, sogar Monate anhielt. Ich genoss es, aus Gottes Kraft zu leben, und ich wollte *nie wieder* dahin zurück, dass mein altes, sündiges Fleisch die Kontrolle über mich hätte. Meine alten Gedanken, Motive und Worte fand ich jetzt abstoßend. Aus der Kraft des Geistes Gottes zu leben, bedeutete für mich, dass ich die unermesslichen Schätze und Reichtümer des Himmels die ganze Zeit in meiner Seele tragen durfte. Wie beeindruckend! Dies war das Leben in Überfluss, das Jesus beschrieben hatte. Gottes Geist macht wirklich süchtig!

> Der Dieb kommt nur, um zu stehlen und zu schlachten und zu verderben. Ich bin gekommen, damit sie Leben haben und es in Überfluss haben. (Johannes 10,10)

Ich schrieb alle Ängste und Lügen auf, die ich mir selbst immer vorgehalten hatte, und stellte sie der Wahrheit der Bibel gegenüber. Ganz bewusst beschloss ich, die falschen Denkmuster zu verwerfen, die ich mir unbewusst zu eigen gemacht hatte, und stattdessen mein Leben allein auf Gottes Wahrheit aufzubauen und ihm voll und ganz zu vertrauen. Mir wurde klar, dass nichts mich glücklich machen und nichts mich befriedigen könnte, wenn ich alles besitzen würde, was ich wollte, aber Jesus nicht hätte. Nur Jesus kann die tiefsten Sehnsüchte meiner Seele befriedigen. Nicht mein Mann, nicht ich, wenn ich meinen Willen durchsetze oder die Kontrolle über alles habe; auch kein weltliches Glück, keine Romantik oder das Gefühl, von Greg geliebt zu sein. Mein Kontrollzwang war nur eine Illusion, denn ich hatte ja sowieso kaum Kontrolle über irgendetwas. Ich begann, meine Identität als Frau in Jesus Christus zu verstehen. Ich fühlte mich schön, weiblich (zum ersten Mal in meinem Leben), gestärkt und als würde ich endlich die Frau werden, die ich immer sein wollte. Ich fühlte mich endlich wie ich – wie mein *wahres* Ich.

Dafür musste ich mein altes, sündiges Ich aufgeben. Aber eigentlich war das kein Opfer. Es war ein Segen, all diese Sünde nicht mehr in meinem Leben zu haben, die meine Beziehung zu

Gott, meine Beziehungen zu anderen und auch mich kaputtmachte. Natürlich ist es wahr, dass niemand von uns auf dieser Erde sündlose Vollkommenheit erreichen wird. Ich weiß, dass ich straucheln werde, wenn ich nicht in vollständiger Abhängigkeit von Jesus lebe. Sobald ich in Gedanken eine Versuchung bemerke, in meinem Herzen ein sündiges Motiv erkenne, oder wenn ich mit meinen Worten oder Handlungen sündige, muss ich es bekennen. Aber Jesus kann uns befähigen, im Sieg über die Sünde zu wandeln, wenn sein Geist in uns überfließt. Das habe ich schon oft erlebt! Wir müssen nicht tagein, tagaus hilflos in Sünde und Elend gefangen sein, wenn wir Jesus haben! Wie schön, das zu wissen! Er kann uns befähigen, mit der Zeit im Glauben zu wachsen und zu reifen. Laut Römer 6-8 starb mein sündiges Ich mit Jesus am Kreuz, und er schenkte mir sein neues, ewiges Leben. Meine alten Gedanken sind wie Dreck neben den schönen, göttlichen Gedanken, die Jesus mir an ihrer Stelle gegeben hat. Endlich begann ich auch zu verstehen, welche Bedürfnisse Greg tatsächlich hatte. Es war so aufregend festzustellen, dass ich zu unserem Eheleben beitragen und dabei die männlichen Bedürfnisse meines Mannes befriedigen konnte. Das motivierte mich sehr! Wissbegierig geworden wollte ich alles darüber lernen, was ich nur konnte.

Gegen die eigene Intuition, gegen die Gesellschaft, und nicht gerade politisch korrekt!

Vielleicht wirst du, anders als ich, nicht mit quälender Trauer auf Gottes Vorstellungen von Ehe reagieren. Frauen erleben die verschiedensten Emotionen, wenn sie diese Informationen zum ersten Mal hören. Einige Frauen fühlen sich schrecklich traurig. Einige fühlen sich schuldig. Einige Frauen sind wütend auf Gott. Oft werden die Emotionen immer stärker, bis sie schließlich das Herz verändern – und in großer Hoffnung und dem Gefühl gipfeln, für das Leben als Ehefrau befähigt zu sein. Wahrheiten aus Gottes Wort können uns außerordentlich überraschen und unangenehm in den Ohren klingen, nachdem wir unser ganzes Leben lang die Werte unserer gottlosen Gesellschaft und unsere eigenen sündigen Gedanken in uns aufgesogen haben. Gottes Wege klingen nicht immer richtig. Gottes Gebote gehen gegen unsere eigene Intuition, gegen die Werte der Gesellschaft, sie sind nicht gerade politisch korrekt und stehen der Weisheit unseres sündigen Fleisches völlig entgegen. Aber ich bete, dass die Ansichten, die ich mit dir teilen will, dir eine schöne neue Welt eröffnen, die du bisher vielleicht noch nie gesehen hast.

Ich bin davon überzeugt, dass du es dir selbst, deinem Ehemann und deiner Ehe schuldig bist, diese verschiedenen Ansichten zumindest zu betrachten und zu beten, dass Gott dir die Augen öffnet, damit du das sehen kannst, was er möchte. Wenn du so bist wie ich, dann hat alles, was du in deiner Ehe bisher versucht hast, wahrscheinlich nicht funktioniert. Wenn das so ist, was hast du schon zu verlieren, wenn du die Dinge auf Gottes Weise versuchst? Allermindestens im Himmel werden wir für unseren Gehorsam gegenüber Gott eine Belohnung erhalten, unabhängig davon, ob wir hier auf der Erde Ergebnisse sehen oder nicht. Und vielleicht, nur vielleicht, kann Gott durch uns beginnen, unsere Ehen schon jetzt auf der Erde auf beeindruckende Weise zu heilen.

Gottes Gebote für uns gehen gegen unsere eigene Intuition, gegen die Werte der Gesellschaft, sie sind nicht gerade politisch korrekt und stehen der Weisheit unseres sündigen Fleisches völlig entgegen.

Ein Buch zu lesen, hat einen großen Vorteil: Du kannst es einfach schließen und beten oder deine Gedanken an Gott in ein Notizbuch schreiben. Du kannst weinen und Buße tun, wenn Gott dir etwas in deinem Leben zeigt, was du loswerden sollst. Du kannst Abschnitte immer und immer wieder lesen, wenn du es nötig hast sogar über Wochen oder Monate. Wichtig ist, dir die Zeit zu nehmen, die du brauchst. Das Buch wird dir am meisten bringen, wenn du Zeit dafür hast, dir gut durch den Kopf gehen zu lassen, was Gott dir über dein Herz sagt, und wenn du ihm Zeit und Gelegenheit gibst, dir bestimmte Bereiche zu zeigen. Möglicherweise musst du einige Abschnitte mehrfach lesen, um sie mit deinem Verstand und in deinem Herzen gründlich zu verarbeiten, vor allem wenn dies neue Konzepte für dich sind. Vieles von dem, was Gottes Wort sagt, steht in direktem Widerspruch zu dem, was unsere Gesellschaft, unsere Gefühle und unser sündiges Ich uns vermitteln. Gottes Wort wird wahrscheinlich fremd klingen. Aber mein Ziel ist es, die Bibel als höchste Autorität und einzige Quelle absoluter Wahrheit zu achten und nur Jesus groß zu machen. Ich habe lange Zeit daran festgehalten, Dinge auf meine Weise und auf die Art der Welt zu tun, aber es hat *nicht* funktioniert! Aus meiner eigenen Erfahrung und der von Hunderten von Frauen, mit denen ich in den letzten Jahren in Kontakt stand, kann ich sagen: Gottes Wege funktionieren stattdessen *sehr wohl.* Ich habe gesehen, wie er unzählige Frauen, Männer, Kinder und Ehen durch seine Kraft verwandelt hat. Unser Gott kann Menschen verändern und heilen, die ihn lieben, ihm vertrauen und ihm gehorchen wollen.

Wenn du an Jesus Christus glaubst, bete ich, dass dieses Buch dir zum Anlass wird, dieselbe Reise mit Gott zu beginnen, die ich an jenem Wintertag 2008 begann – eine Reise, auf der du lernst, in Christus zu bleiben und seinem Geist zu erlauben, dich immer mehr in sein Ebenbild zu verwandeln. Wenn du noch nicht an Jesus Christus gläubig bist, möchte ich dich einladen, heute eine Beziehung zu ihm einzugehen und dann ebenfalls diese Reise zu beginnen.

Heiligung ist der Prozess, sich selbst zu sterben und sich vollständig Jesus als Herrn hinzugeben. Bei diesem Prozess erlauben wir ihm, unsere Seelen und unseren Geist zu erneuern, uns zu den gottesfürchtigen Frauen zu machen, als die er uns sehen möchte, unseren Geist zu erneuern, uns in sein Ebenbild zu verwandeln und uns so heilig zu machen, wie er heilig ist. Gott hat uns geschaffen, um sich selbst große Ehre zu machen. Das ist der Hauptzweck unseres Lebens. Damit Gottes Herrlichkeit in meinem Leben strahlen konnte, musste ich so lange den Schmutz aus meiner Seele herausschaufeln, bis nur Jesus und sein Wort übrig blieben. Ich bat Gott, mein Leben einzig und allein auf dem festen Grund seiner Wahrheit, seines Wortes und der Kraft Jesu wiederaufzubauen.

Wie lange dieser Prozess dauert, hängt von vielen Faktoren ab: welches Vorbild unsere Eltern uns gegeben haben; wie tief die Wunden sind, die unsere Vergangenheit hinterlassen hat; wie viel Kontrolle wir dem Heiligen Geist überlassen; wie unsere Bereitschaft aussieht, aufrichtig Buße zu tun und uns Jesus unterzuordnen, ihm zu gehorchen und ihm zu vertrauen; mit welchen Problemen unsere Ehemänner zu tun haben. Wenn du nicht weiterkommst, könnte es dir helfen, den Rat einer älteren, gottesfürchtigen Ehefrau zu suchen (einer, die in ihrem Leben und in ihrer Ehe im Gehorsam gegenüber Gott lebt). Der Prozess dauert lange; jede Ehefrau, jedes Paar wird einen unterschiedlichen Weg gehen und unterschiedlich schnell Fortschritte machen. Es ist unbequem und schmerzhaft, Gott darum zu bitten, die eigenen Sünden aufzuzeigen, und sich selbst genau zu betrachten. Es ist einfacher, auf die Sünden des Mannes zu zeigen und Gott zu bitten, *ihn* zu ändern. Aber deine größte Kraft liegt darin, dich auf die Dinge zu konzentrieren, die *du* beeinflussen kannst, und anzuerkennen, dass du deinen Ehemann nicht verändern kannst. Eigentlich können wir uns nicht einmal selbst verändern, wenn Gott uns nicht hilft. Nur Gott kann Menschen verändern. Glücklicherweise kann Gott kann *uns* verändern und uns gebrauchen, um durch uns Heilung und Segen in unsere Ehen zu bringen. Es geht hier nicht um deinen

Mann – Gott ist der Schlüssel. Nur wenn du Gott ehrst und ihm gehorchst, hörst du auf, ein Hindernis für deinen Ehemann zu sein, dass er auf Gott hören, ihn mehr kennenlernen, ihn lieben und sich ihm unterordnen kann.

Auf meinem Weg habe ich festgestellt, dass ich anfange zu straucheln, wenn ich mich damit beschäftige, was Ehemänner »zu tun haben«. Natürlich gibt es Dinge, die Ehemänner tun sollen und die Gott Männern befiehlt. Natürlich tragen auch unsere Männer zu den Problemen in der Ehe bei. Genau wie Frauen können auch Männer zu passiv oder zu aggressiv sein. Natürlich sollen Ehemänner ihre Frauen lieben wie Christus die Gemeinde und ihre Frauen in vielerlei Hinsicht ehren und respektieren. Wenn ich auch nur darüber schreibe, was Gott uns Ehefrauen befiehlt, schmälert es zum Glück nicht Gottes Befehle, die unseren Männern gelten. Sein Wort für sie gilt trotzdem. Wir wollen unsere Männer der Souveränität Gottes und der verändernden Kraft des Heiligen Geistes anvertrauen. Er kann ihre Augen öffnen und ihnen seine Wahrheit zeigen, ohne dass wir noch den Heiligen Geist spielen müssen.

Wenn ich nur darüber schreibe, was Gott uns Ehefrauen befiehlt, schmälert es zum Glück nicht Gottes Befehle, die unseren Männern gelten. Sein Wort für sie gilt trotzdem.

Lass uns einen Moment innehalten und beten, meine liebe Schwester in Christus.

Herr,
ich kenne das Leid und die Prüfungen nicht, die meine wunderbare Schwester ertragen hat. Ich weiß nicht, wie ihr Leben mit dir aussieht. Aber du kennst sie sehr gut. Sprich durch deinen Geist in ihr Herz. Hilf ihr, dich ganz anzunehmen; gib ihr den Wunsch, sich dir völlig anzuvertrauen und dir die ganze Kontrolle zu überlassen. Ich bete für sie, dass sie sich dir ganz hingibt und bereit ist, wirklich auf das zu hören, was du ihr zu sagen hast. Ich bete darum, dass du sie befähigst, sich von falschen Denkmustern und Sünden in ihrem Leben abzuwenden und sich stattdessen gläubig an dich zu wenden und deine lebensspendende Wahrheit anzunehmen. Gib ihr großen Glauben, Herr. Ich preise dich und danke dir, dass du aus ihrem Leben etwas Schönes machen wirst, das dich verherrlicht.
Amen.

3
Werden wir ehrlich

Wir werden niemals dauerhafte Lösungen für unsere Eheprobleme zu finden, solange wir nicht klar erkennen, an welchen Punkten wir selbst zum Problem beitragen. Für diese Punkte sind wir verantwortlich. Ich sage nicht, dass nur Frauen Eheprobleme verursachen. Das tun wir nicht. Die Ursache für Probleme liegt weder allein bei den Ehefrauen noch allein bei den Ehemännern. Gottes Wort sagt: »… denn alle haben gesündigt und erreichen nicht die Herrlichkeit Gottes« (Römer 3,23). Das Wort *alle* ist ziemlich umfassend. Jeder Mensch ist in Gottes Augen sündig. Sogar ich. Jesaja schreibt, dass unsere Versuche, gerecht zu sein, in Gottes Augen wie ein »unflätiges Kleid« sind (Jesaja 64,5). Der Ausdruck, der mit »unflätiges Kleid« übersetzt wird, bezieht sich auf schmutzige, blutige Lappen, die Frauen während der Menstruation benutzten. Das veranschaulicht sehr gut, wie wertlos meine eigenen Versuche, »gütig« und »heilig« zu sein, aus Gottes Sicht sind. Ich bin genauso sehr auf Jesu Blut, seinen Tod, sein Opfer, seine Barmherzigkeit, Gnade und Vergebung angewiesen wie jeder andere Mensch auf dem Planeten! Ich bin nicht besser als die anderen. An mir ist nichts Gutes. Kein bisschen. Aus meiner eigenen Kraft heraus kann ich unmöglich eine gottesfürchtige Frau oder Ehefrau sein. Ohne Jesu Kraft in unserem Leben kann tatsächlich keine von uns so sein. Ich bin mir dieser Wahrheit jeden einzelnen Moment und jeden Tag sehr bewusst. Wenn ich anfange, Sünde in meinem Herzen zu hegen, oder wenn ich zulasse, dass etwas anderes für mich wichtiger wird als Christus, dann bin ich durchaus in der Lage, meine Ehe, mein Leben und mich selbst zu zerstören. Ich werde nie dahin kommen, dass ich die Kraft des Heiligen Geistes nicht mehr nötig habe. Ich kann reifer werden und wachsen. Und ich kann über Sünde siegen, wenn Christus in mir lebt und sichtbar wird. Das ist das Ziel. Aber in jeder Hinsicht vollkommen und ohne Sünde werde ich erst im Himmel sein.

Der nächste Abschnitt (»Selbsteinschätzung unter Gebet«) kann wehtun – nur um dich zu warnen, meine liebe Schwester. Vielleicht willst du dir eine Packung Taschentücher bereitlegen. Vielleicht willst du an einen ungestörten Ort gehen, wo du allein bist, nachdenken und Gott bitten kannst, dein Herz zu erforschen. Vielleicht willst du sogar anfangen, ein Gebetstagebuch zu schreiben, in dem du deine Gebete notieren kannst, die schmerzhaften Dinge, Sorgen, Gedanken und Kämpfe, aber auch die Dinge, die Gott dir offenbart. Wenn wir unserer eigenen Sünde gegenüberstehen, ist das nicht angenehm! Aber wir müssen uns dem aussetzen, um später Heilung erfahren zu können.

Herr,
ich preise dich für deine Güte, Wahrheit, Treue, Barmherzigkeit, Gnade, Vergebung, Gerechtigkeit, Heiligkeit und Liebe. Danke, dass nichts in meinem Verstand oder in meinem Herzen vor dir verborgen ist. Danke, dass ich niemals außerhalb der Reichweite deiner Liebe bin. Danke, dass es keine Sünde gibt, die so schrecklich ist, dass dein Blut sie nicht vollständig bezahlen kann. Hilf mir, Sünde zu erkennen und zu hassen, wie du es tust. Durch dich gibt der Vater uns Liebe, Vergebung und neues geistliches Leben im Überfluss. Bitte hilf mir, das zu sehen und in Anspruch zu nehmen. Hilf mir, demütig zu sein und jeden Gedanken beiseitezuschieben, dass ich aus eigener Kraft gut sein könnte. Du allein bist gut. Ich brauche dich. Hilf mir, auf deine leise, feine Stimme zu hören.
Amen.

Gott ist gerade hier bei dir und wartet darauf, dass du dich in völliger Abhängigkeit und voller Vertrauen an ihn wendest. Du kannst dich nicht selbst heilen, aber er weiß, wie er dich heilen kann! Er hat das schon für Millionen von Menschen wie dich und mich getan. Er weiß genau, wie er das anstellen muss. Wir können uns darauf verlassen, dass er uns den Weg zeigt.

Selbsteinschätzung unter Gebet

Teil 1.

Kreuze alle Sätze an, die mindestens einmal im Monat auf dein Leben zutreffen:

- ☐ Mein Mann hat meine Erwartungen bei Weitem nicht erfüllt. Er macht mich nicht glücklich und ich fühle mich nicht von ihm geliebt.
- ☐ Manchmal möchte ich wirklich vergeben, aber es geht einfach nicht.
- ☐ Ich rede vor anderen Menschen negativ über meinen Mann.
- ☐ Es geht mir in erster Linie darum, Dinge so zu machen, wie ich es am besten finde.
- ☐ Wenn ich mich falsch behandelt fühle, kann ich schreien, fluchen, mit Gegenständen werfen, Schimpfworte benutzen oder wirklich gemeine Sachen sagen.
- ☐ Wenn Leute mich aufregen, zeige ich ihnen die kalte Schulter, bis sie sich bei mir entschuldigen.
- ☐ Wenn ich mich ungeliebt fühle, greife ich meinen Mann verbal an.
- ☐ Ich werde eifersüchtig, wenn ich sehe, dass andere Leute anscheinend eine gute Ehe führen, aber ich nicht.
- ☐ Ich schaue mir Pornografie an, lese oft aufreizende erotische Liebesromane oder gucke romantische Filme und versuche in meiner Fantasiewelt, echte Romantik und sexuelle Befriedigung zu erleben.

- ☐ Ich flirte mit anderen Männern.
- ☐ Ich sage Gott, dass mein Mann sich ändern muss.
- ☐ Ich glaube nicht, dass mein Mann ein guter geistlicher Führer ist.
- ☐ Ich finde, dass mein Mann viel weiter von Gott entfernt ist als ich.
- ☐ Wenn ich etwas haben will, was mein Mann mir nicht gibt, verlange ich es. Ich versuche, ihn dazu zu bringen, das zu tun, was ich will – sonst sinke ich in eine tiefe Depression.
- ☐ Ich glaube nicht, dass ich meinen Mann jemals um Hilfe bitten würde.
- ☐ Ich glaube nicht, dass ich Bedürfnisse und Wünsche haben sollte.
- ☐ Ich ziehe mich manchmal in sexueller Hinsicht von meinem Mann zurück, um ihm eine Lektion zu erteilen.
- ☐ Ich gebe mich meinem Mann nur dann sexuell hin, wenn ich in der Stimmung bin.
- ☐ Ich finde, dass hauptsächlich mein Mann für die Probleme in unserer Ehe verantwortlich ist.
- ☐ Ich glaube, dass ich fast immer im Unrecht und ganz für die Probleme in unserer Ehe verantwortlich bin.
- ☐ Ich neige dazu, das Schlimmste von meinem Mann zu denken.
- ☐ Ich glaube meinem Mann, wenn er mir sagt, dass ich ein Versager bin.
- ☐ Ich glaube meinem Mann nicht, wenn er von Liebe spricht, mich bestätigt oder ermutigt oder mir Komplimente macht.
- ☐ Ich kann Gottes Liebe oder die Liebe meines Mannes nicht annehmen.
- ☐ Ich versuche davon auszugehen, dass Dinge schiefgehen, damit ich in dem Fall schnell reagieren kann.
- ☐ Ich gebe größere Summen Geld aus, ohne mich vorher mit meinem Mann abzustimmen.

- ☐ Ich weiß oft nicht so genau, was ich über Dinge denke, und lasse einfach meinen Mann alle Entscheidungen treffen.
- ☐ Es ist besser, wenn ich einfach still bin und nicht ausspreche, was ich wirklich denke und fühle.
- ☐ Ich bin oft besorgt, ängstlich und/oder beunruhigt.
- ☐ Ich kleide mich auf eine Art, die die Aufmerksamkeit anderer Männer auf mich zieht.
- ☐ Ich glaube, dass ich in dieser Ehe die geistlich, emotional und psychisch reifere Person bin.
- ☐ Ich denke, dass ich mich darum kümmern muss, wenn mal etwas »richtig« laufen soll.
- ☐ Ich denke manchmal über eine Scheidung nach oder stelle mir vor, wie es wäre, meinen Mann zu verlassen.
- ☐ Ich vergleiche meinen Mann mit anderen Männern.
- ☐ Ich hasse mich.
- ☐ Ich hasse meinen Mann.
- ☐ Ich bin voller Schuld und Angst.
- ☐ Ich habe solche Angst, meinen Mann zu verärgern.
- ☐ Ich glaube, dass ich mich immer irre.
- ☐ Ich finde, dass ich immer recht habe.
- ☐ Ich verdränge meine Enttäuschung und meinen Schmerz durch Alkohol, Drogen, Shoppen, Essen, Putzen oder Perfektionismus, oder indem ich versuche, die Dinge und Menschen um mich herum zu kontrollieren.
- ☐ Ich hege viel Ärger, Groll und Bitterkeit gegenüber meinem Mann.
- ☐ Ich bin bitter gegenüber Gott.

Teil 2.

Kreuze alle Sätze an, die – allgemein gesprochen – mindestens einmal im Monat auf dein Leben zutreffen:

- ☐ Ich kann mit Gottes Liebe reagieren, selbst wenn mein Mann mir gegenüber sündigt oder sich egoistisch oder gemein verhält.
- ☐ Ich habe Freude in Jesus, unabhängig davon, was mein Mann tut oder nicht tut.
- ☐ Ich bin manchmal traurig oder aufgebracht, aber dann bringe ich meinen Schmerz zu Gott und bitte ihn, mir zu helfen, gut damit umzugehen.
- ☐ Ich habe mein Herz ganz auf Jesus gerichtet. Ich will ihn, seinen Willen und seine Herrlichkeit mehr als alles andere in meinem Leben.
- ☐ Ich verliere selten die Geduld mit meinem Mann.
- ☐ Ich weiß, dass ich eine wichtige Rolle in unserer Ehe spiele und dass ich zum Familienleben einen wertvollen Beitrag leisten kann.
- ☐ Ich schätze meinen Mann und bin dankbar für ihn.
- ☐ Wenn mein Mann einen schlechten Tag hat, versuche ich mir etwas auszudenken, womit ich ihn aufheitern kann.
- ☐ Ich tue meinem Mann gerne etwas Gutes.
- ☐ Ich setze meinen Mann nicht unter Druck. Ich gebe ihm Zeit, über Dinge nachzudenken, wenn er sie braucht.
- ☐ Ich flippe nicht aus, wenn mein Mann ein Chaos hinterlässt.
- ☐ Ich begegne meinem Mann gütig und verständnisvoll, so wie Jesus mir begegnet.
- ☐ Wenn ich etwas will oder brauche, frage ich höflich mit einem freundlichen Tonfall und einem aufrichtigen Lächeln.
- ☐ Ich achte darauf, keine engen Freundschaften zu anderen Männern aufzubauen. Ich schütze mein Herz und meine Ehe gewissenhaft.

- ☐ Ich versuche nicht, emotionale oder sexuelle Befriedigung in Filmen, romantischen Romanen oder Pornografie zu finden.
- ☐ Wenn mein Mann barsch reagiert, antworte ich in einem sanften Ton.
- ☐ Sollte mein Mann mir gegenüber ausfallend werden, würde ich mir, ihm und unserer Ehe Respekt erweisen, indem ich gesunde Grenzen setze, bis er die Hilfe bekommen hat, die er braucht, und seine Einstellung und sein Verhalten mir gegenüber ändert.
- ☐ Sollte mein Mann versagen, vertraue ich darauf, dass Gott die Dinge so lenkt, dass sie mir zum Besten dienen und ihn verherrlichen.
- ☐ Wenn mein Mann etwas sagt oder tut, was mich verärgert, gehe ich davon aus, dass ich ihn missverstanden haben könnte, und werde nicht sofort wütend. Ich stelle ihm Fragen, um die Situation zu klären.
- ☐ Ich habe keine Angst, egal was passiert. Schließlich glaube ich in erster Linie an Gott, nicht an meinen Ehemann.
- ☐ Ich traue den meisten Entscheidungen meines Mannes und unterstütze ihn oft, auch wenn ich ihm nicht zustimme, es sei denn, er fordert mich zu einer offensichtlichen Sünde oder etwas wirklich Gefährlichem auf, oder er ist eindeutig nicht bei klarem Verstand.
- ☐ Ich bin bestrebt, Ja zu Dingen zu sagen, die meinem Mann wichtig sind.
- ☐ Was mein Mann will, ist mir wichtig, aber was Gott will, ist mir am wichtigsten.
- ☐ Ich bin vertrauenswürdig und habe nichts vor meinem Mann zu verbergen.
- ☐ Ich arbeite bewusst darauf hin, meinem Mann Gutes zu tun, egal was passiert.
- ☐ Ich stimme mich mit meinem Mann ab, was unsere Ausgaben und unseren Haushaltsplan angeht.

- ☐ Ich gebe mich meinem Mann auf sexueller Ebene frei und freudig hin, wann immer es möglich ist (es sei denn, er hat eine Affäre oder es gibt wichtige Beweggründe, warum ich mich ihm nicht hingeben kann).
- ☐ Ich achte auf meine Worte, meinen Tonfall, meinen Gesichtsausdruck und meine Handlungen, um sicherzugehen, dass ich meinem Mann wohltue.
- ☐ Ich erweise sowohl meinem Mann als auch Jesus Ehre in der Art, wie ich mich kleide und handle.
- ☐ Ich beschimpfe meinen Mann nicht.
- ☐ Ich weiß, dass mein Mann die meisten meiner emotionalen und geistlichen Bedürfnisse nicht stillen kann, sondern nur Gott.
- ☐ Ich betrachte meinen Mann als meinen Freund.

Ein Blick aufs Ergebnis

Wenn du irgendeinen der Punkte in Teil 1 angekreuzt hast, ist dieses Buch für dich! Ich kann mich auf jeden Fall damit identifizieren. Ich hätte für den größten Teil meiner Ehe nicht sehr viele Punkte aus Teil 2 ankreuzen können. Das liegt daran, dass mein *Ich* damals die Kontrolle über mein Leben hatte, obwohl ich von mir dachte, ich sei ein super Christ. Ich hatte keine Ahnung, wie ein geisterfülltes Leben aussieht. Es geht nicht darum, sich mehr zu bemühen oder perfekt zu sein. Es geht nicht darum, eine Reihe von Regeln zu befolgen, um dadurch eine gottesfürchtige Ehefrau zu werden. Das ist unmöglich! Stattdessen geht es darum zu lernen, dem Geist Gottes freie Bahn zu lassen, durch mein Leben zu wirken, während ich danach strebe, für ihn zu leben. Seine Wege bedrücken mich nicht. Wenn ich mich überfordert und überlastet fühle, versuche ich wahrscheinlich, aus eigener Kraft zu handeln statt in der Kraft des Heiligen Geistes.

Es geht nicht darum, eine Reihe von Regeln zu befolgen, um dadurch eine gottesfürchtige Ehefrau zu werden. ... Wenn ich mich überfordert und überlastet fühle, versuche ich wahrscheinlich, aus eigener Kraft zu handeln statt in der Kraft des Heiligen Geistes.

> Nehmt auf euch mein Joch und lernt von mir, denn ich bin sanftmütig und von Herzen demütig, und ihr werdet Ruhe finden für eure Seelen; denn mein Joch ist sanft, und meine Last ist leicht. (Matthäus 11,29-30)

Gott wird einige erstaunliche Dinge in deinem Leben tun, wenn du bereit bist, ihm zu vertrauen! Am Anfang mag es sich seltsam und fremd anfühlen, aber Gott wirken zu lassen, lohnt sich auf jeden Fall! Wenn du nur in Teil 2 etwas angekreuzt hast, ist Gottes Wirken in deinem Leben offensichtlich, und sein Geist hat die meiste Zeit die Kontrolle über dein Handeln. Das ist wundervoll! Ich bete, dass dieses Buch dir hilfreiche Tipps bietet, wie du deinen Ehemann ehren und einige Lebensbereiche so abstimmen kannst, dass dein Glaube an Christus und deine Ehe so sein kann, wie Gott es sich gedacht hat. Vielleicht könntest du einigen jüngeren Ehefrauen, die du kennst, sogar als Mentorin dienen.

Diese Aussagen basieren übrigens frei auf Galater 5,19-23. Teil 1 zeigt, wie ich mich als Ehefrau verhalte, wenn meine sündige Natur die Kontrolle in meinem Leben hat. Teil 2 zeigt, wie ich als Ehefrau bin, wenn Gottes Geist die Kontrolle in meinem Leben hat. Nachdem ich einmal erlebt habe, wie es ist, wenn Gottes Geist die Kontrolle hat, will ich *nie mehr* zurück zu meinem alten Verhalten!

Was geht in unseren Männern vor?

Es fällt uns leicht zu denken, Männer seien zu groß und zu stark, um emotional verletzlich zu sein. Oder vielleicht meinen wir, Männer hätten keine Gefühle, nur weil sie ihre Gefühle oft nicht in Worte fassen. Die Wahrheit ist, dass wir sie stärker verletzen können als jede andere Person in ihrem Leben, und wir sehen vielleicht nicht einmal, was wir da tun. Mein Mann Greg verlor nie ein Wort darüber, wie viel Schmerz und Enttäuschung er in unserer Ehe erlebte. Er sagte mir nie, dass ich mich respektlos verhielt. Er sagte nie, dass er in der Ehe unglücklich war. Nie konfrontierte er mich mit meiner Sünde. Was war ich erschrocken, als ich herausfand, dass er sehr wohl Gefühle hatte und dass ich ihn jahrelang Tag für Tag tief verletzt hatte! Wie schrecklich! Ich wünsche mir für unsere Ehemänner, dass sie sich sicher fühlen, es uns mitzuteilen, wenn wir sie verletzen oder verärgern – genauso wie ich es uns wünsche, dass wir uns selbst sicher fühlen können, darüber zu sprechen, wenn wir verletzt oder verärgert sind. Von Zeit zu Zeit werden Ehemänner versuchen, uns zu sagen, dass sie verärgert sind oder sich nicht respektiert fühlen (was bedeutet, dass sie sich ungeliebt fühlen), aber oft hören wir nicht richtig darauf, was sie eigentlich sagen.

Kreuze jetzt jeden der folgenden Kommentare an, den du schon einmal von deinem Mann gehört hast:

- ☐ »Ich bin ein erwachsener Mann. Hör auf, mich wie ein Kind zu behandeln!«
- ☐ »Du machst dir über *alles* Sorgen.«
- ☐ »Du glaubst mir nie, wenn ich dir etwas sage.«
- ☐ »Vertrau mir doch ein bisschen.«

- ☐ »Ich kann hier nicht gewinnen.«
- ☐ »Ich kann keine Gedanken lesen.«
- ☐ »Glaub mir.«
- ☐ »Ich habe dir gesagt, dass ich mich darum kümmern würde.«
- ☐ »Meine Meinung interessiert hier eh keinen.«
- ☐ »Du interessierst dich mehr für __________ als für mich!«
- ☐ »Du engst mich ein.«
- ☐ »Lass es mich einfach herausfinden.«
- ☐ »Kein Mann könnte dich so lieben, wie du geliebt werden willst. Nicht einmal Jesus!«
- ☐ »Warum kannst du nicht einfach glücklich sein?«
- ☐ »Wie kann ich vorangehen, wenn du nicht folgst?«
- ☐ »Warum hast du nie eine eigene Meinung?«
- ☐ »Du erwartest von mir, dass ich wie dein Vater bin statt ich selbst.«
- ☐ »Ich möchte nicht der Einzige sein, der diese Entscheidung trifft.«

Es gibt auch einige andere Anzeichen, die darauf hindeuten können, dass dein Mann sich nicht respektiert fühlt (natürlich können manche dieser Punkte auch Anzeichen für andere schwerwiegende Probleme sein):

- Er beißt die Zähne zusammen.
- Er hat einen verletzten Gesichtsausdruck.
- Er hat einen fassungslosen Gesichtsausdruck.
- Er wird still.
- Er verlässt plötzlich »grundlos« den Raum.
- Er wird »aus dem Nichts« wütend.
- Er distanziert sich emotional.
- Er verbringt viel weniger Zeit zu Hause.
- Er zieht sich in sexueller Hinsicht zurück und reagiert nicht mehr auf deine Annäherungsversuche.

Wenn du Anzeichen bemerkst, dass dein Mann sich von dir nicht respektiert fühlt, denke betend darüber nach, ob du dieses Thema ansprechen sollst. Vielleicht ist es an der Zeit zu sagen: »Schatz, ganz allgemein, fühlst du dich von mir respektiert oder findest du, dass ich mich manchmal respektlos verhalte? Wenn ich mich so verhalte, dass du dich nicht respektiert fühlst, möchte ich, dass du es mir sagst, damit ich daran arbeiten kann. Ich möchte nicht, dass du dich von mir beleidigt oder respektlos behandelt fühlst.« (Wenn er dann Dinge aufzählt, höre unbedingt zu, ohne dich zu verteidigen. Merke dir die Punkte, über die er spricht, und bringe sie im Gebet zu Gott.) Wenn du glaubst, dass Gott dich noch nicht dazu auffordert, dieses Thema anzusprechen, könntest du einfach darauf achten, wann du diese Anzeichen siehst, und dann vielleicht sagen: »War das gerade respektlos, Schatz?«

Wenn ich meinem Mann einrede, er solle sich nicht respektlos behandelt fühlen oder er verdiene keinen Respekt, mache ich die Sache sehr viel schlimmer. Ich würde es sicher nicht mögen, wenn ich mich ungeliebt fühlte und mein Mann dann sagt: »Du solltest dich nicht ungeliebt fühlen.« Oder noch schlimmer: »Du hast meine Liebe nicht verdient.« Autsch! Gott befiehlt einer Frau, ihren Ehemann ohne Bedingungen oder Vorbehalte zu respektieren, auch wenn sie nicht glaubt, dass er es verdient – genauso wie er einem Ehemann befiehlt, seine Frau bedingungslos zu lieben, auch wenn er nicht glaubt, dass sie es verdient (Epheser 5,25-33). Gottes Wort sagt einfach: »… die Frau aber, dass sie den Mann fürchte.« Wir müssen keine Sünde respektieren, aber unsere Ehemänner brauchen unseren aufrichtigen Respekt für sie als Männer, genauso wie wir ihre aufrichtige Liebe zu uns brauchen. In vollem Ernst: Es gibt kaum etwas Schädlicheres, was eine Frau zu ihrem Mann sagen könnte, als: »Du hast meinen Respekt nicht verdient!« Männer haben Gefühle. Sie sind verletzlich, und unsere schneidenden, respektlosen Kommentare können tiefe Wunden hinterlassen. Sie mögen niemals auch nur das kleinste Wort darüber verlieren. Oder sie mögen wütend reagieren. Aber unsere nachlässigen Worte können sie tief verletzen. Wenn du einmal anfängst, zu erkennen, wie Respektlosigkeit sich äußert und wie Männer darauf reagieren, wirst du schnell erkennen, dass dieses Verhalten überall zu finden ist. In unserer Gesellschaft herrscht ein Mangel an Respekt vor Männern, Ehemännern und Vätern. Respektlosigkeit gegenüber Männern ist leider nur zu normal geworden. Höchste Zeit, einige ernsthafte Änderungen vorzunehmen, wenn wir von unseren Ehen und Familien erwarten, dass sie gedeihen, wachsen und Gott ehren.

Wenn ich meinem Mann einrede, er solle sich nicht respektlos behandelt fühlen oder er verdiene keinen Respekt, mache ich die Sache sehr viel schlimmer. Ich würde es sicher nicht mögen, wenn ich mich ungeliebt fühlte und mein Mann dann sagt: »Du solltest dich nicht ungeliebt fühlen.« Oder noch schlimmer: »Du hast meine Liebe nicht verdient.«

Machtkampf in der Ehe – die Gründe

Eine ganze Reihe von Faktoren tragen zum »Kampf der Geschlechter« in der Ehe bei. Wenn unser sündiges Fleisch die Kontrolle hat, bringen wir viel destruktive Kraft in unsere Beziehungen. Ohne Jesus können wir nicht anders denken, sprechen und handeln. Die sündige Natur kann keine Harmonie, keinen Frieden, keine Freude, keine Sicherheit, keine Einheit und keine gesunden Beziehungen schaffen. Sünde tut uns, anderen Menschen und Gott immer weh. Die Ehe ist ein Ort, an dem Sünde mehr Schmerzen verursachen kann als in fast jeder anderen Beziehung.

1. Wir sind Evas Töchter

Seit Adam und Eva im Garten Eden in Sünde fielen, gab es Machtkämpfe in der Ehe. Die Sünde brachte Spaltungen, Konflikte und Streitigkeiten, Selbstsucht und den Wunsch nach Kontrolle in unsere Herzen. Vor dem Sündenfall hatte Adam in dieser freudvollen Ehe eine Führungsposition inne, und Eva war seine Hilfe.[2] Adam wurde zuerst geschaffen. Gott gab Adam den Befehl, nicht vom Baum der Erkenntnis des Guten und Bösen zu essen, damit Adam es später Eva erzählen konnte. Adam gab Eva ihren Namen, weil Gott Adam, dadurch dass er ihn zuerst erschuf, Autorität gab. Als sie sündigten, sprach Gott zuerst Adam als Haupt seines Hauses an. Aber natürlich war auch Eva Gott gegenüber für ihre Sünde verantwortlich. Aufgrund ihrer Sünde wurden sowohl Ehemann als auch Ehefrau mit Flüchen belegt, die jeweils ihre Männlichkeit oder Weiblichkeit auf besondere Weise betrafen. Zusätzlich zu den starken Schmerzen bei der Geburt verfluchte Gott Eva damit, dass sie über ihren Ehemann bestimmen wollen würde: »Nach deinem Mann wird dein Verlangen sein, er aber wird über dich herrschen« (1. Mose 3,16). Das Wort für »Verlangen« ist das gleiche, das Gott später verwendete, als er Kain warnte – es geht hier um einen

Wunsch nach Kontrolle: »Und wenn du nicht recht tust, so lagert die Sünde vor der Tür. Und nach dir wird sein [d. h. der Sünde] Verlangen sein, du aber wirst über ihn [d. h. über die Sünde] herrschen« (1. Mose 4,7).

2. Angst

Angst ist ein wesentlicher Bestandteil dessen, was Frauen dazu motiviert, die Kontrolle zu übernehmen. Wir haben Angst davor, nicht geliebt zu werden, nicht sicher zu sein oder nicht das zu bekommen, was wir brauchen. Wir haben Angst, abgelehnt zu werden. Wir haben Angst, nicht liebenswert oder nicht gut genug, nicht schön genug, nicht fraulich genug zu sein. Wir haben Angst davor, nicht die erste Rolle im Leben unseres Mannes zu spielen, wie wir es wollen. Wir haben Angst vor Tragödien und vor Verlust. Wir haben Angst, dass wir nicht die Dinge, die Menschen und die Intimität haben können, die wir uns am meisten wünschen, und versuchen daher, unseren Weg durchzusetzen und sicherzustellen, dass wir auf jeden Fall gewinnen. Dabei erkennen wir nicht, dass wir durch unsere Angst gerade die Intimität abwehren, die wir am meisten verlangen. Wie Eva können wir befürchten, dass Gott uns die besten Dinge vorenthält. Nur wenn wir Gott immer näherkommen, kann seine vollkommene Liebe alle Angst vertreiben (1. Johannes 4,18).

Die Wurzel dieser Ängste unterscheidet sich von Frau zu Frau. Wenn wir uns als Kind nicht sicher fühlten, haben wir möglicherweise ein verzerrtes, kleines, schwaches Bild von Gott entwickelt. Wenn wir (selbst im Erwachsenenalter) erlebten, dass Autoritätspersonen uns nicht schützen konnten oder wollten, oder dass sie ihre Autorität missbrauchten, sind wir vielleicht zu der Überzeugung gelangt, dass wir anderen nicht vertrauen oder uns nicht auf sie verlassen können, dass wir uns selbst schützen und selbst dafür sorgen müssen, dass alles richtig läuft. Wenn du übermäßig große Angst erlebst und vermutest, dass der Grund für dein Kontrollverhalten darin liegt, kann ich dir raten, Hilfe bei einem gottesfürchtigen Seelsorger zu suchen, um Frieden zu finden.

3. Stolz

Wenn das Ich auf dem Thron meines Lebens sitzt statt Gott, würde ich wohl trotzdem nicht bewusst und deutlich vernehmbar sagen: »Ich bin Gott. Verneige dich vor mir.« Aber ich würde so leben, als wäre ich der Boss, als wäre ich sehr mächtig, als wüsste ich es am besten, als besäße ich Unmengen an Weisheit, als hätte ich die Kontrolle über mein Leben und über das Leben der anderen Menschen um mich herum, und als wäre *ich* souverän und nicht Gott. Wenn ich mich selbst als Gott in meinem Leben einsetze, dann ist es meine Pflicht und Verantwortung, dafür zu sorgen, dass die Dinge so laufen, wie ich es für am besten halte. Ich habe dann also das Recht und sogar die Pflicht, Menschen und Gott zu sagen, was sie zu tun haben und wie.

Natürlich bin ich in Wirklichkeit nicht Gott. Ich habe nicht alle Weisheit. Ich bin nicht souverän. Ich habe nicht viel unter Kontrolle. Ich habe nicht das Recht zu erwarten, dass sich alle, einschließlich Gott, mir unterordnen. Wenn ich glaube, dass ich ganz dafür verantwortlich bin, dass Menschen und Umstände in meinem Leben gut geraten, und wenn ich versuche, das Gewicht der Souveränität Gottes zu tragen, das ich unmöglich tragen kann, dann werde ich unglaublich viel Unruhe, Stress, Sorge und Angst erfahren. Ich kann keinen Frieden haben. Es ist mir unmöglich, die Fülle des Geistes Gottes in meinem Leben zu erleben, wenn ich meinem eigenen Weg folge statt Gottes Weg. Seinen Frieden, seine Freude und den Segen der Geistesfrucht schenkt er nur denen, die sich vor ihm demütigen, ihre Sünden bereuen, ihr ganzes Vertrauen auf ihn setzen, sich ihm voll und ganz unterordnen und entschlossen sind, seinem Wort zu gehorchen – und dies durch die Kraft seines Geistes, der in ihnen lebt. Zum Glück ist es egal, welchen Hintergrund wir haben, welchen Ballast wir tragen oder welch sündige Vergangenheit hinter uns liegt. Mit Gott sind *alle* Dinge möglich! Egal, warum wir es uns angewöhnt haben, Dinge aus Angst oder Schuldgefühlen zu tun: Gott ruft uns dazu auf, seine Liebe und Heilung jetzt zu empfangen und zu lernen, Dinge allein aus Liebe zu ihm zu tun, während er unsere Herzen, Gedanken und Seelen radikal verändert.

4. Gefühle

Negative Gefühle können wichtige Hinweise darauf sein, dass etwas nicht stimmt. Sie sind mir ein deutliches Signal, dass ich Zeit brauche, um meine Gedanken aufzuschreiben und mein Innerstes zu prüfen. Manchmal machen wir den Fehler, immer unseren Gefühlen zu glauben, auch wenn sie uns nicht immer die Wahrheit sagen:

- Wenn ich mich meinem Mann nicht verbunden fühle, sind wir nicht verbunden.
- Wenn ich mich jetzt gerade nicht geliebt fühle, werde ich nicht geliebt.
- Wenn ich mich einsam fühle, bin ich allein.
- Wenn ich Angst habe, muss meine Angst gerechtfertigt und unvermeidbar sein.

Gefühle können nützliche Hinweise sein, aber sie sind nicht die Quelle absoluter Wahrheit. Gottes Wort ist die einzig verlässliche Quelle absoluter Wahrheit. Ich muss meine Gedanken und das, was meine Gefühle mir sagen, mit den Aussagen der Bibel vergleichen. Wenn ich merke, dass ich unter PMS (Prämenstruelles Syndrom) und Hormonschwankungen leide, ignoriere ich meine Gefühle absichtlich für ein oder zwei Tage und vertraue eher Gregs Perspektive und der Wahrheit des Wortes Gottes als meinen Gefühlen, weil ich weiß, dass ich gänzlich scheitern werde, wenn ich zu diesem Zeitpunkt meinen Gefühlen vertraue. Es gibt Zeiten, in denen ich einigen meiner Gefühle vertrauen kann, aber ich muss negative Emotionen sorgfältig bewerten, um zu bestimmen, wo sie herkommen. Versündigt sich jemand gegen mich? Gibt es ein sündiges Motiv in meinem eigenen Herzen? Oder bin ich nur erschöpft, krank, hungrig oder spüre die Hormonschwankungen? Wenn meine Gefühle wirklich zutreffen, kann ich betend darüber nachdenken, wie Gott sich meine Reaktion auf eine schwierige Situation vorstellt. Wenn meine Gefühle nicht zutreffen oder sündigen Ursprungs sind, kann ich mich über sie hinwegsetzen, anstatt mich von ihnen zwingen zu lassen, entsprechend zu reagieren und Schaden anzurichten. Wie danke und preise ich Gott, dass ich nicht länger Sklave meiner starken Emotionen sein muss!

5. Vorstellungen und Erwartungen

Wenn wir bestimmte Vorstellungen von unseren Ehemännern oder unseren Ehen haben und diese sich nicht erfüllen, werden wir uns wahrscheinlich ärgern. Wir neigen dazu, ein genaues Bild davon zu haben, wie ein guter Ehemann sich verhält, und erwarten von unseren Männern dann, alle diese Erwartungen auf zauberhafte Weise erfüllen. Du könntest zum Beispiel von deinem Mann erwarten, dass er alles wiedergutmacht, was dir als Kind oder in einer früheren schwierigen Beziehung fehlte, und all deine Wunden heilt. Vielleicht erwartest du, dass dein Mann genauso ist wie dein Vater. Oder dass dein Ehemann für dein Glück und deine Zufriedenheit sorgt, anstatt dass du selbst die Verantwortung für dein geistliches Wachstum und deine eigenen Emotionen übernimmst. Du räumst deinem Ehemann unbewusst einen höheren Platz als Gott in deinem Herzen ein, wenn du die Erwartung an ihn stellst, deine geistlichen und emotionalen Bedürfnisse zu erfüllen, die nur Jesus Christus wirklich erfüllen kann.

Du räumst deinem Ehemann unbewusst einen höheren Platz als Gott in deinem Herzen ein, wenn du die Erwartung an ihn stellst, deine geistlichen und emotionalen Bedürfnisse zu erfüllen, die nur Jesus Christus wirklich erfüllen kann.

Es kann sehr hilfreich sein, alle Vorstellungen und Erwartungen, die du an deinen Ehemann und deine Ehe hast, in ein Notizbuch zu schreiben. Bewerte deine Gedanken sorgfältig. Zumeist ist das Gesündeste, was wir tun können, dass wir unsere Erwartungen vor Gott niederlegen, dass wir uns fest vornehmen, nicht zu viel von unseren Ehemännern zu erwarten, und dass wir ganz bewusst unsere Zufriedenheit nur in Christus suchen. Es kann beängstigend sein, die Erwartungen an unsere Ehemänner abzulegen. Aber wenn wir lernen, unsere Zufriedenheit in Jesus und in nichts anderem zu suchen, erfahren wir so viel Freiheit, Freude und Frieden. Wir können uns dafür entscheiden, unsere Ehemänner so zu akzeptieren, wie sie sind, und sie und uns selbst dadurch aus dem Gefängnis unserer Vorstellungen und Erwartungen befreien.

Machtkampf in der Ehe – die Folgen

Wenn ich jemanden liebe und dabei genau weiß, welche Gegenleistung ich erwarte, knüpfe ich meine Liebe an Bedingungen. Das ist keine echte Liebe, sondern Manipulation:

> »Ich liebe ihn, damit er mich liebt.«
> »Ich bin freundlich zu ihm, damit er freundlich zu mir ist.«
> »Ich werde alles für ihn tun, damit er sich so um mich kümmert, wie ich es will.«

Dann könnten wir argumentieren: »Wenn er mich nicht so liebt, wie ich es möchte, habe ich jeden Grund, ihn zu beschimpfen, ihn nicht zu respektieren und ihn zu verletzen. Er hat meine Erwartungen nicht erfüllt, also kann ich gemein sein – das ist in Ordnung.«

Wenn ich versuche, über meinen Mann zu bestimmen, wird er entweder gegen mich ankämpfen oder mich aus seinem Herzen ausschließen. Männer reagieren allergisch, wenn sie sich missachtet, eingeengt oder kontrolliert fühlen. Wenn ich zu sehen glaube, dass er mich nicht genug liebt, handle ich zunehmend aus Angst. Ich mache unsere Intimität zunichte. Ich kränke seine Ehre. Ich behandle ihn ohne Respekt. Ich verletze ihn. Ich stoße ihn ab. Ich enge ihn ein. Ich versuche, ihn unter Druck zu setzen und ihn zu zwingen, das zu tun, was ich will. Ich werde immer verzweifelter, verlange mehr Aufmerksamkeit und fange an zu klammern. Ich habe nie genug. Zu diesem Zeitpunkt ist es egal, was er tut, ich werde mich nicht zufriedengeben. Über kurz oder lang sieht mein Mann ein, dass er meine Bedürfnisse nicht erfüllen, mir nicht gefallen und mich nicht befriedigen kann, und gibt auf, es überhaupt zu versuchen. Er sieht es als Zeitverschwendung, weil ich ihn ohnehin mit Verachtung behandeln werde, egal wie sehr er sich bemüht. Er kann niemals mithalten und er kann in meinen Augen niemals perfekt sein.

Die meisten Männer möchten ihre Frauen wirklich glücklich machen. Ich habe unzählige Ehemänner sagen hören, dass sie mit Freuden so gut wie alles für das Glück ihrer Frau tun würden, wenn sie nur wüssten, dass sie ihre Frauen dadurch zufriedenstellen könnten, und wenn das, was ihre Frauen wünschen, mit Gottes Willen übereinstimmt. Wenn mein Mann mich ständig unzufrieden sieht und nur meine Verachtung, Kritik oder Verurteilung erfährt, verliert er jede Motivation, es überhaupt zu versuchen, mir eine Freude zu bereiten. Er gibt einfach auf.

Wenn ich aus Angst, Schuld oder Stolz handle, ist es nicht mein Ziel, meinen Mann selbstlos mit der bedingungslosen Liebe Christi zu lieben, ihm Gutes zu tun und Gott zu ehren. Mein Ziel ist, ihn dazu zu bringen, mir das zu geben, was ich will. Meine Motive sind selbstsüchtig. Das entspricht nicht Gottes Beschreibung der *Agape*-Liebe aus 1. Korinther 13,4-8, mit der wir anderen Gläubigen begegnen sollen. Das ist eine weltliche, fleischliche, sündige »Liebe«.

Wer hat die Kontrolle?

Hier ist ein essenzieller Punkt, den wir verstehen müssen: In diesem Leben haben wir kaum etwas unter Kontrolle. Wir können andere Menschen nicht kontrollieren. Es ist weder unser Recht noch unsere Verantwortung, über andere zu bestimmen. Wenn ich versuche, verantwortlich für andere Menschen zu sein und sie für mich verantwortlich zu machen, verfalle ich in eine gegenseitige Abhängigkeit, in der zwei Leben auf ungesunde Weise miteinander verwoben sind. Gott gab jedem Menschen einen freien Willen, und es steht uns nicht zu, diesen einem erwachsenen Menschen zu nehmen. Gesunde Beziehungen beinhalten angemessene Grenzen und eine angemessene Menge geistlicher, emotionaler und physischer Freiheit. Jeder Mensch ist für seine eigene Sünde, seinen Gehorsam Gott gegenüber, für seine Gefühle und Entscheidungen verantwortlich. Ich kann eigentlich nur über mich selbst bestimmen, aber selbst dann muss Gottes Geist die Kontrolle haben, nicht ich.

Gesunde Beziehungen beinhalten angemessene Grenzen und eine angemessene Menge geistlicher, emotionaler und physischer Freiheit.

> Denn die Gesinnung des Fleisches ist der Tod, die Gesinnung des Geistes aber Leben und Frieden. (Römer 8,6)

Was Kontrolle in meinem Leben angeht, kann ich zwischen zwei Optionen entscheiden:

1. Ich kann es meinem sündigen Fleisch zugestehen, die Kontrolle zu haben. Die Folgen sind immer vorhersehbar. Wenn ich in meinem Leben irgendwelche sündigen Gewohnheiten habe (Galater 5,19-21), hat mein Fleisch zu diesem Zeitpunkt die Kontrolle.
2. Ich kann zulassen, dass Gottes Geist die Kontrolle übernimmt. Wenn der Heilige Geist mein Leben bestimmt, wird jede Frucht des Geistes reifen, während Gott mich in Jesu Ebenbild verwandelt. Je besser ich Gott, sein Wesen und seine Wahrheit kennenlerne, umso mehr lerne ich seine Souveränität verstehen, und mein Glaube kann wachsen. Dann wird mir klar, dass ich nichts zu befürchten habe (1. Johannes 4,18). Ich erlebe reichlich Frucht in übernatürlichem

Maße: Liebe, Freude, Friede, Langmut, Freundlichkeit, Gütigkeit, Treue, Sanftmut, Selbstbeherrschung (Galater 5,22-23).

Ich persönlich machte den Anfang damit, alle meine Überzeugungen aufzuschreiben, die ich über Gott, meine Ehe, meinen Mann und mich hatte, um meine Gedanken dann mit der Bibel zu vergleichen. In meiner Liste fand ich falsche Denkmuster und gottlose »starre Vorstellungen« – Dinge, die ich in Gedanken so oft wiederholt hatte, dass ich sie für die absolute Wahrheit hielt. Ich forschte in der Bibel, um zu sehen, was sie über diese Dinge sagt. Die Wahrheiten der Bibel zu entdecken und zu verinnerlichen, war der Schlüssel dazu, meine falschen, festgefahrenen Überzeugungen umzuformen und sie mit den schönen Wahrheiten Gottes in Einklang zu bringen.

Ich bat Gott, mir zu helfen, seine Wahrheit zu begreifen und anzuwenden und sein Wesen zu verstehen. Ich bat ihn, mir meine Fehler aufzuzeigen, die Lügen, an die ich geglaubt hatte, und die sündigen Überzeugungen in meinem Herzen. Ich brauchte ihn, um mein verzerrtes Denken und die Gottlosigkeit in meinem Herzen aufzudecken. Ich musste lernen, dass alles, was zu meinem alten, sündigen Ich gehört, mit Christus gekreuzigt und mit ihm begraben wurde. Für Gott ist das alles Geschichte. Ich empfing sein neues Leben, weil Jesus von den Toten auferstand, und jetzt lebt sein Geist in mir und wirkt durch mich. Es geht hier nicht darum, was ich getan habe oder wie gut ich bin. Laut Gottes Wort habe ich nichts Gutes außer ihm (Psalm 16,2; Römer 3,23). Es geht um das Werk, das Jesus bereits vollendet hat, als er starb und auferstand.

Du kannst etwas Ähnliches erleben, wenn du beginnst, dein eigenes Herz unter die Lupe zu nehmen und es an den Wahrheiten der Bibel auszurichten.

Ich schlage vor, dass du auf der linken Hälfte einer Notizbuchseite die Dinge aufschreibst, die du denkst, wenn du Angst hast, dir Sorgen machst oder dich wegen einer Sache ärgerst. Das könnte zum Beispiel sein:

- Niemand mag mich.
- Gott kann mich nicht lieben.
- Ich bin nicht liebenswert.
- Ich bin wertlos.
- Ich bin eine Unbequemlichkeit und eine Belastung für alle.
- Ich habe keine Freunde.
- Mein Mann liebt mich nicht.
- Ich muss zu jedem Zeitpunkt die Zustimmung meines Mannes haben, egal was es kostet.
- Ich stehe für meinen Mann nicht an erster Stelle.
- Wenn mein Mann mich lieben würde, würde er …
- Gott schuldet mir …
- Gott ist nicht gut.
- Die Leute müssten einfach tun, was ich sage, und alles wäre gut!
- Gott hat es auf mich abgesehen.
- Ich kann Gott nicht vertrauen.
- Ich bin nicht attraktiv.
- Meine Gefühle sind die Wahrheit.
- Meine Weisheit ist größer als Gottes Weisheit.
- Ich kann mich eher auf mich verlassen als auf Gott oder sein Wort.
- Wenn ich mein Vertrauen auf Gott setze, könnte er mir die Dinge und Menschen nehmen, die ich am meisten liebe.

In der Liste, die du gerade aufgeschrieben hast, siehst du wahrscheinlich einige deiner falschen, festgefahrenen Überzeugungen. Jetzt ist der Moment gekommen, um sie Gottes Wahrheiten gegenüberzustellen. Wenn dir beispielsweise auffällt, dass du denkst, du seist ungeliebt, suche in der Bibel nach Versen über Gottes Liebe zu dir. Schreibe diese Verse auf die rechte Hälfte deiner Notizbuchseite, damit du deine Gedanken mit Gottes wohltuender Wahrheit füllen kannst.

Du könntest Verse entdecken wie Jesaja 49,15, Johannes 3,16, Römer 8,35-39, 1. Johannes 4,19 und viele weitere, die dir verstehen helfen, dass Gott dich liebt. Das ist die Wahrheit. Du wirst von Gott innig geliebt und geschätzt. Gott liebt dich, weil das seinem Wesen entspricht. Keiner von uns verdient seine Liebe. Doch in seiner Gnade überschüttet er uns durch Jesus Christus mit seiner Liebe. Jetzt kannst du die Stimme des Feindes erkennen, wenn er dich dazu verleiten will zu glauben, du seist nicht geliebt. Du kannst die Lüge über Bord werfen und über Gottes Wahrheit nachsinnen.

Du kannst auch zu deinen anderen Gedanken Verse herausarbeiten und Gottes Wahrheit über diese Themen notieren. Ich verwende gerne Webseiten, auf denen man ein Thema als Suchbegriff eingeben kann und sofort relevante Verse findet. Alternativ kannst du eine Konkordanz verwenden.

Dann weise die alten, verlogenen Denkmuster jedes Mal bewusst ab, wenn sie in deinen Gedanken aufblitzen, und entscheide dich, stattdessen Gottes Wahrheit und Weisheit anzunehmen. Ich empfehle dir, einige Verse auswendig zu lernen, die die Lügen, die du in der Vergangenheit geglaubt hast, besonders gut bekämpfen. So geschieht es, dass wir »Vernunftschlüsse zerstören und jede Höhe, die sich erhebt gegen die Erkenntnis Gottes, und jeden Gedanken gefangen nehmen unter den Gehorsam des Christus« (2. Korinther 10,4-5).

Weise die alten, verlogenen Denkmuster jedes Mal bewusst ab, wenn sie in deinen Gedanken aufblitzen, und entscheide dich, stattdessen Gottes Wahrheit und Weisheit anzunehmen.

Mit Gott reden

Rufe zu Gott; bitte ihn um Hilfe bei dem Vorhaben, alle Motive, Gedanken und Prioritäten unter die Lupe zu nehmen. Grabe so tief wie möglich, um die Dinge zu finden, auf die du deinen Glauben und dein Leben aufgebaut hast. Gehe nicht eilig und hastig vor. Mache es zu einem Teil deiner Stillen Zeit, deine Gedanken und Gefühle sorgfältig zu untersuchen, zu bewerten und gegenüber der Bibel abzuwägen. Betrachte negative Gefühle oder Emotionen als Warnsignale, dass es wieder an der Zeit ist, die Seele gut unter die Lupe zu nehmen. Einige Fragen, die du dir dabei stellen solltest, sind:

- In welchen Bereichen meines Lebens vertraue ich Gott nicht ganz?
- Gibt es etwas, das mir im Moment wichtiger ist als Jesus?
- Was sind meine größten Ängste?
- Was denke ich selbst über diese Ängste?
- Worüber mache ich mir Sorgen?

- Warum mache ich mir Sorgen?
- Wovon denke ich, dass ich es unbedingt brauche, um zufrieden zu sein?
- Warum möchte ich diese spezielle Sache so sehr? Möchte ich damit Gott gefallen, lieben oder ehren, oder einem Menschen Liebe zeigen und ihm Gutes tun, oder habe ich falsche Motive?

Als Gläubige werden wir den Rest unseres Lebens damit zu tun haben, täglich unsere Motive zu hinterfragen, Sünde zu erkennen und Buße darüber zu tun. Manchmal offenbart Gott erst im Laufe der Zeit tief liegende sündige Angewohnheiten, Angst, Unglauben oder verkehrte Ansichten. Wenn wir nicht alle unsere Gedanken und Motive unter das Licht des Wortes Gottes stellen und sie durch die Kraft seines Geistes, der in uns wirkt, sorgfältig untersuchen, können wir uns sehr leicht täuschen und glauben, unsere Motive seien gut, während sie eigentlich völlig falsch sind. »Arglistig ist das Herz, mehr als alles, und verdorben ist es; wer mag es kennen?« (Jeremia 17,9). Wir können die Angst in unserem Herzen nur überwinden, wenn wir Gott durch Jesus besser kennenlernen, wie er sich uns in der Bibel offenbart, und uns vollständig der Herrschaft Christi unterordnen. Je besser wir Gottes Wesen verstehen, umso mehr wird er all unser Denken erfüllen und umso mehr schrumpfen und verfliegen unsere Ängste und Probleme. Heutzutage wird nicht so viel darüber gesprochen, sich Gott zu weihen, sich von ganzem Herzen Jesus Christus hinzugeben oder sich ihm ganz zu unterwerfen. Aber wir müssen genau das tun, wenn wir frei von Ängsten und falschen Denkmustern sein wollen, die uns gefangen halten.

4
Die absolute Herrschaft Christi

Jesus kam nicht nur, um unser Erlöser zu sein, sondern auch unser Herr. Er ruft jeden, der ihm folgen möchte, dazu auf, sich selbst zu verleugnen, das Kreuz auf sich zu nehmen und ihm nachzufolgen. Was er von uns haben möchte, ist unser Alles. Aber er war der Erste, der sein Alles für uns hingab. Wenn wir anfangen zu verstehen, wer Gott ist und wie sehr er unsere Hingabe und unseren Gehorsam verdient, erkennen wir auch, dass das, wozu Jesus uns auffordert, eigentlich kein Opfer ist. Zuerst kommt es uns wie eine große Last vor, alles Christus zu weihen, aber er vergilt uns mit einem geistlichen Segen, den wir in diesem Leben nicht ansatzweise ergründen können, und er schenkt uns den Himmel, wo wir für immer mit ihm sein werden, wenn dieses Leben einmal vorbei ist. Wenn wir im Zentrum seines Willens stehen, finden wir Frieden, Erfüllung und Freude ohne Vergleich.

Gottes Wesen verstehen

Gott ist gut.

Es gibt keine schlechte Seite an Gott. Alles, was er schafft, ist gut. Seine Wünsche sind gut. Alle seine Taten und Entscheidungen sind gut. Er ist die leibhaftige Definition und Grundlage dessen, was »gut« ist. Er kann nicht einmal einen schlechten oder bösen Gedanken *denken*.

> Niemand ist gut als nur einer, Gott. (Lukas 18,19)

> Da stand Hiob auf und zerriss sein Gewand und schor sein Haupt; und er fiel zur Erde nieder und betete an. Und er sprach: Nackt bin ich aus meiner Mutter Leib gekommen, und nackt werde ich dahin zurückkehren; der HERR hat gegeben, und der HERR hat genommen, der Name des HERRN sei gepriesen! Bei all diesem sündigte Hiob nicht und schrieb Gott nichts Ungereimtes zu. (Hiob 1,20-22)

Gott ist gerecht.

Gott ist immer absolut gerecht, genauso wie er immer Liebe ist. Er kann das Böse nicht ignorieren. Jemand muss für jede Sünde bezahlen, und der Preis ist Blut – Jesu Blut oder das Blut der schuldigen Person.

> Ohne Blutvergießung gibt es keine Vergebung. (Hebräer 9,22)

Gott zürnt über Sünde.

Gott sagt, dass er seinen heiligen Zorn über denen ausgießen wird, die ihm nicht gehorchen und Unrecht tun. Oft gibt Gott uns Jahre oder sogar Jahrzehnte, um uns von der Sünde abzuwenden und Buße zu tun. Wenn Menschen sich jedoch weigern, sich Gott zuzuwenden, und weiterhin Böses tun, wird er schlussendlich ihre Sünde bestrafen. Gott ist langsam zum Zorn, aber das bedeutet nicht, dass er niemals zornig ist. Und wenn er zornig ist, ist es ein gerechter Zorn.

> Und der HERR hat sie herausgerissen aus ihrem Land im Zorn und im Grimm und in großem Unwillen und hat sie in ein anderes Land geworfen, wie es an diesem Tag ist. (5. Mose 29,27)

Gottes Weisheit ist unendlich größer als unsere eigene.

Gott besitzt große Weisheit. Ich nicht. Ich muss mich demütigen und über meine stolze Haltung Buße tun, dass ich denke, ich hätte mehr Weisheit als Gott. Erst dann kann ich vor seinen Thron treten.

> Wehe dem, der mit seinem Bildner rechtet … Darf wohl der Ton zu seinem Bildner sagen: Was machst du?, und dein Werk: Er hat keine Hände? … So spricht der HERR, der Heilige Israels und der es gebildet hat: Über das Zukünftige fragt mich; meine Kinder und das Werk meiner Hände lasst mir anbefohlen sein! (Jesaja 45,9-11)

Gott ist heilig und kann nicht sündigen.

Gott ist immer perfekt. Er tut und denkt immer das Richtige.

> Niemand sage, wenn er versucht wird: Ich werde von Gott versucht; denn Gott kann nicht versucht werden vom Bösen, er selbst aber versucht niemand. Jeder aber wird versucht, wenn er von seiner eigenen Begierde fortgezogen und gelockt wird. Danach, wenn die Begierde empfangen hat, gebiert sie die Sünde; die Sünde aber, wenn sie vollendet ist, gebiert den Tod. (Jakobus 1,13-15)

Gott ist Liebe.

Er kann niemandem gegenüber lieblos handeln. Gottes Art zu lieben wird in 1. Korinther 13,4-8 definiert. Seine Liebe zeigt sich in seiner Bereitschaft, seinen einzigen Sohn ans Kreuz zu schicken, um an unserer Stelle zu sterben. Das Kreuz veranschaulicht lebendig, wie Gottes Weisheit, Liebe, Zorn, Gerechtigkeit und Heiligkeit in Harmonie zusammenwirken. Gottes Zorn fand ein Ende, als er ihn auf seinen Sohn Jesus ausgoss. Dann gab es Gerechtigkeit – die Sünde war in Gottes heiligen Augen angemessen bezahlt. Was für eine gute Nachricht für uns! Wir müssen nicht mit Gottes Zorn rechnen, sondern dürfen stattdessen sein Geschenk der Liebe, Barmherzigkeit und Gnade empfangen!

> Denn so hat Gott die Welt geliebt, dass er seinen eingeborenen Sohn gab, damit jeder, der an ihn glaubt, nicht verloren gehe, sondern ewiges Leben habe. Denn Gott hat seinen Sohn nicht in die Welt gesandt, damit er die Welt richte, sondern damit die Welt durch ihn errettet werde. (Johannes 3,16-17)

Gott ist souverän.

Jedes Buch der Bibel weist auf Gottes Souveränität hin. Er kann alles einsetzen, um seine Ziele zu erreichen – sogar das Böse, Dämonen, Satan selbst, die Sünde und die Sünder, obwohl er selbst nichts Böses verursacht. Er hat die Macht, das Böse zu einzuschränken und die Grenzen und den Umfang des Bösen festzusetzen. Er ist souverän über das Böse und doch von ihm getrennt: Er hat die Macht, das zu nutzen, was sündige Menschen mit böser Absicht tun, um Gutes zu erreichen. Im Universum gibt es nichts, was außerhalb der Kontrolle Gottes liegt. Irgendwie können unser freier Wille und Gottes Souveränität ohne Konflikt koexistieren, auch wenn wir dieses Geheimnis nicht ergründen können. Wir sind für unser Handeln verantwortlich. Wir treffen unsere eigenen Entscheidungen. Wir müssen mit den Konsequenzen unserer Entscheidungen leben. Gleichzeitig hat Gott die Kontrolle und nutzt alle Dinge für seine Ziele. Ein Beispiel ist die Geschichte von Joseph, der seinen Brüdern ungefähr vierzehn Jahre, nachdem sie ihn in die Sklaverei verkauft hatten, vergibt.

> Da sprach Joseph zu ihnen: Fürchtet euch nicht; denn bin ich an Gottes statt? Ihr zwar hattet Böses gegen mich im Sinn; Gott aber hatte im Sinn, es gut zu machen, damit er täte, wie es an diesem Tag ist, um ein großes Volk am Leben zu erhalten. Und nun, fürchtet euch nicht; ich werde euch und eure Kinder versorgen. Und er tröstete sie und redete zu ihrem Herzen. (1. Mose 50,19-21)

Gott ist außerdem barmherzig, allmächtig, allwissend, unveränderlich und geduldig. Er existiert außerhalb von Raum und Zeit. Er ist der Schöpfer des Universums. Er ist perfekt, treu und wahr. Er liegt immer richtig. Er hält alle seine Versprechen. Er kann nicht lügen. Er ist der einzige Gott, den es jemals gab oder geben wird. Er verdient all unsere Anbetung, unser Lob, unsere Verehrung und unseren Gehorsam.

Ich denke, es könnte eine gute Idee für einen Bibelkreis sein, eine Bibel-Webseite aufzurufen und das Wesen oder die Eigenschaften Gottes zu erforschen. Je mehr wir verstehen, wer Gott wirklich ist, desto mehr Grund haben wir, unser Vertrauen auf ihn zu setzen. Wir haben die Möglichkeit, ihn kennenzulernen, weil er sich uns in seinem Wort sehr genau vorstellt.

Mein Wesen verstehen

Ganz egal, welchen Mann ich heirate, ich würde gegen jeden sündigen. Und jeder Mann, den ich heirate, würde mir manchmal Unrecht tun. Zugegeben, manche wären schlimmer als andere. Aber alle Ehepartner sündigen gegeneinander. Ich kaufe unserer Gesellschaft das Konzept nicht ab, dass es einen »perfekten Seelenverwandten« gibt, der alle unsere Bedürfnisse erfüllt, ohne je zu versagen. Einen Sünder zu lieben, ist schmerzhaft; selbst Sünder, denen vergeben wurde und die Jesus als Herrn haben, fallen manchmal in Sünde oder verletzen andere ungewollt. Liebe ist mit hohen Kosten und Opfern verbunden. Bedenke, wie viel es Jesus gekostet hat, uns zu lieben. Die Ehe gibt uns einen Geschmack von tiefer Liebe und tiefem Schmerz, wie Gott es in seiner Beziehung mit uns erlebt. Menschen haben einen freien Willen. Sie können sich auch dazu entscheiden, Gott und anderen Unrecht zu tun.

Die Ehe gibt uns einen Geschmack von tiefer Liebe und tiefem Schmerz, wie Gott es in seiner Beziehung mit uns erlebt.

Als ich anfing zu lernen, was eine gottesfürchtige Ehefrau ausmacht, zeigte Gott mir etwas Überraschendes: Die Art, wie ich meinen Ehemann respektiere und mich ihm unterordne, ist ein direkter Indikator meiner Ehrfurcht vor und meiner Unterordnung unter Jesus Christus. Wenn ich meinem Ehemann gegenüber respektlos bin und versuche, ihn zu kontrollieren und in unserer Ehe die Richtung vorzugeben, werde ich mein Verhalten nicht ändern, egal was mein Ehemann tut oder wer er ist. Mein Respekt oder meine Respektlosigkeit kommt aus *meinem* Herzen. Es geht um *mein* Wesen, und es hat fast nichts damit zu tun, was mein Mann tut oder lässt. Bei Gott zählt, wie ich andere (also auch meinen Mann) behandle und wie ich ihn behandle (Matthäus 25,40). Es ist leicht zu sagen, dass ich eine bessere Ehefrau wäre, wenn ich einen liebevolleren Ehemann hätte. Aber Gott hat mir gezeigt, dass die Art, wie ich mich als Ehefrau verhalte und wie ich auf meinen Mann (und andere) reagiere, von meinem Wesen abhängt, und ob mein sündiges altes Ich die Kontrolle hat oder nicht. Mein Mann kann es mir natürlich leichter oder schwerer machen, ihn zu respektieren, genauso wie ich es ihm schwerer oder leichter machen kann, mich zu lieben. Die bestimmten Dinge, die ich an meinem Mann respektiere, haben mit seinem Wesen zu tun. Aber die Tatsache, ob ich meinen Ehemann respektiere oder nicht, und wie sich mein Respekt äußert, hängt von meinem Gehorsam gegenüber Gottes Wort und meiner Beziehung zu Jesus ab. Die Frage ist nicht: »Hat mein Mann (meiner Meinung nach) meinen Respekt und meine Unterordnung verdient?«, sondern die eigentliche Frage lautet: »Hat *Jesus* meinen Respekt und meine Unterordnung verdient?«

Mein Respekt oder meine Respektlosigkeit kommt aus meinem Herzen. Es geht um mein Wesen, und es hat fast nichts damit zu tun, was mein Mann tut oder lässt.

In Epheser 5,22-23 gibt Gott mir als Ehefrau klare Anweisungen – keine Vorschläge. Als christliche Frauen sagen wir, dass wir Gottes Willen tun wollen. Hier finden wir ihn schwarz auf weiß. Die Welt sagt: »Respekt muss verdient sein.« In der Welt, beispielsweise in Geschäftsbeziehungen, trifft dies auf gewisse Weise auch zu. Menschen, die an Jesus Christus glauben, sollen jedoch *alle* Menschen mit Ehre und Respekt behandeln. Die Ehe ist weder ein Geschäftsvertrag noch ist sie von dieser Welt. Die Ehe ist ein heiliger Bund, den Gott vor dem Sündenfall eingesetzt hat, um das tiefe Geheimnis der Beziehung zwischen Jesus Christus und seiner Gemeinde zu verbildlichen. Der Ehemann soll die aufopferungsvolle, demütige, selbstlose, weise, zum Dienen bereite, unfehlbare Liebe Jesu zu seiner Gemeinde darstellen, in der Jesus das Haupt des Leibes Christi ist. Die Ehefrau soll die Ehrfurcht, die Anbetung und die Unterordnung der Gemeinde unter Jesus darstellen (Epheser 5,22-33). Fröhliche, kluge, willige Unterordnung, die auf freundliche, demütige, starke, selbstlose Liebe reagiert. Was für ein schönes Bild!

Wie geht das, sich Jesus Christus unterordnen?

Es ist meine Aufgabe, meinen Teil des Eheversprechens durch die Kraft des Heiligen Geistes, der in mir wirkt, einzuhalten. Ich bin Gott gegenüber verantwortlich, meiner Rolle auf seiner »Bühne« gerecht zu werden. Mein Mann ist Gott gegenüber dafür verantwortlich, seiner Rolle gerecht zu werden. Gott wird jeden von uns einzeln bewerten, wenn wir eines Tages vor ihm im Himmel stehen. Wenn mein Mann gegen mich sündigt, gibt Gott mir keinen Freifahrtschein, um gegen ihn zu sündigen, auch wenn es für mich sehr verlockend sein mag. Das Gleiche gilt für meinen Mann – auch er bekommt keinen Freifahrtschein, um gegen mich zu sündigen.

Einige der Absichten Gottes mit der Ehe sind, sich selbst Ehre zu bringen, uns zu heiligen, unseren Kindern ein gottesfürchtiges Umfeld und Vorbilder zu geben, denen sie nacheifern können, und seine liebevolle Beziehung zu seinem Volk an konkreten Beispielen aus Fleisch und Blut greifbar zu machen. Er möchte unsere Ehen nutzen, um viele zu Jesus zu bringen!

Anstatt also mich selbst als »Nummer eins« zu betrachten, gebe ich mich täglich Christus als lebendiges Opfer hin, indem ich mein Kreuz auf mich nehme und mich selbst verleugne (Lukas 9,23-24; Römer 6,11; Galater 5,13-26). Ich demütige mich vor Gott und vor anderen und nehme das Herz eines Dieners an. Ich werde ein Sklave Jesu Christi, statt ein Sklave der Sünde zu sein, der ich war.

Ich konzentriere mich nicht darauf, dass zuerst meine Bedürfnisse erfüllt werden. Ja, meine Bedürfnisse sind wichtig. Ich darf um Dinge bitten, die ich brauche. Die Bedürfnisse meines Mannes sind wichtig und auch er darf darum bitten, was er braucht. Aber Gott ist viel wichtiger als ich, mein Mann oder meine Wünsche, und er ist imstande, meine Bedürfnisse im Überfluss zu erfüllen. Wenn ich das Herz und den Geist Christi annehme, achte ich zuerst auf die Bedürfnisse anderer (wie die meines Mannes). Ich tue dies durch die große Stärke und Kraft, die ich in Jesus habe, und nicht in der Schwäche meines Fleisches. Wenn ich meine Bedürfnisse zurückstelle, macht es mich nicht zu einem Fußabtreter. Ich bin kein gedankenloser Roboter oder untermenschlicher »Sklave« ohne Wünsche, Ideen und Meinungen. Aber letztendlich ist es nicht mein Ziel, meinem Mann zu gefallen. Ich mache meinen Mann nicht zu meinem Gott. Das würde in einer Katastrophe enden! Mein Ziel ist es, meinem Herrn Jesus große Freude zu bereiten.

Letztendlich ist es nicht mein Ziel,
meinem Mann zu gefallen. … Mein Ziel ist es,
meinem Herrn Jesus große Freude zu bereiten.

Wenn ich mit Jesus lebe, verändert er mein Wesen und meine Wünsche, damit sie ihm entsprechen. Ich möchte nicht länger Böses mit Bösem vergelten, sondern sehne mich danach, Böses mit Gutem zu vergelten, denn das gefällt Gott (Römer 12,9-21). Ich möchte die Wahrheit in Liebe sagen (Epheser 4,15). Ich möchte keine Menschen täuschen oder so tun, als wäre alles in Ordnung, wenn ich in Wirklichkeit ein Problem habe. Ich möchte ehrlich, authentisch, verletzlich und direkt sein, aber respektvoll, freundlich, demütig, sanft, geduldig, liebevoll (nach Gottes Definition aus 1. Korinther 13,4-8) und selbstbeherrscht, weil Jesus mich dazu befähigt. Ich möchte mich von Gottes Geist leiten lassen, um zu unterscheiden, wann es besser ist, gnädig zu sein und eine Angelegenheit ruhen zu lassen, oder wann es wichtig ist, eine Sache auf sanfte, aufrichtige, mutige, direkte, respektvolle und liebevolle Weise anzusprechen. Mir ist bewusst, dass ich Gottes Weisheit brauche, um zu unterscheiden, was in jeder Situation zu tun ist. Ich erkenne, dass es mein Leben vergiftet, wenn ich Groll hege, und dass diese Sünde mich gefangen hält. Ich möchte frei vergeben können, damit auch Gott mir vergibt (Matthäus 6,14-15). Anstatt meine Ehe so zu führen, wie es mir passt, und anstatt mich an den Maßstäben der Gesellschaft auszurichten, ordne ich mich Jesus unter. Ich bin bereit, ihm zu gehorchen und alles auf seine Weise zu tun – auch wenn es nicht unbedingt gut angesehen ist, Leute mich seltsam finden oder mich sogar dafür hassen.

> Unterwerft euch nun Gott. Widersteht aber dem Teufel, und er wird von euch fliehen. Naht euch Gott, und er wird sich euch nahen. Säubert die Hände, ihr Sünder, und reinigt die Herzen, ihr Wankelmütigen. Seid niedergebeugt und trauert und weint; euer Lachen verwandle sich in Traurigkeit, und eure Freude in Niedergeschlagenheit. Demütigt euch vor dem Herrn, und er wird euch erhöhen. (Jakobus 4,7-10)

> Ich ermahne euch nun, Brüder, durch die Erbarmungen Gottes, eure Leiber darzustellen als ein lebendiges, heiliges, Gott wohlgefälliges Schlachtopfer, was euer vernünftiger Dienst ist. Und seid nicht gleichförmig dieser Welt, sondern werdet verwandelt durch die Erneuerung eures Sinnes, dass ihr prüfen mögt, was der gute und wohlgefällige und vollkommene Wille Gottes ist. (Römer 12,1-2)

> Wer Vater oder Mutter mehr lieb hat als mich, ist meiner nicht würdig; und wer Sohn oder Tochter mehr lieb hat als mich, ist meiner nicht würdig; und wer nicht sein Kreuz aufnimmt und mir nachfolgt, ist meiner nicht würdig. Wer sein Leben findet, wird es verlieren, und wer sein Leben verliert um meinetwillen, wird es finden. (Matthäus 10,37-39)

> Denn wer irgend den Willen meines Vaters tut, der in den Himmeln ist, der ist mein Bruder und meine Schwester und meine Mutter. (Matthäus 12,50)

Ich ordne mich Jesus als meinem Herrn unter, weil ich ihn liebe, weil ich ihn verehren möchte und weil er der Wichtigste in meinem Leben ist. Ich begreife, wie groß die Schuld ist, die er mir vergeben hat, und ich erkenne den Schatz, den er mir gegeben hat: dass ich eine Beziehung zu Gott haben und ihn schon hier persönlich kennen darf, dass ich durch das Gebet Zugang ins Allerheiligste habe, dass ich glauben kann, dass ich auf der Erde ein Teil seines Reiches bin und im Himmel für immer mit ihm leben werde! Ich verstehe, dass Jesus mich so sehr geliebt hat, dass er die Strafe auf sich nahm, die ich verdiente, und dass ich die Hölle verdiente, nicht den Himmel. Weil ich ihn liebe und zutiefst dankbar bin für alles, was Jesus für mich getan hat, kann ich nicht anders, als zu allem »Ja, Herr« zu sagen, was er von mir verlangt! Er gibt mir den Wunsch, die Freiheit, die Ausdauer und die Kraft, seinem Wort in jedem Bereich meines Lebens zu gehorchen.

Ich möchte ihm gehorchen, auch wenn ich das, was er von mir verlangt, nicht verstehe oder wenn ich nicht damit einverstanden bin, auch wenn die Welt sich daran stößt. Ich muss ihm gehorchen, auch wenn es sonst niemand tut. Ich kann meinem Herrn Jesus nicht in die Augen schauen, in denen so viel Liebe, Barmherzigkeit und Gnade für mich leuchtet, und wissen, was er am Kreuz für mich getan hat, und trotzig sagen: »Nein, Herr!« Jetzt kann ich nur freudig sagen: »Ja, Herr!«, auch wenn es mich viel kostet – selbst wenn es mich *alles* kostet. Er hat alles für mich gegeben – jetzt habe ich die Freude und das Privileg, alles für ihn zu geben. Eines Tages möchte ich ihn sagen hören: »Wohl, du guter und treuer Knecht!« (Matthäus 25,23). Die Bestätigung anderer Menschen ist nicht mehr wichtig. Ich ziehe den neuen Menschen an, »der nach Gott geschaffen ist in wahrhaftiger Gerechtigkeit und Heiligkeit« (Epheser 4,24).

Weil ich, wie Gottes Wort es in Römer 6 beschreibt, meinem alten Ich gestorben bin, bin ich auch meinem Willen, meinen Zielen, meinen größten Träumen, meinen Plänen, Prioritäten und meiner Weisheit gestorben. Das alles ist ans Kreuz genagelt. Ich bin mit Jesus Christus gekreuzigt und mit ihm begraben. In Gottes Augen ist das eine historische Tatsache. Gott sieht mich in Christus, sodass alles, was mit ihm geschah, auch mit mir geschah. Das alte, sündige Ich ist dieser Welt gestorben und wurde begraben. Gott hat mich zu einem neuen Leben in Christus erweckt, weil Jesus von den Toten auferstand. Er gab mir einen neuen Geist. Alles, was ich habe, gehört Jesus und alles, was er hat, gehört mir. Wie beeindruckend! Das muss man erst mal sacken lassen. Ich bin jetzt ein lebendiges Opfer für Jesus. Ich lebe durch seinen Geist und seine Weisheit, für seinen Willen, seine Ziele, seine Träume, seine Pläne, seine Prioritäten. Meine höchsten Ziele sind es, den Herrn, meinen Gott, aus ganzem Herzen, mit ganzer Seele, ganzer Kraft und mit ganzem Verstand zu lieben (Lukas 10,27). Ich will ihm große Ehre bringen, indem ich ihm durch die Kraft seines Geistes gehorche und andere mit seiner Liebe liebe.

Ich bin jetzt ein lebendiges Opfer für Jesus. Ich lebe durch seinen Geist und seine Weisheit, für seinen Willen, seine Ziele, seine Träume, seine Pläne, seine Prioritäten.

Wie ich Gott gegenüber respektlos war

Wenn schon diejenigen, die in diesem Leben menschliche Autorität besitzen, Respekt verdienen, wie viel mehr verdient der allmächtige Schöpfer des gesamten Universums meine größte Ehrfurcht und Ehre! Er ist der König der Könige und Herr der Herren! Wir haben uns bisher angeschaut, wie nahbar Gott ist und dass wir durch Jesus direkt zu ihm kommen können. Aber wir dürfen niemals die Tatsache aus den Augen verlieren, dass unser Gott ein großer Gott ist. Er verdient äußersten Respekt. Unbewusst habe ich Gott in der Vergangenheit oft respektlos behandelt.

- Ich stellte Gottes Weisheit infrage.
- Ich stellte seine Autorität infrage.
- Ich hatte meine eigenen Vorstellungen davon, wie Gott ist oder wie er sein sollte, statt ihn zu akzeptieren, wie er sich in der Bibel vorstellt.
- Ich missachtete Gottes Autorität über mich und versuchte, sie zu umgehen.
- Ich hatte egoistische Motive.

- Ich machte Gott klar, dass er mir nicht genug war, indem ich versuchte, in anderen Dingen Erfüllung zu finden.
- Ich versuchte, Gott zu sagen, was er tun sollte.
- Ich wollte eine emotionale Beziehung mit Gott, aber hatte keine angemessene Ehrfurcht und keinen Respekt vor Gottes Heiligkeit und Majestät.
- Ich dachte klein von Gott und groß von mir selbst; mein geistliches Sehvermögen war verzerrt und verfälscht.
- Ich dachte, ich könnte die Arbeit des Heiligen Geistes in meinem eigenen Leben und im Leben anderer Menschen selbst tun.
- Ich missachtete viele Gebote Gottes und bemerkte es nicht einmal.
- Ich gab mich in meinem Herzen der Sünde hin.
- Ich vertraute nicht wirklich auf Gott, sondern auf mich selbst. Ich lebte in Angst, Unruhe und Sorge – als würde alles von mir abhängen.
- Ich verstand Gottes Souveränität nicht. Das war der größte Schlüssel zum Frieden – Gottes Souveränität zu erforschen und zu erkennen, dass ich nicht Gott bin! Seine Verantwortung muss ich nicht tragen.

Wie ich Gott respektieren und ehren kann

Zum Glück sagt Gott sehr deutlich, wie er möchte, dass wir ihm unsere Liebe und Verehrung zeigen. Sein Wort offenbart uns sein Herz. Er sagt uns, wie wir ihm gefallen können und wie wir uns ihm nähern sollen. Hier sind einige Beispiele dafür, wie ich Gott die ihm angemessene Ehrfurcht und Verehrung zeigen kann, wenn Jesus mein Retter und Herr ist:

- seine Autorität und die Autorität seines Wortes anerkennen (Matthäus 28,18; Johannes 1,1)

- ihm in allem gehorchen (Johannes 14,23-24)
- respektvoll über ihn und mit ihm sprechen (Hebräer 12,28)
- seinen Namen nicht missbrauchen (2. Mose 20,7)
- Autoritätsstrukturen anerkennen, die er in meinem Leben eingesetzt hat – in der Regierung, in der Gemeinde, am Arbeitsplatz und in der Familie (Lukas 20,25; Römer 13,1-7; 1. Korinther 11,3; Epheser 5,22-33)
- Gott so annehmen, wie er sich in der Bibel vorstellt, statt sich ein eigenes Bild davon zu machen, wie Gott sein sollte (Jesaja 48,17)
- Gott für all seine erstaunlichen Eigenschaften und sein Wesen preisen (Psalm 149,1)
- sich zu jeder Zeit an ihm freuen, unablässig beten und in allen Umständen dankbar sein, denn dies ist Gottes Wille für mich (1. Thessalonicher 5,16-18)
- sich auf das Gute konzentrieren (Philipper 4,8)
- sich nicht beschweren und nicht streiten (Philipper 2,14-16)
- ihm vertrauen, egal was passiert; selbst wenn ich leide, kann ich ihn anbeten, ihm danken, ihm vertrauen und nicht gegen ihn sündigen, indem ich ihn des Fehlverhaltens beschuldige (Habakuk 3,17-19; Hiob 1,20-22)
- in Christus und in seinem Wort bleiben (Johannes 15,1-8)
- ihm in meinem Herzen unablässig Lob- und Dankeslieder singen (Psalm 95; 150; 1. Thessalonicher 5,16-18)
- die Wahrheit, Liebe, Barmherzigkeit und Gnade Gottes mit anderen teilen, um so durch seine Wahrheit und Kraft allein zu seiner Ehre Jünger zu machen (Matthäus 28,18-20)

Gott möchte, dass sich alle Gläubigen (Männer und Frauen) vollständig Jesus Christus unterordnen und ihn als *Herrn* ihres Lebens anerkennen. Wir benutzen das Wort »Herr« oft so beiläufig. Das darf nicht sein! Herrschaft ist eine völlig lebensverändernde Sache. Mein Herr trägt die Verantwortung für alle meine Entscheidungen und für die Richtung, die mein Leben nimmt! Er ist der Boss.

Echte christliche Unterordnung beginnt da, wo wir uns der Herrschaft Christi unterwerfen. Wir folgen dem Beispiel Jesu Christi selbst. Obwohl er Gott war, ordnete Jesus sich Gott dem Vater unter. Er sagte: »Nicht mein Wille, sondern der deine geschehe!« (Lukas 22,42). Darum geht es. Jesus war und ist Gott, aber in Liebe ordnete er seinen Willen vollständig dem Willen seines Vaters unter. Alle drei Personen der Gottheit sind gleichwertig. Unterordnung berührt nicht den Wert. Jesus ist nicht weniger wert, weil er sich Gott dem Vater unterwirft.

Unterordnung regelt und ordnet die Autoritätsstrukturen, die Gott zu unserem Wohl, unserer Versorgung, unserem Schutz und zu unserem Segen in Beziehungen eingesetzt hat.

Dieser Punkt verwirrt uns oft und macht uns wütend. Wir denken, dass jeder, der sich unterordnet, irgendwie weniger wert ist als die Person, die Autorität ausübt. Aber Gott sieht Unterordnung überhaupt nicht so. Unterordnung regelt und ordnet die Autoritätsstrukturen, die Gott zu unserem Wohl, unserer Versorgung, unserem Schutz und zu unserem Segen in Beziehungen eingesetzt hat (Römer 13,1-7). Dies schließt die Autorität ein, die eine Regierung über ihre Bürger hat, die Autorität eines Chefs über seine Angestellten, die gewisse Autorität von Gemeindeleitern über ihre Gemeinden, die Autorität von Eltern über ihre minderjährigen Kinder, und die Autorität von Ehemännern in der Ehe. Gott zieht

Autoritätspersonen zur Rechenschaft und hält sie verantwortlich dafür, wie sie diejenigen, die unter ihrer Obhut sind, führen, schützen und pflegen und wie sie sich um sie kümmern. Nur Gott hat absolute Autorität. Kein Mensch hat absolute Autorität über eine andere Person. Gott duldet niemals, dass Autoritätspersonen ihre Position ausnutzen, um gegen andere zu sündigen oder sie zu missbrauchen. Menschen in Führungspositionen werden von Gott nach einem strengeren Maßstab gerichtet, wenn sie ihm am Tag des Gerichts gegenüberstehen.

Wenn Jesus Christus Herr ist, muss ich mit seiner Hilfe sorgfältig prüfen, welche Dinge ich in meinem Herzen über ihn stelle. Wir alle sind anfällig für Götzendienst, aber heute schleichen sich unsere Götzen oft so unmerklich in unser Leben, dass wir gar nicht erkennen, was wir tun. Mir gefällt die Geschichte meiner alleinstehenden Schwester in Christus, die davon erzählt, wie Gott sie bat, ihren Götzen aufzugeben:

> Ich weiß noch, wie Gott mich bat, meine Träume aufzugeben. »Okay, Gott, dein Wille und nicht meiner. Kein Problem! Ich werde überall hingehen, wo du willst, und das tun, was du willst«, betete ich. Ich war ganz aufgeregt zu sehen, welche Richtung Gott für mein Leben geplant hatte. Diese Unterhaltung mit Gott musste jedoch in einigen Variationen stattfinden, bis ich verstand, was er meinte. Er meinte meinen persönlichsten und wertvollsten Traum. Er wollte, dass ich meinen Wunsch, Ehefrau und Mutter zu werden, auf den Altar legte. Ich bat Gott, jeden anderen Traum zu nehmen, nur nicht diesen. Ich flehte ihn an und bot ihm alles, wenn ich dafür nur meinen Traum behalten könnte. Aber das, was ich zu bieten hatte, reichte nie aus. Wenn ich meinem Ich sterben sollte, dann nur zu seinen Bedingungen. Ich erinnere mich an den Tag, an dem ich endlich meinen Traum auf den Altar legte – innerlich so zerbrochen, dass ich es nicht beschreiben kann. Zuerst legte ich ihn auf den Altar, aber

konnte nicht weggehen. Ich legte ihn hin, aber hielt ihn trotzdem noch fest. Das war nicht genug. Gott forderte mich auf, von meinem Traum, dem Götzen, wegzugehen. Ich drehte meinem Traum den Rücken zu und fühlte mich wie gelähmt. Wie soll man vorwärtsgehen und weg von dem Einzigen, was man so lange geliebt hat? Ich hatte mir erlaubt, mit der Hoffnung zu leben, dass mein Traum wahr werden würde.

Ich war verwirrt und verstand nicht, wie es Gottes Wille sein konnte, dass ich meine Hoffnung aufgab. War er nicht ein Gott der Hoffnung? Er ist es mit Sicherheit! Er brauchte viel Zeit, mich zu lehren, dass meine Hoffnung nur in ihm sein soll, nicht in dem Versprechen eines Mannes. Er wollte nicht, dass ich aufhörte zu hoffen; er wollte, dass ich aufhörte, auf etwas anderes zu hoffen als ihn, um meinen größten Wunsch zu erfüllen.

Er selbst wollte mein größter Wunsch werden. Dann, und nur dann, konnte er diese Lücke füllen.

- Zuerst musste ich erkennen, dass er nicht mein größter Wunsch war.
- Dann musste ich erkennen, dass er mein größter Wunsch war.

Den Traum von Ehe und einer Familie aufzugeben, war eines der schmerzhaftesten Dinge, die ich in meinem Leben tun musste.

Genauso wie meine liebe alleinstehende Freundin ihren Traum aufgeben musste, um Gottes Willen anzunehmen, ruft Gott jeden Nachfolger Christi dazu auf, seine Träume aufzugeben und sie vor ihn auf den Altar zu legen. Wir wissen nicht im Voraus, ob wir diese Träume zurückbekommen werden oder nicht. Ich musste meine Träume von einer perfekten Ehe niederlegen, die Aufmerksamkeit meines Mannes, das Gefühl geliebt zu sein, meinen Drang Dinge zu kontrollieren, und meine Furcht vor Dingen, die passieren könnten. Würde ich Gott alle meine Ängste und Träume ohne

Vorbehalt oder Zögern anvertrauen? Würde ich ihm erlauben, Herr über jeden Teil meines Lebens zu sein? War er der wichtigste Wunsch in meinem Herzen?

Träume sind nicht schlecht, aber wenn wir sie falsch priorisieren, können sie leicht zu Götzen werden. Ich weiß, dass es seltsam klingt, über *Götzen* zu reden – als ginge uns das alles nichts an, weil wir uns nicht vor Statuen verneigen. Aber alle Dinge und Menschen, die wir mehr schätzen als Jesus, sind Götzen. Sie sind die Dinge, von denen wir glauben, dass wir ohne sie kein glückliches Leben führen könnten. Manchmal sind es unsere größten Träume und wir gründen unseren Wert und unsere Identität darauf. Wir können alles zu einem Götzen machen: Kontrolle, unser Ich, Glück, Schönheit, Macht, Geld, Ehe, Ehepartner, Kinder, Beliebtheit, Gesundheit, Politik usw. Götzen sind die Dinge, denen wir am meisten zutrauen, dass sie uns schützen und unsere tiefsten Bedürfnisse befriedigen, statt all unser Vertrauen und unsere Hoffnung auf Gott zu setzen. Sie sind die Dinge, die wir am meisten zu verlieren fürchten. Manchmal sind unsere Götzen sehr gute Dinge – sie stehen in unserem Leben nur an falscher Stelle.

Die Ehe als Spiegel der Herrschaft Christi

Viele der Punkte, die mir helfen, Gott zu respektieren und zu verehren, lassen sich so umsetzen, dass ich auch meinem Ehemann Respekt und Ehre erweisen kann. Ehemänner sind natürlich keine Gottheiten, aber es gibt Parallelen zwischen der Beziehung zu Jesus Christus und der Ehe. Gott benutzt die Ehe, um zu demonstrieren, was für eine persönliche Beziehung er durch Christus mit uns haben möchte.

Herr,
ich möchte gleich einige Bibelstellen lesen. Bitte öffne meine geistigen Augen und Ohren, dass ich alles, was du mir als Frau

sagen möchtest, sehen und hören kann. Ersetze meine Gedanken durch deine Gedanken. Ersetze meine Wünsche durch deine Wünsche. Hilf mir, mich mit meinen fehlerhaften Vorstellungen über eine gottesfürchtige Ehe, über gottesfürchtige Männlichkeit und gottesfürchtige Weiblichkeit auseinanderzusetzen. Hilf mir, die Lügen der Welt abzulehnen und die Wahrheit zu glauben, anzunehmen und in die Tat umzusetzen, die ich in der Bibel finde. Gib mir großen Mut und Kühnheit, zu der Frau zu werden, die du in mir sehen willst. Schenke mir, dass ich dir Ehre mache und meinem Mann und meinen Kindern ein Segen bin, wenn ich mich ganz deinem Willen und deiner Wahrheit unterordne. Ich bitte darum, dass du mich durch die Kraft deines Geistes immer mehr in dein Ebenbild verwandelst. Bringe deinen Willen und deine größte Herrlichkeit in mir zum Ausdruck! Ich sehne mich danach, dir nahe zu sein und dich mehr als alles andere zu erkennen.
Amen.

Lies sorgfältig die folgenden Passagen, denke über den Text nach und achte besonders auf die Gebote, die Gott uns als Ehefrauen gibt.

> Ihr Frauen, ordnet euch euren eigenen Männern unter, als dem Herrn. Denn der Mann ist das Haupt der Frau, wie auch der Christus das Haupt der Versammlung ist; er ist des Leibes Heiland. Aber wie die Versammlung dem Christus unterworfen ist, so auch die Frauen den Männern in allem.
>
> Ihr Männer, liebt eure Frauen, wie auch der Christus die Versammlung geliebt und sich selbst für sie hingegeben hat, damit er sie heiligte, sie reinigend durch die Waschung mit Wasser durch das Wort, damit er die Versammlung sich selbst verherrlicht darstellte, die nicht Flecken oder Runzel oder etwas dergleichen habe, sondern dass sie heilig und untadelig sei. So sind auch die Männer schuldig, ihre Frauen

zu lieben wie ihre eigenen Leiber. Wer seine Frau liebt, liebt sich selbst. Denn niemand hat jemals sein eigenes Fleisch gehasst, sondern er nährt und pflegt es, wie auch der Christus die Versammlung. Denn wir sind Glieder seines Leibes, von seinem Fleisch und von seinen Gebeinen. »Deswegen wird ein Mensch den Vater und die Mutter verlassen und seiner Frau anhangen, und die zwei werden ein Fleisch sein.« Dieses Geheimnis ist groß; ich sage es aber in Bezug auf Christus und auf die Versammlung. Doch auch ihr, ein jeder von euch liebe seine Frau so wie sich selbst; die Frau aber, dass sie den Mann fürchte. (Epheser 5,21-33)

Ein jeder von euch liebe seine Frau so wie sich selbst; die Frau aber, dass sie den Mann fürchte. (Epheser 5,33)

Ich will aber, dass ihr wisst, dass der Christus das Haupt eines jeden Mannes ist, das Haupt der Frau aber der Mann, das Haupt des Christus aber Gott. (1. Korinther 11,3)

… die alten Frauen [seien] ebenso in ihrem Betragen, wie es dem heiligen Stand geziemt, nicht verleumderisch, nicht Sklavinnen von vielem Wein, Lehrerinnen des Guten; damit sie die jungen Frauen unterweisen, ihre Männer zu lieben, ihre Kinder zu lieben, besonnen, keusch, mit häuslichen Arbeiten beschäftigt, gütig, sich den eigenen Männern unterzuordnen, damit das Wort Gottes nicht verlästert werde. (Titus 2,3-5)

Ebenso ihr Frauen, ordnet euch euren eigenen Männern unter, damit, wenn auch einige dem Wort nicht gehorchen, sie durch den Wandel der Frauen ohne Wort gewonnen werden mögen, indem sie euren in Furcht reinen Wandel angeschaut haben; deren Schmuck nicht der äußere sei durch Flechten der Haare und Umhängen von Goldschmuck oder Anziehen von Kleidern, sondern der verborgene Mensch des Herzens in dem unvergänglichen Schmuck des sanften und stillen Geistes, der vor Gott sehr kostbar ist. Denn so schmückten sich einst auch die heiligen Frauen, die ihre Hoffnung auf Gott setzten und sich ihren eigenen Männern unterordneten: wie Sara dem Abraham gehorchte und ihn Herr nannte, deren Kinder ihr geworden seid, wenn ihr Gutes tut und keinerlei Schrecken fürchtet.

Ihr Männer ebenso, wohnt bei ihnen nach Erkenntnis als bei einem schwächeren Gefäß, dem weiblichen, ihnen Ehre gebend als solchen, die auch Miterben der Gnade des Lebens sind, damit eure Gebete nicht verhindert werden. (1. Petrus 3,1-7)

Weil ich nur für Frauen schreibe, werde ich nicht viel auf die Rolle des gottesfürchtigen Ehemannes eingehen. In den nächsten Kapiteln werde ich mich hauptsächlich mit den Geboten auseinandersetzen, die Gott uns Ehefrauen gegeben hat: dass wir uns unseren Männern unterordnen und sie respektieren sollen, ebenso wie wir Jesus gehorchen, ihn respektieren und uns ihm unterordnen sollen. In unseren Ehen steht viel mehr auf dem Spiel, als wir vielleicht meinen. Ich möchte sicher gehen, dass wir alle dies verstehen: Nach Titus 2,5 wird das Wort Gottes verlästert, wenn eine christliche Ehefrau die Führung ihres Mannes nicht akzeptiert (es sei denn, der Ehemann fordert die Frau zur Sünde auf oder er ist nicht bei klarem Verstand oder er missbraucht sie oder ihre Kinder). Autsch! Hier geht es um mehr als nur um eine Person, eine Ehe oder eine Familie. Hier geht es um den Ruf von Gottes Wort und Jesus Christus selbst. Meine Weigerung, der gottgegebenen Führung meines Mannes zu folgen, schadet dem Evangelium, dem Namen Christi, und es hindert Ungläubige daran, die wahre Liebe und wahres Leben zu finden, das nur Jesus geben kann.

5

Gottes wunderbare Schöpfung

Ehemänner und Ehefrauen sollten in der Ehe *beide* Liebe und Respekt empfangen und geben. Gott befiehlt den Ehemännern, ihre Frauen zu ehren (1. Petrus 3,7) und sie zu lieben. Gott befiehlt auch den Ehefrauen, ihre Männer zu lieben (Titus 2,3-5) und sie zu respektieren und sich ihnen unterzuordnen. Außerdem befiehlt Gott allen Gläubigen, alle Menschen mit seiner bedingungslosen Liebe zu lieben (Matthäus 22,39; 1. Korinther 13,4-8). Ein Teil der christlichen Liebe besteht darin, andere respektvoll zu behandeln. Aber Gott betont in seiner unendlichen Weisheit, dass *Frauen* ihre Ehemänner respektieren und sich ihnen unterordnen sollen, und er betont bei den *Männern*, dass sie ihre Ehefrauen selbstlos lieben sollen wie Christus die Gemeinde. Sowohl Ehemänner als auch Ehefrauen haben Bereiche, in denen sie wachsen müssen, um zu den Männern und Frauen zu werden, die Gott sich wünscht.

Was die Bibel mit »Unterordnung« meint

»Unterordnung« kann man mit dem militärischen Prinzip vergleichen, dass Soldaten sich dem höheren Rang »beugen«. Gott befiehlt allen Gläubigen, sich der Regierung, ihren Gemeindeleitern und ihren Arbeitgebern unterzuordnen, solange die Autoritätspersonen uns nicht zur Sünde auffordern (Römer 13,1-7; Epheser 6,5-9; Hebräer 13,17). Beim Militär zum Beispiel würde ich mich in der Befehlskette freiwillig unter die Autorität meines Vorgesetzten stellen. So erkennt ein einfacher Soldat in der Armee die Führung seines Unteroffiziers an. Der Unteroffizier folgt seinem Leutnant, und so reicht die Befehlskette bis zum General. Selbst der Generalinspekteur ist einer höheren Autorität verantwortlich, nämlich dem Oberbefehlshaber.* Jeder muss seinen Platz in der Befehlskette kennen und die Autorität anerkennen, die der Person zusteht, die die Führungsposition innehat.

Der einzige Fall, in dem ein Unteroffizier sich seinem Leutnant nicht beugen würde, ist, wenn der Leutnant ihn dazu auffordert, unmoralische, ethisch nicht vertretbare oder illegale Dinge zu tun oder in direktem Widerspruch zu den Befehlen und Protokollen zu handeln, die von den ranghöheren Offizieren gegeben wurden. Die Unterordnung eines Soldaten basiert auf seinem Respekt vor der Uniform, der Autorität und der Position der über ihm stehenden Personen. Unterordnung beim Militär basiert nicht auf persönlichen Gefühlen oder auf Einverständnis. Ohne eine angemessene Befehlskette herrscht Chaos. Soldaten wie Zivilisten werden Lebensgefahr ausgesetzt, wenn Autorität in der Befehlskette ignoriert wird. Diese Befehlskette und das richtige Verständnis von Unterordnung unter die Autorität ermöglichen es der Armee, ihre eigentliche Aufgabe zu erfüllen: den Feind zu besiegen und die Nation in Kriegszeiten zu schützen.

In *Die Rolle von Mann und Frau in der Bibel* wird biblische Unterordnung von Wayne Grudem und John Piper so definiert:

> Unterordnung bezieht sich auf die göttliche Berufung der Ehefrau, die Führung ihres Mannes zu ehren und zu bejahen und sie ihren Gaben entsprechend ausführen zu helfen. Es ist keine absolute Aufgabe ihres Willens. Wir sprechen vielmehr von ihrer Veranlagung, die Führung ihrem Mann zuzugestehen, und ihrer Neigung, seiner Führung zu folgen. Christus ist ihre absolute Autorität, nicht ihr Ehemann.[3]

---

* Anm. d. Hrsg.: In Deutschland ist das je nach Situation der Verteidigungsminister oder der Bundeskanzler.

Grudem und Piper definieren außerdem biblische Führung:

> In der Familie ist die biblische Führungsrolle die göttliche Berufung des Ehemanns. Er ist das Haupt und hat die primäre Verantwortung für christusgemäße Führung, Schutz und Fürsorge zu übernehmen. … wir [betonen] christusgemäße, geheiligte Führung, die das Gute für die Frau ins Blickfeld nimmt und sie als Miterbin der Gnade des Lebens betrachtet (1. Petrus 3,7); und wir betonen gut durchdachte Unterordnung, die den Ehemann nicht zu einem absoluten Herrn macht.[4]

Gottes Plan für eine Familie beinhaltet eine Befehlskette, die Gott uns in seinem Wort gibt (1. Korinther 11,3; Epheser 6,1-2; Kolosser 3,18-19) und die so aussieht:

> Gott der Vater > Jesus Christus > Ehemann > Ehefrau > minderjährige Kinder

Kinder sind ihren Eltern untergeordnet – aber letztendlich sind sowohl die Kinder als auch die Eltern Gott untergeordnet. Sogar Jesus ist Gott dem Vater untergeordnet. Kein Mensch ist jemals die höchste Autorität. Gott ist die höchste Autorität. Sein Wort hat die endgültige Autorität. Gott ruft Ehemänner dazu auf, in völliger Unterordnung unter Christus zu leben, so wie er jeden Gläubigen (ob männlich oder weiblich) dazu auffordert, sich völlig Christus als Herrn zu unterwerfen (Jakobus 4,7). Zum Glück für Frauen, die mit einem Ungläubigen verheiratet sind, kann Gott auch einen ungläubigen Ehemann benutzen, um eine gläubige Frau zu führen, genauso wie er einen heidnischen König dazu bringen kann, Entscheidungen zu treffen, die sein Volk führen: »Wasserbächen gleicht das Herz eines Königs in der Hand des HERRN; wohin immer er will, neigt er es« (Sprüche 21,1). (Wenn du noch ledig bist: Bitte triff die Entscheidung, nur einen Gläubigen zu heiraten, gemäß 1. Korinther 7,39 und 2. Korinther 6,14.)

Wir leben in einer Zeit geistlicher Kriegsführung. Die Befehlskette, die Gott uns gegeben hat, existierte schon vor dem Sündenfall. Wie viel entscheidender ist es jetzt, wo wir einem großen geistlichen Feind gegenüberstehen, dass wir Gottes Befehlskette anerkennen! Es dient unserem eigenen Wohl, unserem Schutz und unserer Versorgung, dem Wohl unserer Familien, dem Wohl der Gemeinde und der Verbreitung des Evangeliums.

Respekt und Unterordnung sind freiwillig.

Wenn eine Frau sich ihrem Ehemann der Bibel gemäß unterordnet und ihn respektiert, tut sie das *freiwillig* aus ihrem Gehorsam Gott gegenüber, weil sie sich Gott unterordnen und Jesus Christus als Herrn ehren möchte. Ihr Gehorsam Gott gegenüber kann genauso wenig erzwungen oder eingefordert werden, wie eine Frau ihren Ehemann zwingen kann, sie so zu lieben, wie Gott es ihm befiehlt. Gott befiehlt den Ehemännern nicht, ihre Frauen dazu zu bringen, sich ihnen unterzuordnen. Er befiehlt Frauen nicht, ihre Ehemänner zu zwingen, sie zu lieben. Eine Frau mag ihren Mann sicherlich um Liebe bitten, aber sie kann ihn nicht kontrollieren. Ein Mann kann seine Frau sicherlich bitten, seine Führung anzuerkennen und ihn gemäß der Bibel zu unterstützen, aber keiner der Ehepartner hat das »Recht« in Christus, den anderen auf irgendeine Weise zu missbrauchen oder ihn zu irgendetwas zu zwingen. Letztendlich sind wir alle vor Gott für unseren eigenen Gehorsam ihm gegenüber verantwortlich. Keine Person hat das Recht zu versuchen, den freien Willen eines erwachsenen Menschen zu bestimmen – das wäre Kontrolle, Tyrannei, Unterdrückung oder Manipulation. Das wäre keine Liebe, und nicht der Plan Gottes. Jeder Gläubige wird im Himmel Lohn dafür erhalten, dass er im Gehorsam gegenüber Gott gelebt hat. Diejenigen, die Jesus nicht nachfolgen und seinen Willen nicht tun, werden Gottes gerechtes und berechtigtes Verdammungsurteil für ihre Rebellion gegen Gott empfangen, wie die Bibel es sagt.

Der gute Mensch bringt aus dem guten Schatz Gutes hervor, und der böse Mensch bringt aus dem bösen Schatz Böses hervor. Ich sage euch aber: Von jedem unnützen Wort, das die Menschen reden werden, werden sie Rechenschaft geben am Tag des Gerichts; denn aus deinen Worten wirst du gerechtfertigt werden, und aus deinen Worten wirst du verurteilt werden. (Matthäus 12,35-37)

Nach der Gnade Gottes, die mir gegeben ist, habe ich als ein weiser Baumeister den Grund gelegt; ein anderer aber baut darauf; ein jeder aber sehe zu, wie er darauf baut. Denn einen anderen Grund kann niemand legen, außer dem, der gelegt ist, welcher ist Jesus Christus. Wenn aber jemand auf diesen Grund baut Gold, Silber, wertvolle Steine, Holz, Heu, Stroh, so wird das Werk eines jeden offenbar werden, denn der Tag wird es klar machen, weil er in Feuer offenbart wird; und welcherart das Werk eines jeden ist, wird das Feuer erproben. Wenn das Werk jemandes bleiben wird, das er darauf gebaut hat, so wird er Lohn empfangen; wenn das Werk jemandes verbrennen wird, so wird er Schaden leiden, er selbst aber wird gerettet werden, doch so wie durchs Feuer. (1. Korinther 3,10-15)

Jeder Partner ist gleich viel wert und gleich wichtig.

Ein Bild, das die Ehe sehr gut veranschaulicht, wie ich finde, ist das Bild eines Zweierteams, das bei den Olympischen Spielen im Eiskunstlauf zum Paarlauf antritt. Ein Partner kann nicht ohne den anderen antreten. Jeder hat den gleichen Wert und die gleiche Bedeutung, aber gleichzeitig hat jeder auch eine bestimmte, einzigartige Rolle. Der Mann übernimmt das Heben; die Frau hat die glanzvollere Rolle, hoch in die Luft gehoben zu werden, während sie sich dreht und herumwirbelt. Kannst du dir vorstellen, was passieren würde, wenn die beiden versuchen würden, diese Rollen umzukehren? (Ich schätze, es gäbe viele Verletzungen und keine Medaillen.) Beide Partner hören auf die Autorität ihres Trainers. Die Frau folgt der Führung ihres männlichen Partners, während sie auf dem Eis sind, um gemeinsam etwas so viel Schöneres zu schaffen, als sie es alleine könnten. Die Frau wird nicht »unterdrückt«, weil sie ihre weibliche Rolle im Eiskunstlaufpaar erfüllt. Sie wird geehrt und erhöht. Auf den Schultern ihres Partners steigt sie in neue Höhen auf. Ihr Trainer wird durch ihre Leistung geehrt, ihr gesamtes Land wird durch ihre Teamarbeit beschenkt und sie bringen eine Medaille für ihre Nation mit nach Hause.

Das ähnelt einer christlichen Ehe. Jede unserer Ehen spielt sich vor aller Welt ab. Wenn wir die Rolle erfüllen, die Gott uns als Ehemann oder Ehefrau gegeben hat, bringen wir ihm, seinem Evangelium, unseren Brüdern und Schwestern in Christus, und schließlich auch uns selbst, unserem Ehepartner und unseren Kindern große Ehre und Ruhm.

Was biblische Unterordnung nicht ist

Einige Frauen befürchten, erniedrigt zu werden, wenn sie ihren Ehemann als Haupt des Hauses ehren. Sie haben Angst, ihren Einfluss und ihre »Stimme« in der Beziehung zu verlieren. Sie befürchten, dass liebevolle männliche Führung nach Gottes Vorstellung dasselbe ist wie männliche Dominanz. Das sind wichtige Bedenken, die besprochen werden müssen. Ich kann von mir sagen, dass ich immer noch sehr ehrgeizig bin – ein tatkräftiger Mensch mit hohen Zielen, starken persönlichen Überzeugungen, Ideen und Gefühlen. Ich habe meine Intelligenz, meine Begabungen, Talente und Fähigkeiten, meine Persönlichkeit und meine Stärken nicht aufgegeben. Aber ich versuche nicht länger, meinen Mann zu kontrollieren oder meinen Weg einzufordern. Ich bemühe mich, meinem Mann aufrichtigen Respekt zu zeigen. Ich stelle mich freudig und bereitwillig unter Gregs gottgegebene Autorität, seinen Schutz, seine Versorgung und Führung in unserer Ehe. Ich stelle all meine Kraft, meinen Ehrgeiz und meine Motivation Gott zur Verfügung, um Greg zu unterstützen – um ihm Gutes zu tun, ihn zu ermuntern, aufzubauen, zu inspirieren und mit ihm als Teamkollegen zusammenzuarbeiten, damit unsere Ehe nach Gottes Definition erfolgreich ist. Ich setze mich für Gottes Prioritäten ein und richte mich dabei nach Greg, weil ich weiß, dass Gott mich durch meinen Ehemann führen wird. Ich suche jetzt Gottes Willen statt meinen eigenen. Im Leben geht es nicht darum, das zu bekommen, was *ich* will. Es geht in erster Linie um *Gottes* Herrlichkeit. Paradoxerweise finde ich genau dort die größtmögliche Freude, Erfüllung, Segen und Frieden.

Im Leben geht es nicht darum, das zu bekommen, was ich will. Es geht in erster Linie um Gottes Herrlichkeit. Paradoxerweise finde ich genau dort die größtmögliche Freude, Erfüllung, Segen und Frieden.

Die Welt verwendet das Wort »Unterordnung« auf sehr abfällige Weise und meint damit im Wesentlichen »Sklaverei«. Deshalb ist es sehr wichtig klarzustellen, was biblische Unterordnung alles nicht ist. Ich möchte nicht, dass jemand denkt, die Bibel würde Ehefrauen befehlen, Sklaven zu sein. Manchmal wünschte ich, wir hätten ein ganz anderes Wort dafür, um diese Verwechslung zu vermeiden.

Unterordnung beruht nicht komplett auf Gegenseitigkeit.

Ein Ehemann kann sich sicherlich dazu entschließen, sich den Vorlieben seiner Frau oder ihren Bedenken zu beugen, um ihr einen Gefallen zu tun, aber ein Ehemann ordnet sich seiner Frau nicht so unter, wie eine Ehefrau es ihrem Mann gegenüber tut. Heute wird von vielen Christen die populäre Ansicht vertreten, dass Gottes eigentlicher Plan für die Ehe in Epheser 5,21 (»einander untergeordnet in der Furcht Christi«) zu finden ist und dass Unterordnung für Ehemänner und Ehefrauen gleichermaßen gilt. »Gegenseitige Unterordnung« würde bedeuten, dass Männer und Frauen in der Ehe die gleiche gottgegebene Autorität haben und dass jeder dazu verpflichtet wäre, sich dem anderen unterzuordnen, sollte es eine Meinungsverschiedenheit geben.

Wenn wir den Vers im Zusammenhang lesen, sehen wir, dass Paulus den Ephesern in Kapitel 5 Anweisungen gibt, wie sie als Gläubige miteinander umgehen sollen. Der Abschnitt über die Ehe beginnt erst in Vers 22. Einige Bibelübersetzungen lassen bei Vers 21 einen neuen Abschnitt beginnen, sodass es so aussieht, als würde dieser Vers zu den Versen über die Ehe gehören. Aber als die Bibel geschrieben wurde, gab es keine Versnummerierung und keine Überschriften. Deshalb ist es so wichtig, einen Vers im richtigen Kontext zu betrachten. Wir dürfen außerdem nicht vergessen, dass Gott der Gemeinde Führungspersonen gegeben hat (Älteste, Diakone, Hirten und Lehrer …) und dass Gott die Gemeinde anweist, sich ihrer Autorität unterzuordnen, während Gott nicht von den Gemeindeleitern erwartet, sich auf die gleiche Weise der Gemeinde unterzuordnen (1. Thessalonicher 5,12; Hebräer 13,17). Es gibt Situationen, in denen sich alle Gläubige in dem Sinne einander unterordnen können, dass sie das Wohl oder die Vorlieben anderer über sich selbst stellen – aber wir gehen keine Kompromisse ein, wenn es um biblische Prinzipien geht. Zum Beispiel könnte eine Person traditionellen Gemeindegesang bevorzugen, aber trotzdem andere zu zeitgenössischem Gesang ermutigen, statt sich darüber zu beschweren, weil sie weiß, dass andere Menschen diesen Musikstil bevorzugen. Wenn wir uns als Leib Christi auf diese Weise einander unterordnen, lehnen wir die Autorität der Gemeindeleitung nicht ab. Das Gebot aus Vers 21 gibt nicht jedem Gemeindemitglied die gleiche geistliche Autorität, die ein Ältester oder eine andere Führungsperson innehaben würde.

In der Ehe ist es zwar richtig, dass ein Ehemann sich seiner Frau »unterordnen« könnte in dem Sinne, dass er demütig und selbstlos handelt; aber das ist nicht dasselbe wie ihre Unterordnung. Der Mann unterwirft sich seiner Frau nicht in dem Sinne, dass sie Autorität über ihn hat. Er ordnet sich Jesus Christus unter und stirbt sich selbst, während er Gottes guten Weg und seinen Willen für seine Frau und Familie sucht. Wenn das Paar sich über eine Sache nicht einig ist, ist letztendlich *er* Gott gegenüber für die getroffene Entscheidung verantwortlich und zu Rechenschaft verpflichtet, so wie Gott Adam in seiner Rolle als Haupt im Garten Eden zur Rechenschaft zog, als er und Eva sündigten. Wenn wir zu dem Schluss kommen wollen, dass die gegenseitige Unterordnung Gottes Plan ist, müssten wir uns dafür entscheiden, diesen einen Vers, in dem die Ehe nicht erwähnt wird, auf Kosten aller anderen Verse anzuwenden, die sich später in diesem Kapitel und in einer Reihe anderer Abschnitte ausdrücklich auf der Ehe beziehen.

Unterordnung ist nicht gleich Zustimmung.

Einige Ehemänner bestehen darauf, dass eine Frau ihrem Mann in allem zustimmen muss, um sich »richtig unterzuordnen«. In der Bibel finde ich aber nirgendwo, dass Gott von uns verlangt, dass wir mit ihm gleicher Meinung sind, wenn wir uns seiner Herrschaft unterwerfen. Er bittet uns, ihm zu vertrauen und an ihn zu glauben, auch wenn wir nicht alles verstehen. Das ist nicht dasselbe, wie unsere Zustimmung einzufordern. Nirgendwo in der Bibel ist jemand, der sich einer gottgegebenen menschlichen

Autorität unterordnet (auch ein Kind oder eine Person in den bedauernswerten Umständen der Sklaverei), dazu verpflichtet, der Autoritätsperson zuzustimmen. Vielmehr werden wir als Gläubige dazu aufgefordert, uns den Autoritäten, die über uns stehen, klug unterzuordnen, und wir müssen uns weigern, uns jemandem unterzuordnen, der uns zur Sünde gegen Gott auffordert.

Unterordnung hängt nicht davon ab,
ob der Ehemann »recht« hat.

Meine Unterordnung unter die Autorität meines Ehemannes – oder jeder anderen gottgegebenen Autorität über mich – hängt nicht davon ab, ob diese Person recht hat. Kein Mensch ist unfehlbar. Nur Gott ist perfekt. Alle Menschen sündigen und machen Fehler. Wenn ich mich als gläubige Frau meinem Mann unterordne, bedeutet das, dass ich Gott mehr vertraue als meinem Mann oder mir. Es geht um meine Unterordnung unter die Herrschaft Christi und um mein Vertrauen darin, dass Gott souverän ist, mich durch meinen unvollkommenen Ehemann zu führen. Mit diesem Vertrauen kann ich vollkommenen Frieden haben, wenn mein Mann mich führt, auch wenn ich einer bestimmten Entscheidung nicht zustimme. Ich verstehe Epheser 5,22-33 so, dass eine Frau sich ihrem Ehemann genauso unterordnet wie Christus. Nur wenn eine Person mit gottgegebener Autorität versucht, einen Gläubigen dazu zu bringen, gegen Gottes Wort zu handeln, müssen wir »Gott mehr gehorchen als Menschen« (Apostelgeschichte 5,29). Uns muss allerdings bewusst sein, dass wir hier auf der Erde mit Konsequenzen rechnen müssen, wenn wir uns dafür entscheiden, Gott mehr zu gehorchen als Menschen.

Wenn mein Mann mich dazu auffordert, mich Gottes Wort direkt zu widersetzen und zu sündigen, muss ich Gott gehorchen und nicht meinem Ehemann.

Einige Beispiele dafür sind Daniel und seine Freunde sowie die Apostel. Daniel weigerte sich, zum König zu beten, und fand sich in der Löwengrube wieder. Daniels drei Freunde weigerten sich, sich vor dem Standbild des Königs zu verneigen, und wurden in den Feuerofen geworfen. Die Apostel weigerten sich, damit aufzuhören, im Namen Christi zu predigen, und der Überlieferung nach starben elf von ihnen als Märtyrer. Sie alle wurden von den jüdisch-religiösen Autoritäten schwer verfolgt. Wenn sich eine Frau heutzutage der gottgegebenen Autorität ihres Mannes widersetzt, muss sie in den meisten Kulturen nicht mit der Todesstrafe rechnen, aber eine Frau muss vor Gott Rechenschaft darüber ablegen, wenn sie ihrem Ehemann zuwiderhandelt. Ich würde meinem Mann sicher nicht wegen einer Kleinigkeit Widerstand leisten. Ich müsste zu der Überzeugung gelangen, dass er mich bittet, eine eindeutige Sünde zu begehen, bevor ich mich weigere, mich ihm unterzuordnen. Eine solche Situation hat es in den sieben Jahren, die ich biblische Unterordnung lebe, noch nie gegeben. Ich danke und preise Gott für dieses Geschenk. Wenn mein Mann mich jedoch dazu auffordert, mich Gottes Wort direkt zu widersetzen und zu sündigen, muss ich Gott gehorchen und nicht meinem Ehemann. Nur Gottes Autorität ist absolut. Wenn mein Mann mir zum Beispiel sagt, ich solle töten, stehlen, einen Götzen anbeten, ein Kind abtreiben, mich einer Sekte anschließen, Kinder belästigen, ein Verbrechen für ihn vertuschen, Pornografie anschauen, einen Dreier haben, ihn vor Gott stellen usw., dann müsste ich Greg abweisen und stattdessen Gott gehorchen. Ich hoffe, solche Situationen kommen bei gläubigen Ehefrauen eher selten vor. Wenn es nur darum geht, dass ich Greg nicht zustimme oder wir die Bibel unterschiedlich interpretieren, darf ich ihm mitteilen, was in meinem Herzen vor sich geht, was meine Perspektive ist und wie ich mich fühle, aber dann muss ich darauf vertrauen, dass Gott Greg dahin führt, die beste Entscheidung zu treffen. Nur weil ich meinem Mann nicht zustimme, heißt das nicht unbedingt, dass er falsch liegt. Dass ich eine andere Meinung habe, ist keine Entschuldigung, Gottes Wort nicht zu gehorchen.

*Unterordnung bedeutet nicht,
dass ich keine eigene Meinung mehr habe.*

Wenn ich Greg immer zustimmen würde, wäre das keine »Unterordnung«, sondern Einverständnis. Biblische Unterordnung geschieht da, wo ich Christi Autorität anerkenne, zu bestimmen, was für mich am besten ist, auch wenn ich nicht verstehe, wie er alles zu meinem Besten führen wird, und auch wenn ich einer bestimmten Entscheidung nicht zustimme. Ich bin der wichtigste Berater meines Mannes, sein engster Freund, sein Vertrauter, sein Partner, sein Mitarbeiter und sein Verbündeter. Mit aller Wahrscheinlichkeit wird er meine Ideen, Gefühle, Erkenntnisse, Bedürfnisse und Vorschläge hochachten, wenn ich ihn respektiere und seiner Führung folge. Wir Menschen sind nicht immer in der Lage, klar zu sehen, welche Entscheidung zu einem bestimmten Zeitpunkt richtig oder sogar am besten ist. Unsere Weisheit und unsere Weitsicht sind fehlerhaft. Nur Gott kann das ganze Bild sehen.

> Vertraue auf den HERRN mit deinem ganzen Herzen, und stütze dich nicht auf deinen Verstand. (Sprüche 3,5)

> Und kein Geschöpf ist vor ihm unsichtbar, sondern alles ist bloß und aufgedeckt vor den Augen dessen, mit dem wir es zu tun haben. (Hebräer 4,13)

In Gottes Plan muss eine Person, die gottgegebene Autorität ausübt (in der Regierung, in der Gemeinde, am Arbeitsplatz oder zu Hause), Folgendes tun:

- Verantwortung für die wertvollen Personen übernehmen, die der Autoritätsperson anvertraut sind (Hebräer 13,17)
- Gott gegenüber Rechenschaft ablegen (Hebräer 13,17)
- Gottes Weisheit suchen (2. Chronik 1,10)
- Gottes Volk schützen und verteidigen (Römer 13,1-5)
- Gottes Volk versorgen (Johannes 21,15-17)
- Menschen mit Gottes bedingungsloser Liebe lieben (1. Korinther 13,4-8)
- Ordnung schaffen statt Chaos (Römer 13,1-5)
- führen durch Dienst an anderen (Lukas 22,24-27)

Unterordnung ist keine Einladung zum Missbrauch.

Wenn eine Frau einem Mann, der bei klarem Verstand ist, echten Respekt, Ehre und Unterordnung entgegenbringt, wird er mehr und mehr den Wunsch haben, sie zu ehren, ihr zu dienen und sie zu lieben. Gott hat Männer so geschaffen, dass sie auf diese Weise reagieren, wenn jemand, aber vor allem eine Frau, ihnen Ehre und echten Respekt entgegenbringt. Natürlich gibt es keine Garantie dafür, dass sich jeder Ehemann irgendwann dahin gehend ändert, genauso wie es keine Garantie dafür gibt, dass eine Ehefrau ihren Mann respektiert und seine Führung anerkennt, wenn er sie liebt wie Christus die Gemeinde und wenn er versucht, sie auf gottesfürchtige Weise zu führen. Manchmal muss ein Ehepartner viele Jahre im Gehorsam gegenüber Gott ausharren, ohne Ergebnisse zu sehen, vielleicht sogar das ganze Leben lang. Aber zum Glück bringt der Gehorsam gegenüber Gott schon jetzt einen Lohn mit sich, wie auch in der Ewigkeit. Greg war allerdings nie versucht, mich schlecht zu behandeln, wenn ich ihn gut behandelte. Das würde keinen Sinn machen. Ähnlich hat Gott Frauen geschaffen: Eine Frau, die sich von ihrem Ehemann geliebt fühlt, möchte Ehre und Respekt zeigen. Eine Frau, deren Ehemann sie mit der Liebe Gottes liebt, wird ihn aus Dankbarkeit für alles, was er für sie tut, so gut wie möglich behandeln wollen. Gottes Plan ist grundsätzlich also ein Win-win, für alle und zu jeder Zeit. Aber egal was passiert, das Motiv einer Frau soll sein, Gott zu lieben und ihm zu gefallen suchen, während sie sich bemüht, ihrem Ehemann Gutes zu tun.

Leider gibt es Menschen in Autoritätspositionen, die diejenigen missbrauchen oder misshandeln, von denen sie geschworen haben, dass sie sie schützen, führen, versorgen, pflegen und ihnen dienen. Das ist *falsch*! Ich kann das gar nicht genug betonen. Gott wird es denjenigen vergelten, die die Autorität missbrauchen, die er ihnen gegeben hat. Sie werden vor ihm stehen und Rechenschaft ablegen, und er wird Gerechtigkeit walten lassen (ewige Verdammnis in der Hölle), wenn sie nicht in diesem Leben Buße tun, sich an Christus wenden und Gnade durch das Blut Jesu empfangen. Entweder wird ein ausfallend werdender Ehemann teuer für seine Sünde bezahlen, oder Jesus wird teuer für seine Sünde bezahlen. Irgendwann wird über allem Gerechtigkeit ausgeübt. Wenn eine Person ihre Autorität missbraucht, sollte es in der Gemeinde, im beruflichen Kontext oder in der Regierung andere Autoritätspersonen geben, die den Missbrauchsopfern helfen und die Schuldigen korrigieren und/oder bestrafen. So sagte ein lieber Pastor, den wir kennen, über geistliche Autorität: »Ein gottesfürchtiger Mann wird immer mit großer Demut darauf reagieren, in einer Autoritätsposition zu sein. Er wird den Wunsch haben, Gottes Weisheit zu suchen, damit er die bestmöglichen Entscheidungen für alle in seiner Obhut treffen kann.« Es ist niemals Gottes Absicht, dass ein Ehemann seine Position ausnutzt, um über seine Frau zu herrschen, oder dass ein Ehemann sich wie ein selbstsüchtiger, grausamer, hasserfüllter, rachsüchtiger Tyrann verhält, der verlangt, bedient zu werden. Das ist eine starke Entstellung des Vorbilds, das Jesus denen gegeben hat, denen er Autorität anvertraut.

> Er [Jesus] aber sprach zu ihnen: Die Könige der Nationen herrschen über sie, und die, die Gewalt über sie ausüben, werden Wohltäter genannt. Ihr aber nicht so; sondern der Größte unter euch sei wie der Jüngste, und der Führende wie der Dienende. Denn wer ist größer, der zu Tisch Liegende oder der Dienende? Nicht der zu Tisch Liegende? Ich aber bin in eurer Mitte wie der Dienende. (Lukas 22,25-27)

Unterordnung ist nicht gleich Unterdrückung.

Ich habe meine Ehe fast fünfzehn Jahre lang aus der Perspektive der Welt und meiner eigenen Erkenntnis betrachtet. Ich versuchte, das ganze Gewicht und die Verantwortung für die Ehe und die Familie zu tragen, und fühlte mich sehr oft gestresst, besorgt, verängstigt und aufgebracht. Ich fühlte mich wie die einzige Erwachsene in der Familie. Ich fand, alle Aufgaben blieben an mir hängen, während mein Mann die Verantwortung mied, sich zunehmend emotional distanzierte und passiv und antriebslos wurde. Ich arbeitete Vollzeit, bis wir Kinder hatten, danach reduzierte ich auf eine halbe Stelle und schmiss in der Zeit, die ich zu Hause war, fast den gesamten Haushalt alleine, kümmerte mich ums Kochen, die Finanzen, um die Kinder und ihre Erziehung. Mein Mann saß schweigend vor einem Bildschirm oder arbeitete am Haus. Ich war überlastet, überarbeitet, gestresst und in mir brodelten Groll und Bitterkeit. Greg litt ebenfalls, aber ich hatte keine Ahnung, dass ich ihn verletzt hatte.

Die Welt sagt, dass Gottes Wege uns unterdrücken. Die Wahrheit ist aber, dass der Versuch, eine Last zu tragen, die nicht für mich vorgesehen war, mich unterdrückt. Die Wahrheit ist, dass Sorgen und Ängste mich keinen Moment loslassen und mich unterdrücken. Die Wahrheit ist, dass ein Leben unter der Kontrolle der Sünde statt in der Kraft des Heiligen Geistes mich versklavt und unterdrückt. Wenn Gottes Geist mein Leben bestimmt, nimmt die Frucht des Geistes jeden Tag zu: Liebe, Freude, Friede, Langmut, Freundlichkeit, Gütigkeit, Treue, Sanftmut, Enthaltsamkeit (Galater 5,22). Das ist Freiheit! Das ist ein Geschenk. Das ist wahre Kraft. Ich habe mich noch nie so geliebt, geschätzt, gepflegt und beschenkt gefühlt, Gregs Frau zu sein, wie in den letzten Jahren unserer Ehe. Die Dinge fühlen sich richtig an. Die Ehe läuft reibungslos. Es gibt keine Auseinandersetzungen, Spaltungen oder Spannungen mehr. Die Mauern, die zwischen uns waren, sind weg. Gott hat Intimität auf allen Ebenen wiederhergestellt. Wir sind beide so dankbar für Gottes Weisheit und für seine Wege. Wir sind beide viel mehr zu den Menschen geworden, die wir immer sein wollten. Das Einzige, dessen wir »beraubt« sind, ist die Macht der Sünde, die uns früher zerstört hat.

Die Welt sagt, dass Gottes Wege uns unterdrücken. … Die Wahrheit ist, dass ein Leben unter der Kontrolle der Sünde statt in der Kraft des Heiligen Geistes mich versklavt und unterdrückt.

Wenn ein Ehemann oder eine Ehefrau versucht, den anderen Ehepartner zu beherrschen, sündigt er oder sie und widerspricht Gottes gutem Plan für die Ehe. Ein dominierender Ehemann, der seine Dominanz auf eine physisch, emotional oder seelisch missbräuchliche Weise durchsetzt und seine Frau ohne göttliche Liebe hart behandelt, ist eine sündhafte Entstellung männlicher Führung. Wenn er seine Frau wie eine Sklavin behandelt, entstellt er ihren Wert, ihre Würde und Schönheit und verzerrt das Bild gottesfürchtiger Weiblichkeit. Auch ein passiver Mann, der die gottgegebene Verantwortung und Rechenschaftspflicht abweist und dadurch seine Frau und Familie gefährdet, ist eine sündhafte Entstellung biblischer Männlichkeit.

In *Die Rolle von Mann und Frau in der Bibel* erklären Wayne Grudem und John Piper: »Männliche Dominanz ist persönliches moralisches Versagen, nicht etwa biblische Lehre.«[5] Sie fahren damit fort, dass der Feminismus behauptet, es gäbe keinen Unterschied zwischen männlicher Dominanz und männlicher Führung; die einzige Möglichkeit für eine Frau, nicht von einem Mann unterdrückt zu werden, bestehe darin, dass sie in der Ehe die gleiche Position, die identische Rolle und identische Macht habe. Nun ist ein Oberhaupt leider eine einzelne Person. Zwei Personen können nicht gleichzeitig als Oberhaupt verantwortlich sein. Zu gottesfürchtiger Führung gehört sicherlich, dass ein Ehemann viele Dinge in die Fürsorge und Verantwortung seiner klugen Frau übergibt, aber letztendlich behält er die Verantwortung und Rechenschaftspflicht vor Gott, um die Familie zu führen. Wenn eine Frau versucht, die Rolle ihres Mannes zu übernehmen, wird der Ehemann entweder gegen seine Frau um seinen rechtmäßigen Platz in Gottes Ordnung kämpfen, oder er wird auf seine Autoritätsposition verzichten und seine Frau die Führung übernehmen lassen, während er sich zurücklehnt und seine Verantwortung aufgibt.

Auch wenn eine Frau ihren Ehemann dominiert und beherrscht, Forderungen an ihn stellt und erwartet, dass er gehorsam ist, sehen wir eine sündhafte Entstellung von Männlichkeit und Weiblichkeit gleichermaßen. Bestenfalls werden Kinder, die in einem solchen Umfeld aufwachsen, diese Muster von Männlichkeit, Weiblichkeit und Ehe wiederholen, weil das für sie normal erscheint. Söhne werden ihren zukünftigen Ehen wahrscheinlich zu passiven Ehemännern und Töchter werden wahrscheinlich die dominierende Rolle einnehmen. Jedes Mal, wenn eine Ehe Gottes Ordnung sündhaft entstellt, führt dies zu Spannungen, Streit und Schmerz unter Ehepartnern und für Kinder in ihren gegenwärtigen Familien sowie ihren zukünftigen Beziehungen. Wo Kinder diesen Rollentausch oder die Dominanz einer Mutter mit der passiven Reaktion eines Vaters miterleben, werden sie durch diese Dynamik manchmal leider dahin gebracht, die Rolle ihres Geschlechts ein Leben lang nicht zu verstehen (was wir derzeit in unserer weitgehend feministischen Kultur oft sehen).[6]

Wo Menschen darauf bestehen, dass Männer und Frauen in jeder Hinsicht gleich und ihre Rollen in der Ehe austauschbar und identisch sind, entsteht die Gefahr, dass männliche und weibliche Sexualität und ihr Ausdruck in jedem Teil des Lebens »austauschbar« werden – was Homosexualität, Bisexualität und die Akzeptanz der Transgender-Ideologie fördert. Ich weiß, dass das für diejenigen, die sich mit der Geschichte der feministischen Bewegung nicht intensiv befasst haben, extrem klingen mag. Aber Folgendes sind einige der entschlossenen Ziele der »ersten, zweiten und dritten Welle des Feminismus« in unserer Kultur: Der Feminismus wirbt für die Zerstörung des traditionellen Konzepts von Ehe und Familie sowie der gottgegebenen Geschlechterrollen in der Ehe, für die Trennung von Biologie und dem Konzept Familie, für Scheidung, für Abtreibung, für die Vorstellung, Kinder seien eine Belastung für Frauen; der Feminismus wirbt für eine androgyne Gesellschaft, in der alle gleich sind; der Feminismus befürwortet das Konzept der *gender fluidity*, des »fließenden Geschlechts« (Menschen können selbst entscheiden, ob sie männlich oder weiblich sein möchten, und sich jederzeit dementsprechend verändern), befürwortet Sex außerhalb von Gottes Plan (einschließlich unverbindlicher One-Night-Stands, außerehelichen Zusammenlebens, Homo- und Bisexualität), und untergräbt die Autorität von Gottes Wort sowie die Existenz und das Wesen Gottes selbst.[7]

Wir haben unser ganzes Leben lang in der Marinade dieser Ideen gelegen. Die Vorstellung, Männer und Frauen seien genau gleich, ist nicht wahr – das sagt Gottes Wort, die Neurowissenschaft, die Anthropologie, die Weltgeschichte und auch unsere persönliche Erfahrung. Wenn wir unterdrückt werden, dann eher von unserer Gesellschaft, die annimmt, dass Männer und Frauen genau gleich sind – aber nicht von Gottes Plan. Sowohl Männer als auch Frauen können in sündige Extreme fallen, die außerhalb von Gottes Plan liegen, und verursachen dadurch große Schmerzen in Ehen und Familien und unermessliche Konsequenzen für kommende Generationen. Wie wertvoll ist doch Gottes Plan für Männlichkeit, Weiblichkeit und die Ehe – nicht nur für uns selbst, sondern auch für zukünftige Generationen und für gesunde Familien, Gemeinden und Nationen. Unsere Familien sind die Bausteine der Gesellschaft. Starke Familien und Ehen kommen uns allen zugute und bringen Gott Ehre, wenn wir in unserem Leben Gottes große Weisheit in Anspruch nehmen.

Unterordnung ist nicht absolut.

Gott weist uns an, uns unseren Männern unterzuordnen »als dem Herrn« oder »wie es sich geziemt im Herrn« (Epheser 5,22; Kolosser 3,18). Ich bin davon überzeugt – auf Grundlage meines Verständnisses davon, was die Bibel über menschliche Autorität lehrt –, dass Gott nicht von einer Frau verlangt, sich einem Ehemann unterzuordnen, der nicht bei klarem Verstand ist (ob betrunken, high oder eindeutig psychisch krank), der reuelos Ehebruch begeht, der in unmoralische illegale Aktivitäten involviert ist, der sie oder ihre Kinder missbraucht, oder wenn bestimmte andere schwerwiegende Probleme vorliegen. Wenn ihr Ehemann mit einer Sünde lebt, die er nicht bereut, kann eine Frau intensiv dafür beten, dass Gott ihren Ehemann von seiner Sünde überführt und zur Umkehr bringt. Möglicherweise muss sie an einen sicheren Ort umziehen, wenn sie bei ihrem Mann nicht sicher ist. Um diese schwerwiegenden Probleme lösen zu können, muss sie sehr sensibel für den Heiligen Geist sein und sollte gottesfürchtigen, vertrauenswürdigen und erfahrenen Rat einholen. Wenn ihre Situation es erfordert, muss sie möglicherweise die Polizei, einen Anwalt oder medizinische Hilfe hinzuziehen. Sie kann dafür beten, dass ihr Mann seine Beziehung zu Jesus wiederherstellt und dass ihre Ehe und Familie Heilung und Versöhnung erfahren darf. Sie kann sich auf gottesfürchtige Weise verhalten und ihren Ehemann mit Respekt und Ehrerbietung behandeln. Aber es kann sein, dass sie warten muss, bis ihr Ehemann wahre Reue, Offenheit, einen gesunden Geist und die Bereitschaft zeigt, das verlorene Vertrauen wiederherzustellen, bevor sie sich ihm unterordnen und wieder mit ihm leben kann. Gott befiehlt uns niemals, jemandem zu vertrauen, der nicht vertrauenswürdig ist. Gott können wir immer vertrauen, aber es gibt Zeiten, in denen wir einem Menschen nicht vertrauen können. Ein Ehemann braucht möglicherweise gottesfürchtigen Rat und die Begleitung eines weisen, reifen Mannes der Gemeinde. Vielleicht braucht das Ehepaar gemeinsame Seelsorge. Es kann auch vorkommen, dass ein Ehemann sich nicht ändert und seine Frau allein bleiben muss (1. Korinther 7,10-16), aber ihr Ziel wird es sein, geistliche Heilung für ihren Ehemann, für ihren Ehebund und für sich selbst und ihre Kinder zu suchen.

Niemand, ob Ehemann, Ehefrau oder Kind, sollte sich jemals im Haus der eigenen Familie unsicher fühlen. Wer die Aussagen der Bibel verdreht, um zu sagen, dass Ehefrauen oder Ehemänner ihre Ehepartner dominieren, andere misshandeln oder missbrauchen sollten, oder um zu verlangen, dass Männer oder Frauen als Kinder oder »Bürger zweiter Klasse« behandelt werden, verzerrt das Wort

Gottes zu seiner großen Schande aufs Übelste. Gott billigt niemals Sünde oder die Misshandlung irgendeiner Person.*

Eine Ehefrau sollte es klar kommunizieren und sich selbst Grenzen setzen, wenn ihr Ehemann sie auffordert, etwas zu tun, was sie wirklich nicht tun kann. Wenn mein Mann sagt: »Hilf mir, dieses 150-kg-Sofa nach draußen zu tragen und es in den Umzugswagen zu heben«, müsste ich sagen: »Ich würde dir wirklich gerne helfen, aber ich bin einfach nicht stark genug.« Ich glaube nicht, dass mein Mann mich bitten würde, so etwas zu tun, aber wenn ein Mann seine Frau um etwas bittet, was ihre Fähigkeiten ernsthaft übersteigt oder ihr nicht möglich ist, oder was sie selbst oder andere Menschen sogar gefährden würde, hoffe ich sehr, dass sie das aussprechen würde. In solchen Situationen könnte eine Frau möglicherweise sagen: »Ich wünschte, ich könnte dir helfen, aber ich kann es wirklich nicht. Gibt es vielleicht einen anderen Weg, wie ich helfen kann?«

Wenn ein Ehemann seine Frau auffordert, gegen Gottes Wort zu handeln, wird sie sich auf respektvolle Weise weigern müssen, ihm zu folgen. Ein Ehemann steht nicht über Gott. Gott ist die höchste Autorität, und wir werden uns vor ihm verantworten müssen, genauso wie unsere Männer.

Unterordnung hat nichts mit meinem Wert zu tun.

Unterordnung in der Bibel hat nichts mit dem Wert eines Menschen zu tun: »Da ist nicht Jude noch Grieche, da ist nicht Sklave noch Freier, da ist nicht Mann und Frau; denn ihr alle seid einer in

---

* Greg und ich glauben auch, dass BDSM (sexuelle Praktiken, die Fesselung, spielerische Bestrafung, Sadismus oder Masochismus beinhalten) sowie die sogenannte »christliche häusliche Züchtigung« *(Christian domestic discipline)* zu den Verhaltensweisen gehören, die Gottes Plan einer Ehe entstellen. Diese Lebensstile oder Praktiken billigen und unterstützen wir nicht. Zum Glück ist unser Gott mächtig zu retten und zu heilen!

Christus Jesus« (Galater 3,28). Alle Menschen sind in Gottes Augen gleichwertig. Wir Menschen sind alle gleichermaßen im Bild Gottes geschaffen – Männer und Frauen (1. Mose 1,27). Die Welt weist denjenigen, die in der Regierung, im Militär und in Unternehmen führende Positionen einnehmen, einen höheren Wert zu. Aber aus Gottes Sicht ist der Wert allen menschlichen Lebens gleich. Das Leben eines ungeborenen Kindes ist für Gott genauso wertvoll wie das Leben des Präsidenten der USA. Das Leben eines Kindes ist genauso kostbar wie das der Eltern. Das Leben und der Wert einer Ehefrau entsprechen vor Gott dem Leben und dem Wert eines Ehemannes. Es ist Zeit, die weltliche Vorstellung loszuwerden, dass Autorität den Wert einer Person bestimmt und dass wir weniger oder keinen Wert besitzen, wenn wir uns einer Autorität unterordnen.

Alle Menschen sind in Gottes Augen gleichwertig. Wir Menschen sind alle gleichermaßen im Bild Gottes geschaffen – Männer und Frauen.

Was biblische Unterordnung bewirkt

Eine Zeit lang leitete ich die Apotheke einer Drogeriekette. Meine angestellte Apothekerin Teresa stand »unter meiner Autorität«. Sie stimmte sich mit mir ab, bevor sie wichtige Entscheidungen traf, weil letztendlich ich für die Entscheidungen in dieser Apotheke verantwortlich war. Ich hörte mir immer ihre großartigen Ideen an und versuchte dann, die bestmögliche Entscheidung zu treffen. Teresa war eine liebe Freundin und eine weise Beraterin. Sie war tatsächlich viel klüger als ich! Ich schätzte ihre Einsicht. Viele Male folgte ich ihren Vorschlägen, manchmal nicht. Sie war nicht verärgert deswegen. Sie respektierte meine Autorität als Manager. Einige Jahre später arbeiteten wir beide für eine andere Drogeriekette, aber diesmal in vertauschten Rollen. Sie war die Managerin, also stimmte ich mich immer mit *ihr* ab und machte alles so, wie *sie* es für gut hielt, weil sie in dieser Situation Autorität hatte und ich mich ihrer Autorität unterordnete. War eine von uns »besser« als die andere? Nein. War eine von uns perfekt oder immer im Recht? Nein. In der Welt der Pharmazie bedeutet Autorität, dass ein Unternehmen einer Person die Autoritätsposition zuteilt, dass diese Person in der Apothekerkammer unseres Landes als Apotheker anerkannt ist und so die Verantwortung für alle Entscheidungen trägt.

In der Ehe ist es genauso. Der Ehemann hat die Autoritätsposition nur deshalb, weil Gott sie ihm übertragen hat, um damit sich selbst Ehre zu bringen. Ehemänner sind nicht intelligenter, fähiger oder »besser« als Ehefrauen. Männer sind nicht besser als Frauen. Frauen sind nicht besser als Männer. Wir sind unterschiedlich, aber haben doch den gleichen Wert vor Gott. Gott hat ganz einfach Ehemänner damit beauftragt, auf dem Fahrersitz zu sitzen. Wenn ich versuche, vom Beifahrersitz aus das Auto zu steuern (außer es handelt sich um einen echten Notfall und mein Mann ist gerade nicht dazu in der Lage), werde ich mit aller Wahrscheinlichkeit das Auto demolieren, auch wenn ich eigentlich ein großartiger Fahrer bin.

In seinem Plan für die Ehe hat Gott viele großartige Absichten: Autorität und Unterordnung, Liebe und Respekt. Er beabsichtigt, dass eine gottesfürchtige Ehe viele Menschen außerhalb der Familie zu Jesus zieht und dass unsere Ehen der Welt den Kern des Evangeliums zeigen. Er beabsichtigt insbesondere, dass eine biblische Ehe die Kinder des Paares zu ihm zieht. Er beabsichtigt auch, dass eine gottesfürchtige Ehe ein starker Baustein in der Gesellschaft und der Gemeinde ist, dass sie die Moral schützt, Tugenden lehrt, die nächste Generation zu verantwortungsbewussten, reifen und gottesfürchtigen Männern und Frauen erzieht, die wissen, was Männlichkeit, Weiblichkeit, Autorität, Unterordnung, Gott, die Bibel, Ehe und Familie bedeuten. Gottes Plan für die Ehe hilft dabei, eine neue gottesfürchtige Generation hervorzubringen. Deshalb hasst Gott Scheidung, denn es bringt keine gottesfürchtigen Nachkommen hervor (Maleachi 2,15-16).

Gott möchte die Unterordnung einer Frau unter ihren Ehemann als ständiges Vorbild verwenden, um Kinder zu lehren, wie sie sich den Autoritätspersonen in ihrem Leben und Gott unterordnen sollen. Ein Mann, der die starke, demütige, liebevolle, dienende und opferbereite Haltung Christi einnimmt, dient Kindern als ständiges Vorbild auf den Charakter Gottes, damit sie Gottes Wesen nachvollziehen, ihn lieben und ihm vertrauen können. Ein Vater, der gottesfürchtige Männlichkeit lebt, ist seinen Söhnen ein Vorbild davon, wie ein gottesfürchtiger Ehemann und Vater handelt. Er zeigt seinen Töchtern, welches Verhalten sie von ihren zukünftigen Männern erwarten können. Das gottesfürchtige Vorbild einer Mutter zeigt ihren Söhnen, was sie von ihren zukünftigen Frauen erwarten können, und zeigt ihren Töchtern, was eine gottesfürchtige Frau, Ehefrau und Mutter ausmacht. Aber biblische Unterordnung bewirkt viel mehr, als dass es den Kindern, der Gemeinde und der Nation gut geht. Biblische Unterordnung enthält praktische Segnungen für unsere eigene Ehe und ebenso für unsere eigene Beziehung zu Christus.

Unterordnung beweist Vertrauen.

Biblische Unterordnung unter jegliche gottgegebene menschliche Autorität ist in erster Linie ein Indikator dafür, ob ich Gott in seiner Souveränität respektiere, anbete, verehre und vertraue, und ob ich bereit bin, in Gehorsam und Unterordnung ihm gegenüber zu leben. Es hat sehr wenig mit der Person zu tun, der ich mich unterordne. Eigentlich könnte ich das Wort »unterordnen« auch gut durch »vertrauen« ersetzen. Vertraue ich Gott? Bin ich bereit, ihm zu folgen, egal was passiert? Die kleinen Details und einzelnen Entscheidungen, die wir in der Ehe treffen müssen, sind absolut gesehen oft keine so große Sache. Manchmal sind wir versucht, kleinen Angelegenheiten einen höheren Wert beizumessen als unserer Ehe oder als unserer Ehrerbietung und unserem Gehorsam gegenüber Jesus Christus. Glücklicherweise dürfen wir in Gottes Verheißung ruhen, dass »denen, die Gott lieben, alle Dinge zum Guten mitwirken, denen, die nach Vorsatz berufen sind« (Römer 8,28). Weil Gottes Verheißungen wahr sind, kann ich ihm die Entscheidungen meines Mannes anvertrauen (außer mein Mann fordert mich zur Sünde oder etwas Gefährlichem auf – dann kann ich meinem Mann in dieser bestimmten Sache nicht folgen). Ich kann meine Wünsche, Ideen, Bedürfnisse, Gefühle, Sorgen und Erkenntnisse respektvoll meinem Ehemann mitteilen; im nächsten Schritt habe ich dann die Freiheit und Kraft, Gott zu vertrauen, dass er durch die Führung meines Mannes das tut, was letztendlich für mich, unsere Familie und das Reich Gottes am besten ist. Stopp. Lies diesen Satz bitte noch einmal, meine liebe Schwester. Das ist eine große Sache! Die Bereitschaft einer Frau, sich ihrem Ehemann unterzuordnen, kann eine ihrer größten Glaubensprüfungen sein. Oft sehe ich nur im Rückblick, wie Gott in den Entscheidungen meines Mannes gewirkt hat. Aber ich kann mich erwartungsvoll auf all die erstaunlichen Dinge freuen, die Gott für mich bereithält, während ich darauf vertraue, dass er mich durch Greg führt.

Die Bereitschaft einer Frau, sich ihrem Ehemann unterzuordnen, kann eine ihrer größten Glaubensprüfungen sein.

Mein Mann wird manchmal sündigen und Fehler machen. Auch ich werde manchmal sündigen und Fehler machen. Wir beide fallen manchmal, obwohl wir Jesus kennen und lieben. Das Ziel ist, dass Gott uns Christus immer ähnlicher macht, aber wir werden auf dieser Erde nie vollkommen sein. Wir beide werden einander um Gnade, Vergebung und Barmherzigkeit bitten müssen. Ein Mann braucht Zeit, um zu lernen, wie er gottesfürchtig führen kann, genauso wie eine Frau Zeit braucht, um zu lernen, gottesfürchtig nachzufolgen. Eine einzelne Entscheidung ist kein echter Maßstab für die Führung meines Mannes. Gott wird in meinem Mann arbeiten, um ihm zu helfen, aus seinen Fehlern zu lernen, und er wird als Führer wachsen, besonders wenn ich in diesen schwierigen Zeiten geduldig bin und ihn weiterhin unterstütze. Wenn ich mich gegen Greg wende, ihn in die Mangel nehme und ihn mit Verachtung überschütte, wird das meinen Mann vermutlich nur lähmen und dahin bringen, dass er nicht mehr versucht, zu führen. Wenn die Entscheidung meines Mannes nicht das Ergebnis bringt, das er sich erhofft hatte, ist meine Reaktion entscheidend, um ihn zu ermutigen, ein besserer Führer zu werden. Wenn ich ihn unterstütze, das Gute in ihm respektiere, ihm beistehe, Glauben an ihn zeige und ihm weiterhin vertraue, wann immer es möglich ist, statt die Kontrolle an mich zu reißen, wird mein Mann eher wieder aufstehen, aus der Situation lernen und ein stärkerer Mann Gottes werden.

Ein Ehemann erzählt

Letztendlich läuft alles auf Vertrauen hinaus. ... Wenn eine Frau dir klarmacht, dass sie dir vertraut, willst du das nicht verspielen, wenn du das nächste Mal eine Entscheidung treffen musst. Du willst sichergehen, dass es die beste Entscheidung ist. Du willst sichergehen, dass du ihr Vertrauen belohnst.

Unterordnung gibt Gott Raum zu wirken.

Mein Gehorsam gegenüber Gott öffnet ihm Türen, um in meinem Leben auf eine Weise zu wirken, in der er es nicht kann und will, wenn ich ungehorsam bin. Interessanterweise besteht hier ein Zusammenhang: Wenn eine Ehefrau sich von Gottes Frieden erfüllen lässt und in großem Glauben an Jesus Christus und vollem Vertrauen in ihn lebt, kann sie ihrem Ehemann gegenüber am besten aufrichtig vertrauen. Männer sehnen sich danach, dass ihnen Vertrauen entgegengebracht wird. Wenn Frauen Glauben an ihre Ehemänner ausstrahlen, reagieren diese tendenziell so, dass sie bessere, verantwortungsbewusstere und vertrauenswürdigere Männer werden. Kaum etwas wird einen Ehemann so sehr dazu ermutigen, mehr zu dem Mann zu werden, zu dem Gott ihn beruft, als wenn er das schöne weibliche Vertrauen seiner Frau, ihren Glauben und ihre Bewunderung spürt und erlebt, dass sie mit seiner Führung kooperiert. Dieser Ansatz bewirkt so viel mehr als der weltliche Ansatz: zu nörgeln, zu kritisieren, zu verurteilen und zu predigen. Der Gehorsam einer Frau gegenüber Gott motiviert ihren Ehemann wie nichts anderes, sein Herz zu öffnen, um Gott hören und gehorchen zu wollen. Ich kontrolliere meinen Mann nicht. Ich lasse mich von Gott verändern und lasse die Veränderungen, die Gott in mir vornimmt, meinen Ehemann inspirieren. Ich überlasse es Gott, meinen Ehemann zu verändern. Wenn ein Ehepartner anfängt,

Gott zu gehorchen, öffnet er oft zur rechten Zeit die Tür, dass der andere Ehepartner ebenfalls zu gehorchen beginnt, was schließlich zur Heilung der Ehe führt.

Viele Frauen erkennen nicht, dass wir keinesfalls an Macht und Einfluss verlieren, wenn wir Gottes Wort und seine Gebote für uns Frauen befolgen. Die einzige Macht, die wir verlieren, ist unsere sündige Macht, mit der wir zerstören, niederreißen und verletzen. Stattdessen gewinnen wir die Kraft des Himmels! Wir gewinnen die Kraft Christi! Wenn wir mit Jesus wandeln und über alles andere seine Herrlichkeit suchen, stellen wir uns hinter Gottes Willen und seinen Wunsch, seine Verheißungen an uns zu erfüllen. E. M. Bounds schreibt: »Gehorsam kann am Thron der Gnade in kühner Weise bitten, und nur diejenigen, die gehorsam sind, können es auf diese Weise tun.«[8] Wenn Christus unser größter Schatz ist und wir uns an nichts binden außer an ihn, erfahren wir seine Kraft, seine Verheißungen und seine Wunder, die wir sonst einbüßen würden. Es gibt keine Garantie, dass Gott uns das gibt, was wir wollen, wenn wir ihm gehorchen. Gott sichert uns nicht zu, unsere Ehemänner zu ändern. Er garantiert nicht, nach unserem Zeitplan zu handeln. Aber er verspricht, dass er seinen Willen in unserem Leben erfüllen wird. Er wird uns und unsere Wünsche verändern. Wenn wir möchten, dass unsere Ehemänner gottesfürchtige Männer werden, müssen wir diesem Weg des Gehorsams folgen. Die Ergebnisse liegen in Gottes Hand.

> Wenn ich es in meinem Herzen auf Frevel abgesehen hätte,
> so hätte der Herr nicht gehört. (Psalm 66,18)

Eine Ehefrau erzählt

Mein Mann sagt, dass nichts ihm so viel bedeutet, wie wenn ich ihm in den kleinen Dingen vertraue. Er weiß, dass ich seinem Urteil vertraue; das führt dazu, dass er die beste Entscheidung treffen möchte; das wiederum führt dazu, dass er sich ganz auf die Führung des Herrn stützt – weil mein Vertrauen etwas ist, das er nicht verlieren möchte. Durch mein Vertrauen fühlt er sich kompetenter und selbstbewusster. Mein Mann sagt, wenn ich als Frau ständig diskutiere, statt mit ihm zu kooperieren, dann hat er das Gefühl, nichts richtig machen zu können. Nicht nur, dass ich seinem Urteil Misstrauen schenke, sondern er beginnt sich zu hinterfragen und fühlt sich unfähig zu führen. … Er sagt, als ich mich so verhalten habe, fühlte er sich nicht gebraucht, nicht Mann genug oder stark genug für mich, ja, vielleicht wäre er nicht einmal der richtige Mann für mich. Ich habe nie gewusst, dass ich so viel Schaden anrichtete. … Mein Mann hat etwas sehr Interessantes gesagt: »Ich habe eine Frau geheiratet, aber wenn sie selbst in den kleinsten Dingen ständig um die Führungsposition kämpft, fühlt es sich sehr nach einem Konkurrenzkampf an – als wäre ich mit einem Mann verheiratet.«

Unterordnung fördert echte Romantik.

Ich möchte mit diesem Thema vorsichtig sein, weil ich weiß, dass Romantik für viele von uns leicht zu einem Götzen werden kann. Paradoxerweise wird eine Frau, die übermäßig nach Romantik strebt, jede Chance auf Romantik mit ihrem Ehemann vertun, und ihr unersättliches Verlangen nach Romantik wird die Intimität in ihrer Ehe zerstören. Götzendienst führt immer dazu, dass wir uns selbst zerstören. Nur wenn Jesus seinen angemessenen Platz innehat, können wir in unserem Leben in jeder Hinsicht Gottes Bestes erfahren, und das beinhaltet häufig ein Mehr an Romantik, sexuellem Verlangen und Leidenschaft, wenn jeder Ehepartner die Rolle einnimmt, die Gott für ihn geschaffen hat.

Kontrolle und Aggression vernichten Romantik sowohl für Männer als auch für Frauen. Auch Passivität vernichtet Romantik, bei beiden Ehepartnern. Wenn wir uns gegenseitig Raum und Zeit lassen, sich dem anderen frei hinzugeben, und wenn wir versuchen, die tiefsten gottgegebenen männlichen oder weiblichen Bedürfnisse des Partners zu befriedigen, kann Romantik wachsen. Eine Frau, die verzweifelt versucht, ihren Mann dazu zwingen, ihr körperliche Nähe zu geben, strahlt keine Romantik aus. Auch ein passiver Ehemann, der sich aus dem Familienleben raushält und sich vor dem Fernseher parkt, ist nicht romantisch. Natürlich ist auch nichts daran aufregend, wenn eine Frau als Fußabtreter behandelt wird oder der Ehemann ein grausamer Tyrann ist. Ich finde es interessant, dass die Bedingungen für eine gesunde Ehe dann am günstigsten sind, wenn wir Gottes Plan der männlichen Führung und weiblichen Unterordnung folgen. Wenn eine Frau sich auf die gottgegebenen Unterschiede zwischen ihrer eigenen Weiblichkeit und der Männlichkeit ihres Mannes einlässt, kann das unglaubliche Anziehungskraft erzeugen.

Es ist so wunderbar, wenn ein Ehemann von sich aus seine Frau dazu einlädt, mit ihm in der Küche zu tanzen, und ihr sagt: »Ich liebe dich. Du bist die wunderbarste Frau, die mir je begegnet ist.« Es ist so erfüllend, wenn ein Ehemann von hinten seine Arme um die Taille seiner Frau legt, die vorm Waschbecken steht, und ihren Hals küsst, nur weil er es will, oder wenn er ihr von der anderen Seite des Raumes zuzwinkert, weil er sich so männlich fühlt, wenn er ihrer inspirierenden Weiblichkeit begegnet. Wenn eine Frau sich ihrem Ehemann auf eine weibliche, aufnahmebereite und nicht drohende Weise annähert, kann er seine Frau besser als ebenbürtigen Partner sehen statt als Konkurrentin. Wenn er weiß, dass sie ihm vertraut und ihn ehrt und dass er bei ihr sicher ist, wird er wahrscheinlich von ihrer gottesfürchtigen Weiblichkeit angezogen werden. Wenn eine Frau ihren Ehemann stark und männlich findet und das Gute erkennt, das in ihm steckt, wird sie wahrscheinlich eine starke Anziehungskraft spüren, die von ihrem Ehemann ausgeht. Gottesfurcht ist sehr attraktiv an unseren Ehepartnern! So oft nimmt die Intimität in der Ehe – zumindest auf manchen Ebenen – zu, nachdem ein Ehepartner sich ganz Jesus Christus hingegeben hat. Manchmal dauert das viele Jahre, vielleicht Jahrzehnte. Aber auch wenn ein Ehepartner sich nie ändert, lohnt es sich absolut, Jesus nahe zu sein und zu erleben, wie sein Geist das Leben verändert.

Wie sich ein Ehemann fühlt, wenn seine Frau sich seiner Führung anvertraut

Wenn sie zu mir gehört und mir erlaubt, sie zu behüten und zu pflegen, dann fühle ich mich dafür verantwortlich, ihr zu helfen. Ich muss ihre Eiche sein, unter der sie Schutz findet, um den Sturm zu überstehen. Wenn sie so tut, als würde sie nicht zu mir gehören, dann reizt und nervt es mich eher, dass sie mit ihren Problemen zu mir kommt. … Wenn sie mich nicht als ihren Führer ansieht, kann sie ihr eigenes Glück suchen und ich meins. Aber wenn sie zu mir gehören möchte, dann werde ich mehr bemüht sein, sie glücklich zu machen, als sie es je für mich tun könnte. Ich habe nur ein begrenztes Verständnis, aber ich denke, so liebt Jesus uns. Wenn wir uns dafür entscheiden, zu ihm zu gehören und uns seiner Führung anzuvertrauen, wird er uns mehr Liebe zeigen, als wir verstehen können. Wenn wir ihn ablehnen und die Verantwortung selbst tragen wollen, haben wir keine Verheißungen.

Was ein Ehemann über Abhängigkeit in der Ehe sagt

Natürlich ist dein Mann dir nicht überlegen – genauso wenig wie dein Chef. Dein Mann steht über dir, aber er ist nicht überlegen. Das ist ein Unterschied. Das heißt, er kann Anweisungen geben und du kannst entscheiden, ob du diesen nachkommst oder nicht. Wenn du dich ihm unterordnest, weiß er, dass er für die Dinge verantwortlich ist, die er von dir verlangt. Er muss Rechenschaft darüber abgeben, außer er fordert dich zu einer Sünde auf und du handelst in diesem Wissen. Ja, du hast den gleichen Wert, aber nicht dieselbe Rolle. Er hat die Rolle, dich zu führen, und du folgst ihm. Er kann seine Rolle nur ausfüllen, wenn du deine ausfüllst. Er kann dich nicht verteidigen, wenn du es selber tust. Er kann nicht für dich sorgen, wenn du es für dich selbst tust. Grundsätzlich ist es so, dass Unabhängigkeit eine Beziehung schwächt, gesunde Abhängigkeit sie aber stärkt. Wenn du Gott vertrauen kannst, was kann dein Mann dann noch tun, um dir Schaden zuzufügen? Dein Mann ist nur ein Mensch, aber Gott ist alles.

Dieser Ehemann hat gar nicht so unrecht. Wir legen heute in unserer Gesellschaft viel Wert auf Unabhängigkeit. Wir bringen Frauen bei, völlig selbstständig zu sein, damit sie »keinen Mann brauchen«. Sicher gibt es Zeiten, in denen es für uns notwendig ist, selbstständig zu sein. Wenn ein Ehemann sehr krank wird, auf eine längere Dienstreise muss, sie verlässt oder stirbt, braucht eine Frau die Fähigkeit, sich selbst versorgen zu können, ihre eigenen Entscheidungen zu treffen, ihre Finanzen allein zu verwalten usw. In einer Ehe kann es aber passieren, dass wir *zu* unabhängig voneinander werden. In der Ehe geht es darum, dass zwei eins werden. Der Unabhängigkeitstrieb eines Ehepartners kann die Ehebeziehung auseinanderreißen.

Eine gute Ehebeziehung erfordert ein gewisses Maß an gegenseitiger Abhängigkeit, in der beide Ehepartner erkennen, dass sie Teil eines Teams sind und dass beide dazu beitragen, den anderen stärker zu machen, als er oder sie für sich allein sein könnte. »Wir« ist in der Ehe wichtiger als »Ich«. Natürlich kann eine Frau auch so abhängig von ihrem Ehemann werden, dass sie ihr Leben ganz mit seinem »verwebt« oder in eine Art Co-Abhängigkeit verfällt und versucht, für ihren Ehemann verantwortlich zu sein und ihn für sie verantwortlich zu machen. Auch das ist nicht Gottes Plan. Wir müssen hier Vorsicht walten lassen und weiterhin Christus in den Mittelpunkt unseres Lebens stellen.

Eine gute Ehebeziehung erfordert ein gewisses Maß an gegenseitiger Abhängigkeit, in der beide Ehepartner erkennen, dass sie Teil eines Teams sind und dass beide dazu beitragen, den anderen stärker zu machen, als er oder sie für sich allein sein könnte.

Letztendlich liegen unser ganzer Glaube, unser Vertrauen und unsere Hoffnung in ihm allein. Wenn wir uns völlig auf Jesus verlassen, werden wir weder zu unabhängig noch zu abhängig sein, sondern in unseren Ehen eine gesunde gegenseitige Abhängigkeit entwickeln.

Herr,
hilf mir, deinen guten Plan für die Ehe ganz zu verstehen und mich dem unterzuordnen. Mach mich zu einem Segen für meinen Mann! Nutze unsere Ehe, um andere Menschen zu segnen und viele zu dir zu ziehen.
Führe du mein Leben, wie du es für richtig hältst, sodass es dir großen Ruhm und Ehre bringt. Ich bin ganz dein. Gestalte mich in dein Ebenbild und gebrauche mich für dein Reich. Ich gebe mich dir ganz hin. Ich vertraue dir, egal was passiert, Herr!
Wenn ich dich habe, will ich zufrieden sein. Du bist alles, was ich brauche. Du bist mein großer Lohn, mein Schild und mein Schatz. Nichts kann mir rauben, was du mir gegeben hast: Frieden, Freude und überfließendes geistliches Leben.
Amen.

6 Respektlosigkeit erkennen

Was Männer als Respekt empfinden, ist eine ganz eigene Welt, von der ich fast mein ganzes Leben lang nichts ahnte. Als Gott anfing, meine Augen dafür zu öffnen, war ich ganz schön erschrocken darüber, was ich so lange verpasst hatte. Wie konnte ich das nur nicht gesehen haben? Männer haben eine ganz andere Sichtweise auf das Leben, eine andere Weltanschauung, eine andere Art, Emotionen zu verarbeiten, eine andere Denkweise und eine andere Art zu kommunizieren als Frauen. Männlichkeit schien mir fast wie eine alternative Realität, als ich anfing, sie verstehen zu lernen.

Natürlich hat jeder einzelne Mann seine eigene Sichtweise und Persönlichkeit, seine Stärken, Emotionen und seine eigene Art, Entscheidungen zu treffen. Nachdem *Liebe und Respekt* von Emerson Eggerichs mich wachgerüttelt hatte, bat ich Greg, mir zu sagen, was ihm respektvoll und respektlos vorkam. Ich rechnete damit, dass er mir fünf Minuten lang einige Dinge nennen würde, die ich in die beiden Spalten schreiben könnte, und schon wäre ich bereit, eine gottesfürchtige Ehefrau zu sein. Problem gelöst. Ich war schockiert und verwirrt, als er aufrichtig sagte: »Ich weiß es nicht so genau.« Das machte den ganzen Prozess viel schwieriger, denn nun musste ich selbst versuchen, Respekt und Respektlosigkeit zu definieren.

Es gibt viele Worte und Taten, die auf Männer respektlos (oder lieblos) wirken, genauso wie sich auch für Frauen viele Worte und Taten lieblos (oder respektlos) anfühlen können. Einige Dinge sind für alle Männer ein Zeichen von Respektlosigkeit, unabhängig von ihrer Kultur und ihrer Persönlichkeit; anderes hängt von der individuellen Wahrnehmung und den persönlichen Vorlieben ab. Jede Frau muss ihren eigenen Ehemann gut beobachten, um herauszufinden, was er als Respektlosigkeit empfindet. Uns muss außerdem klar sein, dass einige Ehemänner unvernünftige Erwartungen haben. Männer sind Sünder, genau wie Frauen. Für Ehemänner kann Respekt genauso ein Götze werden wie für einige Frauen das Gefühl, geliebt zu sein. Wenn das der Fall ist, sollte eine Frau sich immer wieder daran erinnern, dass sie schlussendlich Gott zu gefallen sucht, nicht ihrem Ehemann. Frauen brauchen Gottes Weisheit, um auf diesem schmalen Grat zurechtzukommen.

Viele Dinge, die Ehemänner als Respektlosigkeit empfinden, scheinen uns Frauen zunächst eher unbedeutend. Vielleicht meinen wir sogar, es sei unmöglich, einige dieser Verhaltensweisen zu ändern – Männer sollten »sich nicht so anstellen«, wie es eine meiner Leserinnen ausdrückte. Ich kann dir sagen, meine liebe Schwester in Christus, dass es tatsächlich möglich ist, absichtliche – und schließlich auch unabsichtliche – Respektlosigkeit aus unserem Leben zu streichen und diese seltsame neue Sprache des Respekts fließend sprechen zu lernen. Was das erfordert? Viel Gebet, das Sterben meines Ichs, die Bereitschaft zu lernen, Übung, Feedback deines Ehemanns und die Kraft des Heiligen Geistes, der in dir wirkt – aber es ist absolut möglich, wenn wir nicht zu schnell aufgeben.*

Zu Beginn dieser Reise wird eine der größten Versuchungen sein, dass du nur deswegen lernen möchtest, deinen Mann zu respektieren, um ihn zu verändern, ihn liebevoller zu machen oder das von ihm zu bekommen, was du willst. Das wird nicht funk-

---

* Denke daran: Wenn dein Mann in reuelose Untreue verwickelt ist, dich oder deine Kinder missbraucht, drogen-, alkohol- oder pornografiesüchtig ist, sich an kriminellen Aktivitäten beteiligt oder psychische Probleme hat, suche bitte geeignete Hilfe. Du benötigst möglicherweise gottesfürchtige, erfahrene, reife und weise Hilfe dabei, deine Ehe mit Bedacht zu steuern. Ich beziehe mich nicht auf solche Situationen, wenn ich darüber spreche, was Ehemänner brauchen.

tionieren. Ehemänner wissen, wann unsere Motive egoistisch sind; Gott weiß es auch! Du möchtest doch, dass dein Mann dich liebt, weil er dich wirklich liebt, und nicht, weil er etwas von dir will. So geht es Ehemännern mit unserem Respekt. Mir geht es nicht darum, nur so zu tun als ob und ein falsches Spiel zu spielen. Mir geht es um eine Veränderung des ganzen Herzens, und das ist ein sehr langer Prozess. Was sich im Leben unserer Ehemänner tut und wann sich etwas tut, müssen wir Gottes erstaunlicher Souveränität überlassen und ihm erlauben, *uns* zu verwandeln.

Zu Beginn dieser Reise wird eine der größten Versuchungen sein, dass du nur deswegen lernen möchtest, deinen Mann zu respektieren, um ihn zu verändern, ihn liebevoller zu machen oder das von ihm zu bekommen, was du willst. Das wird nicht funktionieren.

Herr,

ich bitte dich, dass du mir Einblicke in Herz, Verstand und Seele meines Mannes gibst. Hilf mir, für alles empfänglich zu sein, auf das du in meinem Leben hinweist. Hilf mir, dem Wunsch zu widerstehen, alles abzuwehren oder eine Liste aufzustellen mit Dingen, die mein Mann tut, die ich lieblos finde. Ich weiß, dass du weißt, inwiefern mein Mann mich verletzt, und dass du in Bezug darauf an ihm arbeiten wirst. Ich vertraue dir jeden Schmerz an,

den ich trage. Ich möchte mich nicht verändern, um das zu sein, was mein Mann will. Mein Ziel ist es, die Frau zu werden, die du in mir sehen willst.
Amen.

Wie ein Ehemann Respektlosigkeit wahrnimmt

Die folgende Liste von Worten und Taten, die Ehemänner als respektlos empfinden könnten, stammt von einer Reihe verschiedener Ehemänner. Bitte betrachte diese Liste nicht als Aufstellung von Verboten oder Regeln, sondern sieh darin eine Möglichkeit zu erfahren, ob du deinem Ehemann möglicherweise unbeabsichtigt respektlos erscheinst und wie du seine Sprache besser sprechen kannst. Dein Mann wird wahrscheinlich nicht allem zustimmen, was auf dieser Liste steht. Er hat seine eigenen Vorstellungen, die viel wichtiger sind als diejenigen der anderen Ehemänner. Wenn er bereit ist, dir mitzuteilen, was er am respektlosesten findet, dann arbeite mit seiner Liste, nicht mit meiner! Wenn du bereit bist, auf das Herz deines Mannes zu hören, ohne dich zu verteidigen, könntest du deinen Mann bitten, sich diese Liste anzusehen und zu prüfen, was für ihn Respektlosigkeit ausmacht. Dann kannst du dich nur auf die Themen konzentrieren, die ihm wichtig sind.

Folgendes sind Worte und Taten, die einen Ehemann verletzen oder verärgern und ihm das Gefühl vermitteln, nicht geliebt, respektiert oder wertgeschätzt zu sein – selbst wenn seine Frau unabsichtlich so handelt. Du kannst gerne die Punkte ankreuzen, die deiner Meinung nach ein Thema für dich sein könnten:

- ☐ Andeuten, er sei nicht intelligent, fähig oder kompetent.
- ☐ Andeuten – wenn auch nur leise –, er sei auf sexueller Ebene nicht gut genug oder Sex mit ihm erfülle dich nicht.
- ☐ Andeuten, dass du dich ihm geistlich oder moralisch überlegen fühlst.

- ☐ Anweisungen, Forderungen oder Befehle geben; ihm sagen, was er zu tun hat; ihn herumkommandieren: »Du solltest …«, »du musst …«, »ich möchte, dass du …«
- ☐ Seine Entscheidungen hinterfragen, insbesondere mit dem Wort »warum«. Dieses kleine Fragewort klingt in den Ohren vieler Männer, als würden wir sie für »dumm« erklären. Für gewöhnlich ist hier der Wortlaut das Problem und nicht die aufrichtig gestellte Frage.
- ☐ Alles hinterfragen, was er tut. Die große Menge an Fragen allein kann schon problematisch sein.
- ☐ Anderen Menschen sagen, er sei eines deiner Kinder; ihn wie ein Kind behandeln.
- ☐ Versuchen, ihn zu kontrollieren oder Entscheidungen für ihn zu treffen.
- ☐ Ihn mit einem anderen Mann vergleichen, sodass er dabei nicht gut wegkommt.
- ☐ Ihn schlechtmachen, kritisieren, herabsetzen, sich über ihn lustig machen, ihn verspotten oder ihn beleidigen – das gilt zu jeder Zeit, aber besonders vor anderen.
- ☐ Durch die Körpersprache Verachtung, Hass oder Verurteilung ausdrücken, z. B. die Augen verdrehen, in wütendem Tonfall sprechen, ihn wie eine verärgerte Mutter anschauen, seufzen oder die Hände in die Hüften stemmen.
- ☐ Andeuten, er sei kein guter Vater.
- ☐ Dauerhaft unglücklich sein. Ein Ehemann fühlt sich oft, als hätte er als Mann, Ehemann und Vater versagt, wenn seine Frau nicht glücklich ist.
- ☐ Seine Autorität als Vater untergraben, insbesondere vor deinen Kindern, indem du ihnen sagst, sie müssten nicht tun, was ihr Vater gesagt hat (es sei denn, er fordert sie zur Sünde oder etwas wirklich Gefährlichem auf und du hast keine Zeit, unter vier Augen mit ihm darüber zu sprechen).
- ☐ Versuchen, ihm »zu viel« zu helfen, vor allem wenn er nicht um Hilfe gebeten hat.

- ☐ Ihn unterbrechen (außer im Notfall).
- ☐ Ihn absichtlich ignorieren.
- ☐ Seine Manieren korrigieren, vor allem vor anderen Leuten.
- ☐ Kein Vertrauen in seine Fähigkeiten setzen, wenn er für etwas verantwortlich ist.
- ☐ Ihm nicht vertrauen, wenn er vertrauenswürdig ist.
- ☐ Sich nicht um seine Gefühle oder Meinungen scheren.
- ☐ Ihn mit sarkastischen Bemerkungen runtermachen.
- ☐ Andere Dinge oder Personen mit größerer Priorität behandeln als ihn: Kinder, Großfamilie, Freunde, Gemeinde oder geistliche Aufgaben.
- ☐ Übermäßige Angst vor ihm haben.
- ☐ Ihn als selbstverständlich betrachten.
- ☐ Ihn in deinem Leben als Götzen und wichtiger als Gott zu behandeln.
- ☐ Ständig enttäuscht darüber sein, dass er die tiefsten geistlichen Bedürfnisse nicht erfüllen kann, die nur Jesus erfüllen kann.
- ☐ Unerreichbar hohe und unrealistische Erwartungen an ihn haben.
- ☐ Für ihn antworten.
- ☐ Den Anspruch haben, er sei »dir etwas schuldig«.
- ☐ Ihm seine bereits vergebenen Sünden und Fehler aus der Vergangenheit vorhalten.
- ☐ Über ihn tratschen.
- ☐ Ideen, Gedanken, Bedenken und Meinungen nicht mit ihm teilen.
- ☐ Versuchen, ihn zu verändern, anstatt ihn so anzunehmen, wie er ist.
- ☐ Sich weigern, seine Antwort zu akzeptieren, und ihn weiter befragen.
- ☐ Die Frage »Bist du sicher?« stellen, nachdem er schon eindeutig »Ja« gesagt hat.
- ☐ Ihm sagen: »Weißt du, was du da tust?« (Es gibt respektvollere Arten, Bedenken auszudrücken.)

- ☐ Ihm vorgeben, wie er Auto fahren, etwas reparieren, seinen Job richtig machen, mit den Kindern umgehen, sich anziehen oder essen soll. Er will eine Ehefrau und einen Partner, keine Mutter.
- ☐ Mit ihm streiten, insbesondere vor den Kindern oder anderen Menschen. Aber auch unter vier Augen ist ein Streit respektlos. Gott befiehlt uns Gläubigen sogar, nicht zu streiten und nicht zu klagen (Philipper 2,14-16; Titus 3,2).
- ☐ Etwas auf die leichte Schulter nehmen, was ihm wichtig ist.
- ☐ Ihn korrigieren, wenn er anderen Menschen Geschichten erzählt (vor allem bei sehr kleinen Details, die letztendlich keinen Unterschied machen).
- ☐ Auf seinem Handy, auf seinen Social-Media-Accounts oder in seinen E-Mails herumschnüffeln und ihn ausspionieren. (Im Idealfall seid ihr beide in Bezug auf diese Dinge völlig offen miteinander. Wenn du wirklich glaubst, dass er dir untreu ist oder über eine wichtige Sache lügt, mag es lohnenswert erscheinen, etwas darüber herauszufinden. Aber mache dir bewusst, dass du sein Vertrauen in dich schädigst, wenn er nichts Falsches macht, du ihn aber ausspionierst. Vielleicht gibt es einen besseren Weg, die Situation anzugehen. Du könntest darüber beten und weisen, gottesfürchtigen Rat suchen.)
- ☐ Sich entschuldigen, nur um sich danach zu rechtfertigen oder zu erklären.
- ☐ Klagen.
- ☐ Nörgeln.
- ☐ Davon ausgehen, dass er im Unrecht ist, wenn er anderer Meinung ist als du.
- ☐ Ihm Sex vorenthalten oder ihn sexuell ablehnen.
- ☐ Versuchen, ihm Sex aufzuzwingen, während er sich nicht respektiert oder erschöpft fühlt oder ein medizinisches Problem hat.
- ☐ Seine Zeit, Aufmerksamkeit, Zuneigung oder Sex einfordern.

- ☐ Fordern, dass er sofort handelt (außer im Notfall).
- ☐ Ihn liebevoll oder respektvoll behandeln und dafür etwas Bestimmtes von ihm erwarten.

Es sollte selbstverständlich sein, dass extreme Respektlosigkeit in *keiner* Beziehung einen Platz hat, ob in der Ehe oder sonst. Die meisten der folgenden Punkte sind zweifellos sündig. Aber hier ist trotzdem die Liste:

- ☐ Schreien.
- ☐ Schimpfworte benutzen.
- ☐ Rufmord an ihm begehen.
- ☐ Fluchen.
- ☐ Ihn öffentlich in sozialen Medien oder vor anderen demütigen.
- ☐ Androhen, ihm körperlichen Schaden zuzufügen.
- ☐ Mit Dingen werfen.
- ☐ Seine Männlichkeit beleidigen.
- ☐ Eine Affäre androhen.
- ☐ Mit anderen Männern flirten.
- ☐ Ihm eine Affäre vorwerfen, ohne eindeutige Beweise zu haben.
- ☐ Sex als Waffe oder als Druckmittel gebrauchen, um Dinge zu bekommen, die du haben willst.
- ☐ Körperlich gewalttätig werden, zum Beispiel durch Schläge, Prügel oder mit einer Waffe. (Das ist *niemals* und für niemanden in Ordnung! Bitte suche sofort gottesfürchtige, erfahrene Hilfe, wenn du deinen Ehemann oder andere Personen körperlich misshandelst oder dies androhst. Wenn du oder deine Kinder nicht sicher sind, hole dir umgehend Hilfe!)
- ☐ Alle seine Sachen vor die Tür stellen.
- ☐ Ihn durch die Stadt verfolgen.
- ☐ Lügen.

☐ Seinen Kindern beibringen, ihn nicht zu respektieren oder zu hassen.
☐ Androhen, ihn zu verlassen oder sich scheiden zu lassen.
☐ Ihn dafür erniedrigen, dass er sexuelle Bedürfnisse hat.

Ob unsere Respektlosigkeit nun beabsichtigt ist oder nicht: Solche Taten, Worte und Einstellungen können unsere Männer zutiefst verletzen und abstoßen. Unser Respekt dagegen ermutigt und inspiriert sie, zu Männern zu werden, die Gott in ihnen sehen möchte. In unseren Augen haben sie möglicherweise nicht immer Respekt verdient. Aber derselbe Gott, der uns befiehlt, unsere Ehemänner bedingungslos zu respektieren und ihre Führung anzuerkennen, befiehlt auch den Ehemännern, ihre Frauen bedingungslos zu lieben. Gott weiß definitiv, worum es geht, wenn er die Ehemänner zur bedingungslosen Liebe auffordert. Ich habe gelernt, dass er ebenso gut weiß, was er sagen will, wenn es um die Bedürfnisse der Ehemänner geht.

Ich brauche die Liebe meines Mannes, auch wenn ich sie nicht verdiene, genauso wie mein Mann meinen Respekt braucht, auch wenn er ihn nicht verdient.

Wenn Ehemänner und Ehefrauen versuchen, Gottes Geboten in der Ehe zu gehorchen, sehen sie sich dazu gezwungen, sich auszustrecken, zu wachsen, von Gott abhängig und heiliger zu werden. Das ist Gottes Wunsch. Ich finde es hilfreich, mich daran zu erinnern, dass ich die Liebe meines Mannes brauche, auch wenn ich sie nicht verdiene, genauso wie mein Mann meinen Respekt braucht, auch wenn er ihn nicht verdient.

Ein Ehemann erzählt

Eine Frau, die ihren Ehemann nicht respektiert, überschüttet ihn mit Hass. Es wird nicht lange dauern, bis er daran kaputtgeht. Eine Frau dagegen, die ihren Ehemann respektiert, überschüttet ihn mit Liebe. Es wird nicht lange dauern, bis er die Welt für sie erobern will.

Respektlosigkeit ist allgegenwärtig

Wenn du in der kommenden Woche im wirklichen Leben oder im Fernsehen das Zusammenspiel von Männern und Frauen beobachtest, kannst du einmal danach Ausschau halten, wie sich respektloses Verhalten von Frauen Männern gegenüber äußert. Fällt dir auf, wie Männer fast unmerklich darauf reagieren, wenn sie sich von Frauen nicht respektiert fühlen? Sie beißen die Zähne zusammen, machen nervöse Bewegungen, verändern plötzlich ihren Gesichtsausdruck, sind »wie aus dem Nichts« verärgert, werden plötzlich still, ziehen sich zurück oder gehen.

Wenn du einmal erkannt hast, wie Respektlosigkeit sich äußert, siehst du das Verhalten überall. Es ist irgendwie schockierend. Da geht ein junges Paar irgendwohin und die Frau sagt mit verächtlicher Stimme zu ihrem Mann: »Warum gehst du da lang?« Da ist ein Paar im Supermarkt einkaufen, als die Frau ihren Mann lautstark wegen etwas zurechtweist und er sich plötzlich umdreht und weggeht, während sie ihm hinterherschreit, was für ein Versager er ist. Du siehst Respektlosigkeit, wenn deine liebe Freundin ihren Ehemann mit sarkastischen Bemerkungen vor deinen

Augen niedermacht und du seinen verletzten Blick einfach nicht vergessen kannst. Vielleicht siehst du sogar deine eigene Respektlosigkeit, wenn dir etwas herausrutscht, bevor du über deine Worte nachdenken konntest, und du dann siehst, wie dein Mann dich anschaut. Du würdest am liebsten jedes Wort zurücknehmen.

Kaylas Stimme

Dies ist die Geschichte meiner Freundin Kayla – einen Monat, nachdem sie ihre Reise des Respekts begann:

> Der Mittwoch war ein gewöhnlicher Tag, bis mein Mann von der Arbeit nach Hause kam. Wir hatten nicht sehr gut geschlafen und er war müde. Also setzte er sich in den Sessel und schaltete den Fernseher ein, während ich anfing, das Abendessen vorzubereiten. Eine Kleinigkeit wie der Fernseher lädt [mein Fleisch] zu einem Gespräch mit mir ein. Die Stimme des Fleisches sagt: »Du kehrst geradewegs in das Leben zurück, in dem du nur während der Werbepausen mit deinem Mann sprechen kannst. Sogar Wiederholungen sind ihm wichtiger als du und die Kinder.« Ich kenne meinen Erretter. Ich kann spüren, dass der Heilige Geist sich regt. Aber ich höre Gott nicht so gut wie mein Fleisch. Ich kann beten und Gott darum anflehen zu sprechen und danach trotzdem nur Stille hören. Auch nach einem Fastentag fühle ich mich, als hätte ich immer noch keine Ahnung davon, was Gott zu mir sagt oder ob er überhaupt spricht. Aber sobald etwas an meiner Frustration, an meinen Ängsten, Unsicherheiten oder Schwächen rührt, ist die Stimme meines Fleisches lebendig und klar zu hören. Ich bin sogar in der Lage, lange, detaillierte Gespräche mit ihm zu führen. Als mein Fleisch dieses Mal anfing, mit mir zu sprechen, antwortete ich, aber nicht auf meine gewöhnliche Art. Ich sagte:

»Weiche von mir, Satan! Ich mach da nicht mehr mit.« Mein Mann verließ das Haus mit der Gitarre. Er hat einmal pro Woche Unterricht, nachdem die Kinder ins Bett gegangen sind, und ich liebe es! Es bringt ihn aus dem Haus, er hat die Möglichkeit zu spielen und in seinem Talent zu wachsen. Ich habe unterdessen Zeit, um etwas am Computer zu machen, zu häkeln oder sonst irgendwas, worauf ich Lust habe, ohne das schlechte Gewissen, ihn oder die Kinder zu ignorieren. Als mein Mann ging, fing mein Fleisch wieder an, mit mir zu sprechen. »Er war heute Abend müde, aber er ist noch fit genug, um Gitarre zu spielen und bis Mitternacht weg zu bleiben?« Elf Jahre lang hatte ich den Köder angebissen und war völlig außer Kontrolle geraten. Ich hatte Stunden damit verbracht, meinen Mann innerlich in Stücke zu reißen, weil ich mein sündiges Ich entscheiden ließ, welche Richtung das Gespräch einschlug.

Im letzten Monat hat Gott mich einiges gelehrt und meine Sünden, für die ich in der Vergangenheit so blind war, bis ins Detail enthüllt. Dieses Mal folgte ich nicht der Versuchung, meinen Mann in Stücke zu reißen, sondern tat absichtlich das Gegenteil. Ich schickte meinem Mann eine Nachricht und dankte ihm dafür, dass er die Wäsche gefaltet hatte. Wie konnte ich nur fast übersehen haben, dass er das für mich erledigt hatte? Ich nahm mir Zeit, für ihn zu beten und darüber nachzudenken, wie sehr wir in unserer Ehe gewachsen waren. Als er nach Hause kam, war ich schon im Bett. Normalerweise blieb ich auf und wartete darauf, dass er nach Hause kam. Als er ins Bett kam, schaltete er den Fernseher ein. Ich weiß, ich weiß, alles dreht sich an diesem Mittwoch um den furchtbaren Fernseher! Wir haben schon öfters über den Fernseher beim Einschlafen gestritten, mal im Scherz und mal sehr hitzig und in verletzendem Tonfall. Ich mag völlige Dunkelheit und völlige Stille. Er mag es, wenn der Fernseher läuft. Man kann schon ahnen, was jetzt passierte. Mein

Fleisch flüsterte mir so zärtlich in die Ohren, dass sich mir die Haare im Nacken aufstellten. »Wieso bekommt seit elf Jahren immer *er* seinen Willen? Er kann immer so schlafen gehen, wie er es mag. Warum geht er automatisch davon aus, dass du lernen musst, mit dem Fernseher klarzukommen? Warum kann nicht er lernen, auch mal ohne einzuschlafen?«

Ich hatte solche Angst davor, was ich als nächstes tun würde. Also küsste ich meinen Mann auf die Wange, sagte »Ich liebe dich« und erklärte ihm dann, ich würde diese Nacht auf der Couch schlafen. Als er nach dem Grund fragte, sagte ich nur so respektvoll wie möglich: »Ich kann heute Nacht nicht hier schlafen.« Ich musste den Raum verlassen. Wir hatten uns schon so oft beim Zubettgehen gestritten, weil ich vorher viele Stunden lang mit meinem Fleisch über meinen Ehemann hergezogen war und ich dann die Gelegenheit nutzte, um ihm klarzumachen, wie schrecklich er sei, wie sehr er versagt und mich verletzt hatte …

Ich machte es mir also auf der Couch bequem und hörte schnell: »Warum ist er nicht hier? Er weiß doch, dass der Fernseher dich nervt. Warum bietet er nicht an, dass du zurück ins Bett kannst und er auf der Couch schläft? Oh ja, und dann auch noch das: Obwohl du ihm gesagt hast, dass du es wirklich brauchst, betet er immer noch nicht mit dir.« Autsch. Das war der wundeste Punkt und gerade das musste es ansprechen. Mein Fleisch kennt mich so gut. Der Fernseher hat nichts mit dem gemeinsamen Beten zu tun. Es brachte das Thema nur deshalb ins Gespräch, um mich dazu zu bringen, meinen sündigen Wünschen doch noch nachzugeben, ins Schlafzimmer zurückzukehren und die Intimität, den Respekt, das Vertrauen und die Einheit unserer Ehe zu zerstören.

Ich betete und sagte meinem Fleisch, dass ich selbst so sündig bin und dass ich dazu berufen bin, meinen Mann zu respektieren, egal was ich gerade denke oder fühle. Zum ersten Mal in meinem Leben nahm ich meine Gedanken absichtlich gefangen, hielt mein Fleisch davon ab, zu mir zu sprechen, und schlief ein. Ich bin so erleichtert aufgewacht! Ich hatte keine gemeinen und verletzenden Dinge gesagt, die ich nicht mehr zurücknehmen konnte. Ich betrachtete den Fernseher mit nüchternem Blick und ließ nicht zu, dass er zum Maßstab wurde, mit dem ich ihn als Ehemann und Vater maß. Ich nahm meine Gedanken gefangen und trat den Lügen mit Wahrheit entgegen.

Ich kann das mit der Hilfe des Heiligen Geistes tun. Felsbrocken können bewegt und Gewohnheiten geändert werden. Es gibt zwei Hauptgründe, warum ich endlich Freiheit und Erfolg finde. Und sie haben nichts damit zu tun, wer mein Mann ist, wie er sich verhält oder wie er mich behandelt. (Wisst ihr, ich habe wirklich einen guten Mann.)

Kayla fuhr damit fort, zwei wirklich wichtige Punkte zu erklären, die wir alle nicht vergessen dürfen. *Erstens*: Wir sind nicht besser als unsere Ehemänner. Du hast vielleicht nicht genau denselben Kampf mit der Sünde wie dein Mann, aber auch du hast manchmal noch Sünde in deinem Leben. *Zweitens*: Wir werden für unsere eigenen Sünden vor Gott Rechenschaft ablegen müssen, nicht für die Sünden unserer Ehemänner. Gott verlangt unter allen Umständen Gehorsam. Wenn uns bewusst wird, dass wir unsere Männer gedanklich mit Anschuldigungen überhäufen, sollten wir uns fragen, ob wir nicht vielleicht auf Satan hören, den »Ankläger«. Zum Glück gibt es einen Ausweg. Je mehr wir lernen, jeden unserer Gedanken anhand der Bibel zu prüfen und an ihr auszurichten, und je mehr wir uns Gottes Geist unterordnen, umso besser können wir die Stimme des Feindes erkennen und umso deutlicher können wir Gottes leise, sanfte Stimme hören. Wenn wir täglich Zeit in der Bibel und im tiefen Gebet verbringen und Gott von ganzem Herzen suchen, gibt sein Geist uns die Kraft, ihn zu hören und ihm zu gehorchen.

Erstens: Wir sind nicht besser als unsere Ehemänner. … Zweitens: Wir werden für unsere eigenen Sünden vor Gott Rechenschaft ablegen müssen, nicht für die Sünden unserer Ehemänner.

Wahrlich, wahrlich, ich sage euch: Wer nicht durch die Tür in den Hof der Schafe eingeht, sondern woanders hinübersteigt, der ist ein Dieb und ein Räuber. Wer aber durch die Tür eingeht, ist Hirte der Schafe … er ruft seine eigenen Schafe mit Namen und führt sie heraus … und die Schafe folgen ihm, weil sie seine Stimme kennen. Einem Fremden aber werden sie nicht folgen, sondern werden vor ihm fliehen, weil sie die Stimme der Fremden nicht kennen. (Johannes 10,1-5)

Die innere Stimme des Mannes – ein Beitrag von Greg

April fragte mich, ob ein Mann ähnliche Stimmen hört, die die Absichten seiner Frau in einem schlechten Licht zeigen. Ich sagte ihr, dass ich tatsächlich eine Stimme in meinem Kopf habe, aber die sagt selten etwas über sie. Es ist eine Stimme, die mir Dinge sagt wie: »Du hast nicht das Zeug für …«, »du bist ein Versager, wenn es um … geht«, »du bist ein schlechter Ehemann, Vater oder Sohn« und »du bist nicht gut genug«. Ich sollte aber klarstellen, dass ich diese Stimme nicht immer höre und dass sie sich normalerweise auf ein Thema beschränkt. Das unterscheidet sich sehr von Aprils innerer Stimme, von der sie mir erzählt hat, die mich beschuldigte und die ihr respektloses Verhalten und ihren Kontrollzwang in unserer Ehe früher rechtfertigen wollte – ähnlich wie Kayla es in ihrer Geschichte beschrieben hat. [Es könnte interessant sein, deinen Mann zu fragen, ob er Gregs Erfahrung nachvollziehen kann.]

Die meisten Frauen möchten, dass ihre Ehemänner ihre Familie geistlich führen. Die meisten Ehemänner möchten in ihren Frauen ihre größten Unterstützer sehen, die sie ermutigen. Ein Ehemann, der um das Vertrauen und die Wertschätzung seiner Frau weiß, erhält durch dieses Wissen eine riesige Energiespritze. Deshalb fällt Mann auch so leicht in Antriebslosigkeit, wenn er das Gefühl hat, diese Unterstützung nicht zu bekommen. Ich weiß, es gibt viele, die jetzt sagen mögen: »Mein Mann geht in unserer Familie definitiv nicht geistlich voran, und ich kann ihn nach dem, was er getan hat, auf keinen Fall unterstützen.« Leider brauchen genau diese Ehemänner die größte Unterstützung von ihren Frauen. Wenn wir verstehen, was Satan im Schilde führt, nämlich unsere Ehen und Familien anzugreifen, spornt es uns vielleicht an, seine Stimme zum Schweigen zu bringen. Wenn ich das Gefühl habe, dass meine Frau mich in Bezug auf eine Sache voll unterstützt, höre ich jedenfalls in meinem Kopf: »Du kannst das schaffen, weil sie dir vertraut und an dich glaubt.«

Vorwärtsgehen

Einige Frauen finden sich vielleicht in Gregs Beschreibung wieder. Viele machen sich jedoch auch selbst fertig, verachten sich, fühlen sich wertlos und sind von Scham, Angst und Schuldgefühlen gelähmt. Außerdem gibt es einige Ehemänner, die in teuflischer Art ihre Frauen mit Vorwürfen überhäufen. Mit diesen Stimmen greift der Feind unser sündiges Fleisch an. Lasst uns die Strategien, mit denen Satan uns zerstören will, erkennen und nicht mehr auf ihn hören. Stattdessen wollen wir nur auf Gottes Stimme hören und seine Wahrheit annehmen.

Die Ehe lehrt uns viel über unsere Beziehung zu Jesus. Und unsere Beziehung zu Jesus lehrt uns viel über die Ehe.

Ich wünsche es mir sehr für unsere Ehen, dass wir aufhören, ohne es zu wollen mit dem Feind zu kooperieren, dass wir unsere Kraft mit der unserer Ehemänner und mit Gottes Kraft vereinen und dass wir Gottes Sieg, seinen Segen und seine Herrlichkeit in unseren Ehen erfahren. Wir haben so viel Macht, unsere Männer mit unseren Worten, Einstellungen und Taten entweder zu zerstören oder aufzubauen. Wenn wir Respektlosigkeit aus unserem Leben entfernen (und dazu gehört auch *unbeabsichtigt* respektloses Verhalten), machen wir einen großen Schritt in die Richtung, unsere Männer und ihre männlichen Bedürfnisse besser zu verstehen. Zudem werden wir immer mehr zu den gottesfürchtigen Frauen, die Jesus in uns sehen möchte. Die Ehe lehrt uns viel über unsere Beziehung zu Jesus. Und unsere Beziehung zu Jesus lehrt uns viel über die Ehe.

Herr,
ich befehle mich, meinen Mann und meine Ehe dir an. Danke, dass du mich heilen und wiederherstellen kannst. Vielen Dank für deine Vergebung, Barmherzigkeit und Gnade. Hilf mir, mich nicht von weltlicher Trauer überwältigen zu lassen, die zum Tod führt, sondern gib mir Trauer nach deinem Sinn, damit ich Buße über meine Sünden tun und ein verändertes Leben in dir führen kann. Hilf mir, meinen Mann und seine Männlichkeit besser zu verstehen. Gib mir deine Augen, dein Herz, deine Liebe und deine Gesinnung, während ich meinen Mann so zu lieben suche, wie du es tust. Verändere die tiefsten Wünsche meines Herzens, sodass sie deinen Wünschen entsprechen. Ich liebe dich und vertraue dir, Jesus!
Amen.

Sünde eingestehen

Möglicherweise bist du jetzt an einem Punkt, an dem du begreifst, dass du deinen Ehemann durch deine Respektlosigkeit und deinen Kontrollzwang tief verletzt und durch deine Sünde gegen ihn und gegen Gott der Einheit deiner Ehe geschadet hast. Diese Erkenntnis kann uns regelrecht überwältigen. Wenn du eher zu still und zu passiv warst, dann stellst du jetzt vielleicht fest, dass du nicht genug zu den Entscheidungen in deiner Ehe beigetragen hast und dass dein Mann deine feminine Stimme und deinen gottesfürchtigen Einfluss öfter hören sollte. Vielleicht war Respektlosigkeit in deiner Ehe nie das Problem. Wenn das so ist, wie schön! Vielleicht nimmt in dir ein klarer Gedanke Gestalt an, wie du den Frauen, die mit diesem Problem kämpfen, deutlich machen kannst, was ein Leben als gottesfürchtige Ehefrau bedeutet. Vielleicht bringt Gott dein Herz dahin, verletzten Ehefrauen zu dienen. Aber wenn du jetzt Sünde in deinem Leben siehst: In Jesus gibt es allen Grund zur Hoffnung! Sei nicht entmutigt.

> Denn die Betrübnis Gott gemäß bewirkt eine nie zu bereuende Buße zum Heil; die Betrübnis der Welt aber bewirkt den Tod. (2. Korinther 7,10)

Vor Gott Buße tun

Gott ist heilig und vollkommen gut. Er allein hat die Autorität und das Recht zu bestimmen, was falsch und was richtig ist. Wir müssen vor Gott für alle Sünden, die uns bewusst sind, Buße tun. Das bedeutet, dass wir alles, was Gott »sündig« oder »falsch« nennt, vollständig aufgeben und ihm alles bringen, was in uns steckt. Um das zu tun, musste ich persönlich alles aufschreiben, was Gott mir über unsere vergangenen Ehejahre zeigte, und mich von jeder Sache einzeln abwenden – zu Anfang schrieb ich ungefähr sechs Wochen lang jeden Tag viele Dinge auf. Es sollte uns eine Gewohnheit werden, täglich von allem umzukehren, was wir getan haben, das Gott gekränkt haben könnte. Wir wenden uns ab von jedem gottlosen Gedanken, jeder Spur von Bitterkeit, jedem bisschen Unversöhnlichkeit, jedem Hinweis auf einen kritischen Geist, jedem bisschen Stolz, Selbsthass, jeder Lüge, von jedem überheblichen Gedanken, von Hass, Unglauben und jeder Spur von Respektlosigkeit gegenüber Gott. Wir wenden uns ab vom respektlosen Verhalten gegenüber unseren Ehemännern, vom Flirten mit anderen Männern, von jeder Angst, Sorge und der Schuld der Welt.

Gott ist heilig und vollkommen gut. Er allein hat die Autorität und das Recht zu bestimmen, was falsch und was richtig ist.

Wenn wir uns wirklich von diesen Dingen abwenden wollen, müssen wir all unsere Motive, die verborgenen Gedanken und Wünsche untersuchen und Gott zugestehen, alles aufzudecken, was ihn kränkt. Werde still und gib seinem Wort und seinem Geist Freiraum, die dunkelsten Ecken deiner Seele zu erforschen. Das tut ganz schön weh! Aber gib nicht auf, es lohnt sich auf jeden Fall!

Gott wird dir deine Sünden oft erst nach und nach offenbaren. Es kann Jahre dauern, bis du in die Tiefen vorgedrungen bist. Bitte ihn, dass er dir jede Sünde zeigt, dir dabei hilft, Buße zu tun und dich vollständig von all deiner Sünde abzuwenden. Wende dich ganz an Jesus, um Vergebung, neues Leben und die Kraft seines Geistes zu erlangen. Wenn Gott dir etwas aufs Herz legt, von dem er möchte, dass du darüber Buße tust, kann ich dir empfehlen, an einem Tag dieser Woche in deiner Stillen Zeit den Psalm 51 zu lesen und deine Gedanken zu den drei Versen aufzuschreiben, die am meisten zu dir sprechen.

Früher dachte ich, ich könnte Gott niemals so lieben wie Menschen, denen »große Sünden« vergeben wurden. Was Jesus zu der Frau sagte, die teures Salböl auf seine Füße goss und seine Füße mit ihren Haaren trocknete, schien das zu bestätigen: »Ihre vielen Sünden sind vergeben, denn sie hat viel geliebt; wem aber wenig vergeben wird, der liebt wenig« (Lukas 7,47). Aber als Gott mir die Schwere meiner Sünde zeigte, wurde mir endlich klar, dass auch mir *viel* vergeben wurde. Diese Erkenntnis hat es mir ermöglicht, Jesus mehr zu lieben als je zuvor! Wir alle brauchen große Vergebung, denn wir alle haben viele, viele Sünden begangen.

Herr,
bitte gib mir Weisheit für meine nächsten Schritte. Danke, dass dein Blut mich reinigen und mein Herz weiß wie Schnee machen kann (Jesaja 1,18). Vielen Dank, dass ich wahre Liebe und echtes Leben haben darf, weil du am Kreuz an meiner Stelle starbst. Mach mein Herz weich und empfänglich für dich. Gib mir Kraft und Gnade, jede Reaktion gut aufzunehmen, die mein Mann auf meinen Sinneswandel haben könnte. Zeige mir, wie ich die Dinge mit dir und meinem Mann wieder in Ordnung bringen kann.
Amen.

Sich beim Ehemann entschuldigen

Ich gebe dir keine Regel an die Hand, wie du dich bei deinem Ehemann entschuldigen sollst. Ich habe nur Vorschläge, und du kannst sie unter Gebet in Erwägung ziehen und darauf warten, dass Gottes Geist seine Weisheit in dein Herz gibt. Verbringe nicht zu wenig Zeit im Gebet, bevor du entscheidest, wie du deinen Ehemann ansprichst; vielleicht sind sogar mehrere Tage oder Wochen notwendig. Wenn du glaubst, dass Gott möchte, dass du dich für etwas entschuldigst, lies bitte den Rest dieses Kapitels, bevor du etwas unternimmst. Du musst dich nicht beeilen. Nimm dir Zeit, um deine Optionen zu überdenken und eine passende Gelegenheit von Gott abzuwarten. Vergiss nicht, dass Gott die Besonderheiten deiner Situation kennt, aber ich nicht. So kann Gott eine Ehefrau auch dahin bringen, sich nicht verbal zu entschuldigen, weil der Ehemann in seiner derzeitigen Verfassung ihre Worte nicht zu schätzen wissen würde. In so einem Fall kann eine Frau sich von Gott geführt sehen, nichts zu sagen, aber dafür ihre Haltung, ihre Worte, ihr Herz und ihr Verhalten ändern. Andere Ehefrauen werden erkennen, dass sie etwas sagen müssen, aber sollten ihre Worte mit Bedacht und unter Gebet wählen.

Ich würde empfehlen, sich persönlich zu entschuldigen, wenn das nur möglich ist. Wähle einen Zeitpunkt, an dem dein Mann entspannt ist, gerade alles gut läuft und ihr Zeit für euch habt. Ein anderer Vorschlag wäre, deine Entschuldigung in einer E-Mail zu formulieren oder aufzuschreiben, zum Beispiel in Stichpunkten oder in drei bis sechs Sätzen – in der Kürze liegt die Würze. Das gilt nicht, wenn dein Mann tiefgehende, detaillierte Diskussionen über solche Themen mag. Ist er ein Mann vieler Worte, kannst du ausführlicher sein. Entschuldige dich einmal. Wiederholte Entschuldigungen sind normalerweise nicht nötig und könnten den Anschein erwecken, als würdest du die Vergebung deines Mannes nicht annehmen, wenn er sie dir anbietet. Und es ist wirklich wichtig, deine Sünde *nicht* zu rechtfertigen oder zu erklären. Wenn ich sage: »Ich entschuldige mich für X, aber du hast Y gemacht«, klingt es so, als würde ich meinem Mann mehr Schuld zuschieben, als ich mir zugestehe. Das drückt nur noch mehr Respektlosigkeit aus und macht meine Entschuldigung zunichte.

Bitte versuche nicht, ihn dazu zu zwingen, dir zu vergeben. Er ist verantwortlich für seine eigenen Gefühle, sein Verhalten, für seine Taten und Worte, für seine Sünde und seinen Gehorsam gegenüber Gott. Vielleicht braucht er einige Tage, Wochen oder Monate, um das, was du gesagt hast, zu verarbeiten. Einige Männer brauchen Zeit, um Dinge zu überdenken, bevor sie darüber sprechen können. Sei geduldig und nimm seine Vergebung an, wenn er sie anbietet. Stimme ihm zu, dass du in diesen Fällen falsch gehandelt hast, ohne dich zu verteidigen. Allerdings musst du dich nicht für Dinge entschuldigen, die du nicht getan hast, oder Fehler eingestehen, wenn du nichts falsch gemacht hast. Du musst deinen Ehemann respektieren, aber du kannst auch Gott und dir selbst Respekt zollen, indem du ehrlich bist und den Vorwurf einer Sünde ablehnst, wenn du wirklich nicht gesündigt hast.

Vielleicht waren Kontrollsucht und Respektlosigkeit weniger dein Problem, sondern eher, dass du zu passiv und still warst. Vielleicht hattest du schreckliche Angst, deinen Mann zu verärgern, und hast nur versucht, ihm zu gefallen, egal was es kostest. Vielleicht hat dein Ehemann in deinem Herzen einen höheren Platz eingenommen als Gott, und du hast die Zustimmung deines Mannes mehr geschätzt als die Zustimmung Gottes. Vielleicht hast du nicht gelernt, wie du deine Ideen, deinen Einfluss, deine Persönlichkeit, deine Begabungen und Talente, deine Intelligenz und deine Weiblichkeit zum Guten deines Mannes und deiner Familie einsetzen kannst. Verbringe in diesem Fall einige Zeit im Gebet und in Gottes Wort und suche seine Weisheit, was die nächsten Schritte betrifft.

Möchte Gott, dass du deine Entschuldigung in Worte fasst, oder möchte er einfach Veränderung in dir sehen, während du versuchst, die Frau zu werden, zu der er dich beruft? Vielleicht musst du nur vor Gott Buße tun, wenn du auf irgendeine Weise gegen ihn gesündigt hast. Es hängt von deiner Situation ab. Wenn du Jesus kennst, wird Gott es dir aufs Herz legen, was genau du tun oder sagen sollst, um die Beziehung zu deinem Ehemann richtigzustellen.

Wenn du dich dafür entschuldigen möchtest, zu still gewesen zu sein, sage etwas Einfaches wie:

> Schatz, ich habe festgestellt, dass ich nicht so in unsere Ehe involviert war und nicht so in sie investiert habe, wie ich eigentlich sollte. Ich will mich ändern. Ich möchte anfangen, meine Vorstellungen und meine Meinung freier zu äußern, obwohl das für mich manchmal sehr herausfordernd ist. Ich würde mich sehr über deine Ermutigung und Unterstützung freuen, wenn ich versuche, mehr zu der Frau zu werden, die Gott sich wünscht.

Wenn dein Mann an Jesus gläubig ist, kannst du beispielsweise Folgendes sagen, wenn Gott dich dazu bringt, dich für Kontrollsucht und Respektlosigkeit zu entschuldigen:

> Schatz, ich bin so dankbar, dass du mein Mann bist. Ich fürchte, ich habe dir nicht immer die Wertschätzung gezeigt, die ich sollte. Ich habe eingesehen, dass ich manchmal respektlos und bestimmend war und hitzig reagiert habe. Ich habe gegen deine gottgegebene Führung in unserer Ehe angekämpft. Das war falsch. Es tut mir sehr leid! Ich möchte lernen, eine gottesfürchtige Frau zu sein. Ich möchte lernen, dich richtig zu respektieren und Gott und deine Führung in unserer Ehe zu ehren. Ich hoffe, du kannst mir vergeben und geduldig mit mir sein, während ich versuche, alles zu vergessen, was ich zu wissen glaubte, und mit allem von vorne anzufangen. Ich habe noch einen sehr langen Weg vor mir.

Ich hoffe, du fühlst dich frei, es mir zu sagen, wenn ich respektlos rüberkomme, weil ich noch nicht wirklich verstehe, was respektlos oder respektvoll ist, aber ich möchte es lernen. Ich schätze deine Weisheit und Geduld mit mir, und ich versuche, deine Bedürfnisse und deine Denkweise zu verstehen. Deine Gefühle, deine Sichtweise und alles, was dir wichtig ist, ist auch mir wichtig.

Ab jetzt hast du als Oberhaupt unserer Familie meine volle Unterstützung und mein Vertrauen, und ich möchte lernen, dir gut zu folgen. Das ist alles neu für mich, aber ich möchte, dass du dich eines Tages wie der angesehenste Ehemann der Welt fühlst!

Und fertig bist du mit deiner Entschuldigung! Jetzt kommt der schwierige Teil, die Kontrolle über deinen Ehemann und die Ehe tatsächlich aufzugeben und absichtliche oder unbeabsichtigte Respektlosigkeit im Alltag zu stoppen.

Wenn dein Mann nicht an Jesus glaubt, befolge in dieser Situation das Gebot der Bibel für Frauen in einer solchen Situation, und sprich nicht über Gott oder geistliche Dinge (1. Petrus 3,1-2). Folgendes ist ein mögliches Beispiel dafür, wie eine Frau in einer solchen Situation sich für Respektlosigkeit und Kontrollsucht entschuldigen kann:

Schatz, ich bin so dankbar, dass du in meinem Leben bist. Ich bin mir nicht sicher, ob ich dir immer meine Wertschätzung gezeigt habe, wie ich sollte. Ich war dir gegenüber eher respektlos, bestimmend und streitsüchtig. Das war falsch. Es tut mir sehr leid! Mein Versuch, in unserer Ehe »der Mann« zu sein, hat mich sehr unter Druck gesetzt. Ich trete jetzt zurück. Ich möchte, dass du weißt, dass ich dir vertraue und deine Führung unterstütze. Ich habe viel zu lernen. Ich habe keine Ahnung, wie ich mein Denken komplett ändern kann, aber ich möchte es tun und dir eine wirklich gute Frau sein,

> auch wenn ich lange brauche, bis ich es wirklich verstehe. Ich bin offen für alles, was du mir darüber sagen möchtest, wie du dich fühlst, und was du von mir brauchst.

Wie ein Ehemann reagieren kann

Ein Ehemann kann auf verschiedene Weise auf eine Entschuldigung reagieren – zweifellos gibt es so viele unterschiedliche Reaktionen, wie es Ehemänner gibt. Hier wollen wir uns einige der üblichen Reaktionen ansehen.

Still

Nach deiner Entschuldigung kann dein Mann völlig still sein. Mein Vorschlag ist, in dem Fall geduldig ein paar Minuten zu warten. Starre ihn nicht an. Vielleicht sitzt du besser Schulter an Schulter mit ihm. Setze ihn nicht unter Druck und versuche nicht, nach einer bestimmten Zeit eine Antwort zu bekommen. Wenn er nichts sagt, danke ihm einfach fürs Zuhören. Er muss nichts sagen. Hier geht es um dich und deinen Wunsch, die Dinge auf deiner Seite richtigzustellen. Umarme und küsse ihn, wenn er dafür empfänglich ist, und beginne ein neues Kapitel auf deinem Weg, eine gottesfürchtige Frau zu sein. Vielleicht braucht dein Mann einige Zeit, um das zu verarbeiten. Er wird dein Verhalten und deine Einstellung monate- und vielleicht sogar jahrelang genau beobachten, um zu sehen, ob deine Entschuldigung echt ist. Worte bedeuten Männern oft nicht viel. Handlungen sprechen am lautesten.

Er könnte sagen, dass er gar nicht führen will. Das ist in Ordnung – kein Grund zu streiten! Sei geduldig mit ihm, aber tritt immer weiter zurück. Gib ihm die Zeit und den Raum, die er braucht, um seine Rolle einzunehmen. Vielleicht führt Gott dich diesen schrittweisen Prozess, die Kontrolle immer ein wenig mehr abzugeben, anstatt alles auf einmal in den Schoß deines Mannes fallen zu lassen. Wenn dein Mann sieht, dass er sich an einem sicheren Ort befindet und du seine Führung tatsächlich ehrst, wird er in seinem Selbstvertrauen wachsen und könnte bald versuchen, voranzugehen. Vielleicht hat er viel zu lernen, besonders wenn er nie zuvor vorangehen musste und in seinem eigenen Vater kein gottesfürchtiges Vorbild hatte. Er wird deine Geduld, Unterstützung und Gnade brauchen, um zu einem Versuch bereit zu sein. Du musst nicht viel darüber reden. Warte einfach auf ihn und schaue auf ihn, wenn es an der Zeit für große Entscheidungen ist. Frage ihn, was er tun möchte. Sei interessiert und reagiere positiv auf seine Ideen und Vorschläge. Wenn Gott dir grünes Licht gibt, teile auch deine Ideen, Gefühle und Bedürfnisse mit. Wenn Gott dich auffordert, deine Gedanken für eine Weile zurückzuhalten, gehorche Gottes Stimme.

*Zu Beginn macht ein Ehemann,
der nur widerwillig führt, vielleicht nur Vorschläge,
aber das könnte sein Versuch sein, zu führen.*

Zu Beginn macht ein Ehemann, der nur widerwillig führt, vielleicht nur Vorschläge, aber das könnte sein Versuch sein, zu führen. Manchmal haben passive Männer Angst, wie ein selbstsüchtiger Tyrann zu klingen, und versuchen daher, einen sehr sanften Ansatz zu wählen. Es könnte hilfreich sein, nachzufragen: »Ich höre, dass du mir einen Vorschlag machst. Ist das wirklich nur ein Vorschlag oder ist es dir wichtig, Schatz? Es ist in Ordnung, wenn das für dich wichtig ist. Ich möchte dich nur klar verstehen.« Lächle. Gib ihm Zeit, über Dinge nachzudenken. Sei bereit, mit ihm zusammenzuarbeiten. Er wird Raum brauchen, um es auch mal zu vermasseln. Auch du wirst diesen Raum brauchen. Eine gottesfürchtige Frau zu werden, dauert oft Jahre; es passiert nicht über Nacht.

Gekränkt

Er könnte weinen oder dir sagen, wie sehr deine Sünde ihn verletzt hat. Ich bin einigen Männern begegnet, die die Missachtung ihrer Frau so deutlich spürten, dass sie Selbstmordgedanken hegten, und ihrer Frau trotzdem nie von ihrem Schmerz erzählten. Wenn dein Mann sich aufregt, bitte höre zu. Höre zu, streite nicht. Stimme ihm zu, dass du in den Fällen falsch gehandelt hast, in denen du falsch gehandelt hast. Fühle seinen Schmerz. Greife ihn nicht an. Es geht nicht um deine Verletzung oder um seine Fehler. Es wird noch genügend Gelegenheiten geben, deinen Schmerz zu thematisieren. Verteidige dich nicht. Sage etwas wie: »Es tut mir schrecklich leid, dass ich dich so sehr verletzt habe!« Oder sage: »Ich höre dir zu.« Oder: »Ich glaube, ich verstehe«, wenn du seinen Schmerz wirklich verstehst. Du kannst auch etwas sagen wie: »Vielen Dank, dass du all das mit mir geteilt hast. Ich möchte von nun an ›ein sicherer Ort‹ für dich sein. Ich will dich nie mehr verletzen.«

Er könnte wütend werden und anfangen, aufzulisten, wann er sich respektlos behandelt gefühlt hat. Bitte streite nicht! Höre ihm zu. Er könnte dir sagen, woran du seiner Meinung nach arbeiten musst. Sei offen dafür. Nimm ihn und seine Anliegen ernst. Schreibe auf, was er sagt, wenn du denkst, du könntest es vergessen. Vielleicht fühlt er sich endlich frei, dir zu sagen, wie schrecklich er sich schon seit Langem in der Ehe gefühlt hat, weil er denkt, dass du es jetzt endlich verstehst. Bring dann seine Bemerkungen, Anliegen, Beschwerden und Kritikpunkte über dich vor Gott, um sie im Licht der Bibel und unter Gebet zu betrachten. Ist die Kritik berechtigt? Dann preise Gott dafür, dass er dich durch deinen Ehemann führt, und bitte Gott, dir zu helfen, dich in allen Bereichen zu verändern, die du ändern musst. Wenn es einige Kritikpunkte gibt, die die Bibel nicht rechtfertigt und die unvernünftig sind, lasse diese mit Verstand und Herzen los. Manchmal reagieren Menschen mit Kritik, wenn sie verletzt sind. Zu beurteilen, ob die Kritik berechtigt ist oder nicht, erfordert Gottes Weisheit und Unterscheidungsvermögen.

Denke daran, dass du nicht *für* deinen Ehemann verantwortlich bist. Du bist nur für dich selbst verantwortlich. Aber du bist deinem Ehemann *gegenüber* verantwortlich – dafür, ihn gut zu behandeln, so wie Gott es sich wünscht. Du bist nicht für seine Reaktion verantwortlich, für seine Sünde, sein Leben mit Christus oder für seine Emotionen. Wenn du aus Glauben leben möchtest, musst du auch mal zurücktreten und Gott erlauben, an deinem Ehemann zu arbeiten. Es gibt keine Garantie. Aber von nun an bist du freier, immer mehr die Frau zu werden, die Gott sich wünscht. Wenn du weniger sündigst und mehr vom Geist Gottes bestimmt wirst, wird dein Mann sich eher von Gott und von dir angezogen fühlen. So hat Gott die Dinge entworfen.

Manchmal passiert auch etwas Verwirrendes: Einige Ehemänner werden für eine Weile scheinbar liebloser. Das könnte daran liegen, dass sie sich zum ersten Mal frei fühlen, ihre eigene Stimme zu haben. Möglicherweise testen sie die Aufrichtigkeit ihrer Frau. Ich empfehle dir, weiterhin die Frau zu sein, zu der Gott dich beruft, und dich nicht vom Verhalten deines Mannes zur Sünde verleiten zu lassen. Konzentriere dich einfach auf Jesus und gehorche ihm, egal was dein Mann tut. Wenn die Dinge unerträglich oder missbräuchlich werden, suche bitte geeignete Hilfe.

Auch wenn dein Mann sich nie ändert, können wir unserem souveränen, heiligen Gott vertrauen! Gott wird uns verändern!

Eine andere Herausforderung kann sein, dass ein Ehemann seine Frau, wenn sie sich ändert, nicht mehr für seine Sünde gegen sie verantwortlich machen kann. Er könnte versuchen, sie zu ihren alten Gewohnheiten zu ermutigen, damit er sich nicht seiner eigenen Sünde stellen muss. Bitte schaue ungeachtet dessen weiter auf Jesus und tue, wozu Gott dich beruft. Es kann unangenehm werden, wenn ein Ehemann von Gott überführt wird, aber nicht bereit ist, sich seiner Schuld zu stellen. Klammere dich weiter an Christus, meine liebe Schwester! Auch wenn dein Mann sich nie ändert, können wir unserem souveränen, heiligen Gott vertrauen! Gott wird *uns* verändern! Wir müssen an einen Punkt gelangen, an dem wir bereit sind, Gott zu vertrauen, unabhängig davon, ob es hier auf der Erde etwas bewirkt oder nicht.

Einige Zeugnisse von den Leserinnen meines Blogs

Ich bin sehr dankbar für die Frauen, die es mir erlaubt haben, ihre Geschichten in diesem Buch zu erzählen. Schaue dir an, was diese Frauen getan haben, während du dir deine eigene Entschuldigung bei deinem Ehemann durch den Kopf gehen lässt. Die Unterstützung und Ermutigung anderer gottesfürchtiger Frauen kann eine große Hilfe sein, wenn wir in unseren Ehen nach Gottes Frieden streben.

Ehefrau 1

Als ich mich bei meinem Mann entschuldigte, lagen wir zusammen im Bett, redeten, lachten und genossen einfach die Zeit zusammen. … Ich sagte ihm viele Dinge, die ich an ihm schätzte – Dinge, die er für mich tat und allgemeine Sachen, die ich an ihm liebte. Ich sagte ihm, wie dankbar ich war, dass er es mit mir aushielt. Er lachte, als wollte er sagen: »Wovon sprichst du?« Ich nannte Dinge, die ich getan hatte, die respektlos waren, und sagte ihm, wie sehr ich davon überzeugt war, dass ich Gott ungehorsam gewesen war. Er sah mich ganz verwirrt an und sagte: »Schatz, wovon redest du? Alles ist okay. Du bist perfekt. Ich liebe dich.« Was? Das ist derselbe Typ, mit dem ich noch letzte Woche einen Streit hatte und der mir sagte, ich respektierte ihn nicht – und vor ein paar Wochen sagte er, ich sei egoistisch. Davor hatte er gefragt, warum ich so eine Göre sei. Ich entschuldigte mich nur und versprach, dass ich mein Bestes geben würde, mich zu ändern, und ließ durchklingen, dass ich wusste, dass Gott souverän genug war, um mich zu einer gottesfürchtigen Frau zu machen, solange ich dazu bereit war. Er lächelte, umarmte mich, liebte mich und ließ die Sache fallen. Ich konnte an seinen Handlungen erkennen, dass er meine Entschuldigung schätzte.

Am nächsten Tag … entschuldigte ich mich wieder und ließ ihn wissen, dass ich ihn brauche, liebe und respektiere, und dass ich für ihn da sein möchte. Dass ich ihn unterstützen und ihm eine großartige Hilfe sein möchte. … Dann sagte er, dass es ihm leidtue. Ich war verwirrt. Mein Mann erklärte, dass meine Entschuldigung ihn peinlich berührt hatte. Es war ihm peinlich, dass er mich respektlos, unerzogen und egoistisch genannt hatte – obwohl Gott die ganze Zeit an mir gearbeitet hatte und nicht auf seine Hilfe angewiesen war. Er fühlte sich von Gott überführt, weil ich mich überführt fühlte! Das war für uns beide eine große Lektion: unseren Ehepartner Gott anzuvertrauen. Mein Mann sagte, dass er mich all die Male, in denen er versucht hatte, mich zu mehr Respekt zu zwingen, einfach hätte lieben sollen; Gott hätte sich schon um die schmutzige Arbeit gekümmert. Trotzdem bin ich so froh, dass ich mich entschuldigt habe. Seine Reaktion war demütig und ermutigte mich, ihn weiterhin dem Herrn anzuvertrauen. … Die Kraft, die ich von Gott bekomme, ist so greifbar, dass ich manchmal richtig spüren kann, wie er mich auf meinem Weg anfeuert. Meine Ehe ist besser als je zuvor. So viel Frieden habe ich zuvor nicht erlebt.

Ehefrau 2

Mein Mann und ich sind seit über sieben Jahren verheiratet. Ich bin die ganze Zeit über respektlos und bestimmend gewesen. Ungefähr einen Monat vor dem Tag, an dem ich mich entschuldigte, hatte sich mein Mann vollständig von mir zurückgezogen. Er sprach kaum mit mir, sah mich nicht an und versuchte mich zu meiden, so gut es ging. Er fing an, sich gegen mich zu stellen (er war vorher sehr passiv gewesen), und es gab absolut keine körperliche Intimität. Er erklärte auch, dass er mit unserer Beziehung fertig sei; er wolle sich jedoch nicht scheiden lassen. Er sprach davon, auszuziehen. In dieser Zeit fing ich an, bei Gott für meine Ehe um Hilfe zu rufen. … Gott überzeugte mich schließlich davon, dass die Art, wie ich meinen Mann behandelt hatte, Sünde war. Ich hatte die ganze Zeit gewusst, dass ich bestimmend war und dass das nicht gut war, aber ich dachte nicht, dass es Sünde sei. Mein Mann hat schwer gegen mich gesündigt, mit »offensichtlicheren« Sünden, daher war es einfacher, die »kleine« Sünde der Kontrollsucht zu rechtfertigen.

Ich wusste, dass ich mich entschuldigen musste. Eines Abends sagte er zu mir, ich würde ihn nicht respektieren und ihn nicht annehmen, wie er sei … Ich würde unsere Tochter und meine Familie immer an die erste Stelle setzen, und er glaube nicht, dass ich ihm Dinge, die er getan hatte, vergeben hätte. Sonst hätte ich versucht, für meinen Standpunkt zu kämpfen und mich zu verteidigen, aber ich wusste nun, was ich tun musste. Ich stimmte ihm zu, dass ich all diese Dinge getan hatte. Ich sagte: »Du hast recht. Es tut mir leid, dass ich dir all diese Dinge angetan habe. Ich habe dich verletzt. Der Herr hat mich davon überzeugt, dass ich gesündigt habe, und ich möchte mich ändern.« Er war sehr, sehr wütend. Er glaubte mir nicht. Er hatte keinen Grund dazu, und ich wusste, dass ich nicht von ihm erwarten konnte zu glauben, dass es mir ernst war. Wir hatten schon früher solche Gespräche geführt, und obwohl es mir wirklich leidtat, dass er so fühlte, und obwohl ich mich ändern wollte, scheiterte ich jedes Mal. In seiner Wut sagte er: »Du hast keinen Versuch mehr.« Er sagte mir auch, dass ich doch nur versuchen würde, ihn zu manipulieren. Er sagte: »Du wirst dich nie ändern«, und: »Du versuchst es nur, weil unsere Ehe gerade kaputtgeht.« Ich ließ ihn all diese Dinge sagen, ohne mich zu verteidigen, weil ich wusste, dass ab jetzt meine Handlungen beweisen mussten, dass ich es ernst meinte.

Es ist fast drei Monate her, seit ich mich in diesem Bereich vollständig dem Herrn unterworfen und mich entschuldigt habe. Er war definitiv sehr skeptisch und versuchte mich zu provozieren, um zu sehen, ob es mir ernst war. Ich erwarte nicht, dass dieses Vertrauen schnell kommt. Es hat fast acht Jahre gedauert, bis unsere Beziehung so weit gesunken ist, also kann es auch lange dauern, bis wir wieder herausfinden. Irgendwann sagte er zu mir: »Du lässt es nur nicht raus.« Er glaubte, ich würde mich nur äußerlich verändern, aber nicht innerlich, um ihn zum Bleiben zu bewegen. Während dieser Zeit hatten wir einige friedliche Phasen, in denen ich dachte, es ginge uns besser. Dann vermasselte ich es und er ging wieder ins Extrem, mich verlassen zu wollen und zu sagen, dass wir niemals miteinander zurechtkommen würden oder dass er nicht wollte, dass wir zurechtkommen. Ich bin natürlich nicht perfekt, aber ich bin jetzt anders als früher. Ich entschuldige mich schnell, wenn ich respektlos bin. Er ist sehr empfindlich kontrollierendem Verhalten gegenüber, und er hat mir einige Male (verbale) Seitenhiebe versetzt, als ich versucht habe, Kontrolle über ihn auszuüben.

Insgesamt kann ich kaum glauben, wie sich unsere Ehe in nur drei Monaten verändert hat. Ich habe immer noch Angst, dass er mich eines Tages einfach verlassen wird, aber ich versuche, Gott zu vertrauen, dass er in dieser Situation arbeitet und dass er nicht nur an mir, sondern auch an meinem Ehemann arbeitet, wie er es für richtig hält – jetzt, wo ich nicht mehr im Weg stehe. Vor allem im letzten Monat habe ich einige wirklich positive Veränderungen gesehen. Mein Mann hat angefangen, körperlich zärtlich zu sein, mit mir zu scherzen und herumzualbern. Er scheint Zeit mit mir verbringen zu wollen und hat begonnen, über die Zukunft zu sprechen und mir einige seiner Wünsche zu erzählen (in der Vergangenheit habe ich seine Ideen und Wünsche immer gleich vom Tisch gefegt, wenn sie mir nicht gefielen), auch ist er zu Hause mehr involviert.

Ehefrau 3

Als ich mich bei meinem Mann entschuldigte, wurde er wütend und sagte, meine Respektlosigkeit sei teilweise seine Schuld. Er sagte, er hätte härter mit mir umgehen sollen. … Er sagte, er würde sich gerne darüber freuen, und zeigte Anerkennung für meinen Mut … aber er sei einfach nicht bereit für all das. Er war skeptisch. Das ist fünf Monate her. Um weiterzumachen, habe ich mir Hausaufgaben gegeben und konzentriere mich auf das Buch *The Respect Dare* von Nina Roesner.[9] Was für ein Segen! Es motivierte mich in den Zeiten, in denen er mich köderte, um mich zu testen. Ich habe auch mehrere Bücher … gelesen und an meinen Grenzen gearbeitet. Jetzt beginnt er sich zu ändern und ich bin skeptisch! Die großen Wutanfälle, die unsere Ehe im letzten Jahr überrollt haben, gibt es nicht mehr. Ich lerne so viel Geduld. Gott war sehr gut zu mir! Meine biblische Unterordnung hat definitiv meine Ehe gerettet und einen kritischen, dominanten Ehemann erweicht.

Ehefrau 4

Ich habe mich nicht gleich am Anfang entschuldigt. Ich wollte sehen, wie sich die ganze Sache entwickeln würde. Ich fing an, ihm gegenüber respektvoller zu sein, und sah große Veränderungen in seinem Verhalten, und zwar nicht nur, dass er liebevoller mit mir umging! Was für ein Segen, dass ich persönlich unseren Gott im Herzen meines Mannes wirken sehen konnte! Außerdem habe ich begonnen, *Liebe und Respekt* von Emerson Eggerichs zu lesen, und eines Abends fragte mein Mann mich nach dem Buch. Dieses Konzept faszinierte ihn sehr. Wir hatten ein großartiges, langes Gespräch (mein Mann ist eigentlich kein Mann vieler Worte), und ich entschuldigte mich dann »offiziell«. Seine Reaktion war irgendwie so: »Wow! Mit wem rede ich hier? Ist das wirklich meine Frau?« Ich fühlte mich ihm in dieser Nacht so verbunden und ich weiß, dass auch er sich mir nahe fühlte. Ich habe den Eindruck, dass mein Mann insgesamt eher skeptisch ist, aber mit Gottes gnädiger Führung werde ich weitermachen und darauf vertrauen, dass mein Mann sieht, dass mein neues Ich nicht verschwindet.

Ehefrau 5

Ich entschuldigte mich erst, als ich schon einige Monate mein neues respektvolles, friedliches Leben führte. Als ich mich zum ersten Mal von Gott überführt fühlte, mein Verhalten zu ändern, waren mein Mann und ich schon zwanzig Jahre verheiratet … und ich hatte noch nie von dem Ehe-Konzept *Liebe und Respekt* gehört. Ich kam aus einem kaputten Zuhause und hatte nie eine gottesfürchtige Ehe miterlebt. Ich hatte keine Ahnung, wie ich mit meinem Mann umgehen sollte, und war ängstlich und kontrollierend. … Ich begann mit der Entscheidung, meinem Mann zu vertrauen und begeistert auf seine sexuellen Bedürfnisse zu reagieren. Allein diese beiden Dinge machten einen so positiven Unterschied in unserer Beziehung! Erst 2008 gab ich meinem und Gottes »Ehe-Reparaturplan« einen Namen, als ich von einem neuen Buch mit dem Titel *Männer sind Frauensache* von Shaunti Feldhahn[10] hörte. Es öffnete mir über so viele Dinge die Augen! … Zuerst hatte ich nur versucht, meine Ehe zu verbessern, aber nachdem ich Feldhahns Buch gelesen hatte, begann Gott, mich von *meiner* Sünde zu überführen. … Ich entschuldigte mich spontan eines Tages, als wir kuschelten und ich sagte: »Ich wünsche mir so sehr, dass ich unsere früheren Ehejahre wiederholen könnte. Ich habe dich schlecht behandelt, ohne es zu wollen.« Er war entgeistert. »Wie?«, fragte er. Ich erklärte: »Ich war respektlos gegenüber dir und deiner Führung in unserer Familie.« Er grinste, umarmte mich und sagte: »Das ist in Ordnung!« (Er ist kein Mann vieler Worte.) Heute ist unser 31. Hochzeitstag und es geht uns sehr, sehr gut! Ich weiß, dass wir diesen Meilenstein niemals erreicht hätten, wenn Gott nicht meine Augen für meine Sünde geöffnet hätte. Jeder Ehemann ist anders, aber ich denke, meiner hätte am Anfang nicht positiv auf eine Entschuldigung reagiert. Er hätte es als leeren Trick gesehen, ihn nur noch mehr zu manipulieren. Für mich war es wichtig zu warten, bis er dauerhafte Veränderung in meiner Haltung gesehen hatte.

Ich hoffe, dass die Geschichten dieser Ehefrauen dich ermutigen und inspirieren, Gottes Weisheit für deine Situation zu suchen. Welche Schritte erwartet Gott von dir, um Dinge in deiner Ehe richtigzustellen, wenn dies erforderlich ist? Ich bete, dass du sensibel für Gottes Stimme und Führung bist, statt dich in etwas hineinzustürzen. Manchmal müssen wir lange warten, bis er uns zeigt, dass der richtige Zeitpunkt da ist. Manchmal zeigt er uns, dass wir sofort handeln müssen. Gott kennt deinen Ehemann und kann dir die besten Worte, Weisheit, das perfekte Timing und den besten Ansatz geben, wenn du dich bei deinem Ehemann für etwas entschuldigen musst. Vielleicht wirst du davon überrascht sein, wie befreiend eine Entschuldigung und wahre Demut sein können.

8 Was mein Ehemann darüber denkt

Greg spielte eine große Rolle bei meiner Entwicklung, eine gottesfürchtige Frau zu werden. Interessanterweise hasste er es richtig, wenn ich früher in unserer Ehe Eheratgeber las. Er fühlte sich, als wäre er mein »Versuchskaninchen«, das ich verändern und »reparieren« wollte. Aber nachdem ich *Liebe und Respekt* von Emerson Eggerichs gelesen hatte, half Greg mir bei der Suche nach ähnlichen Büchern, weil er sah, dass ich wirklich lernen und verstehen wollte, was Respekt ist und wie ich eine gottesfürchtige Frau werden könnte. Mit der Zeit zeigte er sich dazu bereit, lange Diskussionen mit mir über das zu führen, was ich las. Manchmal stelle ich Fragen und schreibe seine Antworten auf, weil ich mir alles merken möchte, was er sagt. Ich bin dankbar, dass Greg mir erlaubt hat, seine Gedanken in diesem Buch zu teilen. Ich bete, dass seine Worte dir Anlass zum Nachdenken geben. Vielleicht können seine Worte eines Tages in deiner Ehe sogar einige tiefe, heilende Gespräche auslösen.

Greg reflektiert meine Entwicklung zwischen 2008 und 2011

Greg: Ich habe ein Geheimnis, das man vielleicht kaum glauben kann: Ich habe April nie darum gebeten, die Dinge zu tun, die sie jetzt so überzeugt vertritt. Im Gegenteil, ich war wahrscheinlich oft ein wenig verärgert, wenn sie manche dieser Dinge tun wollte. Im Nachhinein weiß ich, dass mich die meiste Zeit meine eigene Unwissenheit störte. Ich hatte einige Fragen, die du vielleicht auch hast.

- Was werden die anderen Leute denken?
- Werden sie nicht denken, ich sei ein dominanter, ausfallender Ehemann?
- Das macht doch niemand mehr!
- Das ist altmodisch, das gilt heute nicht mehr.
- Wird sie mich blamieren?
- Werden die Leute nicht denken, dass sie ein bisschen komisch ist?

Sie begann, mir mehrfach am Tag Fragen zu stellen wie: »Als ich das gemacht habe, fühltest du dich respektiert?«, oder: »War ich respektlos, als ich das getan oder gesagt habe?« Meistens wusste ich nicht genau, ob ich mich respektvoll oder respektlos behandelt fühlte. Ich hatte sehr lange nicht wirklich darüber nachgedacht, ob etwas der richtige oder der falsche Weg war, ein Problem anzugehen. Ich bemerkte viele Veränderungen. April bat mich, unsere Finanzen im Blick zu behalten – das machte mir nichts aus, aber es war etwas, um das sie sich seit unserer Hochzeit gekümmert hatte. Ich bemerkte auch, dass sie mir von Dingen erzählte, die sie interessant fände zu tun, aber das Thema dann wieder fallen ließ. Sie verließ sich voll und ganz auf meine Entscheidung über diese Interessen, und wenn ich nicht sofort eine Entscheidung traf, hörte ich nicht mehr davon. Ich musste mir keinen Schutzwall bauen, um mehr Zeit zu haben, einmal über Dinge nachzudenken. Ich fühlte mich nicht gehetzt. Früher konnte ich noch nicht einmal meine Meinung zu vielen Entscheidungen äußern. Manchmal war ihre Einstellung: »So und so muss es gemacht werden, verstehst du?« Andere Male hatte sie sich den ganzen Tag mit einer Entscheidung beschäftigt, und als ich nicht sofort die Antwort hatte, die sie suchte, war es mir einfach nicht wert, mit ihr darüber zu streiten.

April war für mich ein ziemlich hoher Maßstab. In ihrer Entscheidungsfindung fühlte ich mich neben ihr oft klein, erst recht in geistlichen Dingen. Sie stellte jede Entscheidung so eindeutig und schwarz-weiß dar, dass ich dachte, ich sei nicht ganz normal, auch Grauzonen zu sehen, auch wenn ich überzeugt davon war, wir müssten mit dieser oder jener Sache etwas moderater umgehen. Aber plötzlich begann sie darauf zu achten, dass ich Entscheidungen für unsere Familie traf. Zu dem Zeitpunkt ahnte ich nicht, was vor sich ging. Plötzlich hatte ich eine immer größer werdende Last auf meinen Schultern, die ich zuvor nie gehabt hatte. Es war, als würde April alles abladen, was sie so viele Jahre lang getragen hatte. Einen Teil der Last gab sie in meine Obhut, aber das meiste hätte gar nicht erst herumgetragen werden müssen. April schien glücklicher, als sie seit Jahren gewesen war. Sie hatte ein Glänzen an sich, das ich seit unserer Hochzeit nicht mehr gesehen hatte. Sie konnte sich besser auf das konzentrieren, was die Kinder brauchten, und führte den Haushalt besser als zuvor. Sie schien jetzt wirklich zu verstehen, was ich dachte.

All diese Veränderungen beunruhigten mich. Ich hasse Veränderung. Ich war ein bisschen skeptisch, ob dies wohl nur eine Modeerscheinung oder ein vorübergehender Aufschwung war, der nicht lange anhalten würde. Es war seltsam, ich musste mich plötzlich um jede Menge Entscheidungen kümmern, und doch fühlte es sich irgendwie richtig an. Ich war mir meiner Verantwortung unglaublich stark bewusst, mir alle Interessen meiner Familie zu Herzen zu nehmen, um gute Entscheidungen zu treffen. Es war nicht so, dass ich das vorher nicht getan hätte, aber jetzt, wo ich wusste, dass meine Frau meinen Entscheidungen voll vertraute, musste ich wirklich sicherstellen, dass die Entscheidung für uns alle die beste war. Ich bin sogar zu dem Punkt gekommen, an dem ich Entscheidungen treffen kann, ohne meine eigenen Interessen zu berücksichtigen.

In dieser Zeit gab es eine große Veränderung. An den Tagen, an denen April nicht Spätdienst in der Apotheke hatte, war es egal, was sie tat, wenn ich nach Hause kam: Sie ließ alles liegen, umarmte mich fest und sagte mir, wie sehr sie mich vermisst hatte. Sie kümmerte sich um das Abendessen und gab mir ein paar Minuten Zeit, mich zu entspannen, bevor wir aßen. Sie gab mir absichtlich ein paar Minuten Zeit, um nach der Arbeit gedanklich zu Hause anzukommen. Auch die Kinder schienen glücklicher zu sein, mich von der Arbeit kommen zu sehen, und begrüßten mich auch mit einem lauten »Hallo Papa!«, wenn ich reinkam.

Es war, als hätte sie sich einer geistlichen »Augenoperation« unterzogen, sodass ihr Sehvermögen sich dahingehend änderte, nur mein Bestes zu sehen, nur meine Gaben zu schätzen und in Bezug auf falsche Erwartungen oder negative Gefühle über mich blind zu sein. Eine weitere Veränderung, die ich sah, war Aprils Wesen. Sie machte fast jeden Morgen ihre Stille Zeit, aber der Ton ihres Bibelstudiums und ihres Gebets änderte sich. Vorher hatte ich oft das Gefühl, dass sie alle meine negativen Eigenschaften zu Gott brachte und ihn bat, mich zu ändern. Aber jetzt war es anders. Es war, als hätte sie mich angenommen, auch wenn sie betete. Sie dankte Gott jeden Tag für all meine Stärken und bat Gott, diese Stärken auf kraftvolle Weise zu nutzen. Sie vertraute Gott, dass er in ihrem Leben und in unserer Ehe die Kontrolle hatte. Sie hatte sich entschieden, Gott die Kontrolle zu geben, und hatte dadurch Raum, auf meine Fähigkeit zu vertrauen, unsere Ehe zu führen.

Es wirkt, als hätte April alle ihre Gefühle und Emotionen ausgeschaltet, oder? Aber ihre Veränderung brachte unsere Kommunikation zu unserem Glück auf ein Niveau, das wir vorher nie hatten. Jetzt, wo wir nicht mehr gegen negative Barrieren ankämpfen mussten, konnten wir offen miteinander sprechen, sodass ich mich sicher fühlen und ihr gleichzeitig nahe genug sein konnte, um ihre Gefühle zu verstehen. Als mein negativer Ballast aus unserer Beziehung verschwand, konnte ich außerdem auch über die Fehler meiner Frau hinwegsehen. Ich will ehrlich sein: Sie war nicht perfekt. Sie hatte gelegentlich Zeiten, in denen sie fiel, aber sie stand sofort wieder auf und arbeitete noch härter daran, ihre Einstellung zu korrigieren. Es war ein Lernprozess für sie, und sie lernt immer weiter. Ich war auch nicht immer das perfekte Testobjekt. Ich war wahrscheinlich nicht so konsequent darin, in unserer Ehe die Führung zu übernehmen, wie ich es sein musste. Auch für mich ist es immer noch ein Lernprozess. Ich habe meine Frau geliebt, bevor sie versuchte, eine gottesfürchtige Frau zu werden, und das hat sich nicht geändert. Seit Aprils Veränderung können wir jedoch eine erfolgreiche Ehe führen, die uns beide aufblühen lässt. Ich habe mich in April verliebt, weil sie ein tatkräftiger Mensch war, bereit, alles in Angriff zu nehmen, äußerst fähig, intelligent, schön, eine an Jesus gläubige und außergewöhnliche Frau. Einige dieser Eigenschaften haben zu den Problemen beigetragen, die wir in unserer Ehe hatten. Nachdem April mir gegenüber respektvoll wurde und sich biblisch unterordnete, hat sie immer noch all diese Eigenschaften, aber sie befähigen April, unsere Ehe zu genießen und zum Blühen zu bringen. Ihr Beispiel ermutigt mich in dem Versuch, ein besserer Ehemann zu sein, ihre Sprache besser zu lernen und ihr dabei zu helfen, ihre Gefühle zu verarbeiten.

Mein Interview mit Greg (2013)

Ich fragte Greg, wie er unsere Ehe früher gesehen hatte, als ich unwissentlich so respektlos und bestimmend handelte, während er sehr still, passiv und antriebslos wurde. Es gab Zeiten, in denen er kaum mit mir sprach, mich kaum ansah und mich manchmal kaum berührte. In diesem Interview hörte ich viele dieser Gedanken Gregs zum ersten Mal. Ich danke und preise Gott jeden Tag für die Wunder, die er in unserer Ehe getan hat. Das hat alles er gewirkt. Ich bete, dass dieses Gespräch auch deine Ehe bereichert.

April: Was an mir hat dich am meisten gestört, bevor Gott mir meine Respektlosigkeit und Kontrollsucht zeigte?

Greg: Du führtest gedanklich den ganzen Tag lang ein Gespräch mit mir und warst schon sauer auf mich, bevor ich überhaupt sagen konnte, was ich wollte. Du wusstest schon, wie meine Antwort aussehen würde und wie du damit umgehen würdest – also hatte es keinen Sinn, dass ich überhaupt antwortete.

Du stelltest mir eine Frage, aber sie war so formuliert, dass ich, wenn ich antworten wollte, wie die dümmste Person der Welt aussehen musste. Es gab nur eine richtige Antwort. Ich konnte dir nicht widersprechen. Das war nicht erlaubt. Du wusstest, dass du »so was von recht« hattest, dass du dich nicht irren konntest. Es gab keinen Platz für eine andere Perspektive. … Wenn man immer wieder damit konfrontiert wird, warum soll man dann überhaupt antworten? Was ist meine Rolle? Habe ich eine Rolle?

April: Wie hast du dich gefühlt, als ich vierzig Stunden pro Woche oder länger mit dir sprechen und diese besondere »Verbindung« wollte?

Greg: Ich rede nicht mal mit mir selbst vierzig Stunden pro Woche! Für mich als Mann ist Reden gleichbedeutend mit Konflikt. Bei der Arbeit brauchen wir Meetings, weil es ein Problem gibt. Zu Hause müssen wir reden, weil es ein Problem gibt. Nie hieß es: »Können wir darüber reden, worüber du reden willst, Schatz?«, sondern immer: »Ich sage es dir, und du hörst mir jetzt zu.«

April: Warum bist du über vierzehn Jahre bei mir geblieben, obwohl ich dir nicht das gab, was du brauchtest?

Greg: Es gab Zeiten, in denen ich nicht glücklich war. Ich bin geblieben, weil ich dich liebte. Dich zu verlassen, war keine Option. Ich war vielleicht unglücklich, aber das bedeutete nicht, dass ich dich nicht mehr zur Frau wollte.

April: Gab es auch glückliche Zeiten für dich?

Greg: Es gab einige glückliche Zeiten. Ich fand, wenn ich einige deiner Eigenschaften nicht wollte, hätte ich dich nicht heiraten sollen. Einige der Dinge, die es dir ein wenig schwer machten, Ehefrau zu sein, fand ich an dir auch attraktiv. Ich mochte es, dass du intelligent warst, tatkräftig, und ein kleines bisschen unverfroren. Ich mochte, dass du unabhängig, willensstark und gebildet warst. Ich wollte nicht mit jemandem zusammen sein, der »durchschnittlich« war. Egal was du anfingst, du gabst immer 110 Prozent. Schule, Flöte, Klavier, Apotheke – du hast alles reingesteckt, was du konntest. Du warst auch gut mit Worten. Ich dachte, es würde mir auf lange Sicht irgendwo helfen.

April: Was fandst du in diesen Jahren am schwierigsten?

Greg: Ich hatte das Gefühl, keine Stimme zu haben. Ich blieb dir nicht deshalb eine Antwort schuldig, um dich zu ärgern. Ich fühlte mich in meiner Situation gefangen. Es war egal, ob ich antwortete. Es schien, als wäre es egal, wie ich die Dinge sah.

April: Es gab einige Male, wo du wirklich standfest geblieben bist und wo ich am Ende sehr ungern tat, was du wolltest. Warum warst du bereit, bei diesen wenigen Themen auf deiner Meinung zu bestehen?

Greg: Wenn ich diese Dinge verloren hätte, hätte ich nichts mehr gehabt, was mir gehört hätte. Ich war nicht bereit, diese Dinge zu verlieren.

April: Wie hat sich die Tatsache, dass ich respektlos und bestimmend war, auf deine Beziehung zu Gott ausgewirkt?

Greg: Ich glaube nicht, dass du meine Beziehung zu Gott wirklich negativ beeinflusst hast. Aber du hast versucht, sie zu »beherrschen«. Wenn es um Bibelwissen ging, warst du mir weit, weit überlegen.

Wenn es um Weisheit ging, … hatten wir beide Probleme … aufgrund mangelnder Erfahrung und Reife. Ich glaube nicht, dass du eine große Rolle dabei gespielt hast, mich geistlich herabzusetzen.

April: Hattest du Hoffnung, dass ich mich ändern würde?

Greg: Ich habe nicht darauf gewartet, dass du dich ändern würdest. Ich wusste, dass wir besser werden können. Aber die meiste Zeit betrachtete ich mich als das Problem. Ich hatte den Eindruck, als würde ich »auf dem Schlauch stehen«. Ich sah dich nicht als

Problem an. Ich tat einfach nicht, was ich tun sollte. Ich machte dich nicht so glücklich, wie ich sollte. Ich war nicht der Ehemann, der ich sein sollte. Ich versuchte, den Schmerz zu begrenzen, indem ich mich abschottete.

April: Ich glaube, wenn du mir zu irgendeinem Zeitpunkt während dieser ersten vierzehn Jahre gesagt hättest, dass ich dich verletzt hatte, hätte ich mich schrecklich gefühlt und hätte mich entschuldigen und die Dinge richtigstellen wollen. Aber du hast nie ein Wort gesagt. Nie. Ich habe schließlich geglaubt, dass du überhaupt keine Gefühle hast. Warum hast du all die Jahre still gelitten?

Greg: »Männer weinen nicht.«

April: Warum hast du mir erlaubt, die Führung zu übernehmen?

Greg: In einigen Situationen dachte ich, es wäre von Vorteil, wenn du führst. Wenn ich keine Entscheidung treffen konnte, warst du immer da, um die Entscheidung durchzuboxen, und wenn die Sache durcheinandergeriet, war es deine Schuld.

April: Ich kann mich erinnern, dich oft gebeten zu haben: »Bitte sag mir einfach, was du brauchst! Ich weiß nicht, was du brauchst!« Warum hast du nicht gesagt, dass du Respekt brauchtest? Warum hast du nicht gesagt, dass ich aufhören soll, dich zu kontrollieren?

Greg: Erstens: Ich hatte das Gefühl, es sei mein Problem. Zweitens: Ich wusste nicht wirklich, was ich brauche. Drittens: Es hätte sich egoistisch angefühlt zu sagen, was ich brauche.

Ich wusste, dass ich Respekt brauchte, aber ich wusste nicht, wie ich dir das erklären sollte. Ich betrachtete es nicht als etwas, worum ich bitten konnte. Für mich war es etwas, was ich nicht bekommen konnte. Irgendetwas in meinem Tun verdiente deinen Respekt nicht.

April: Als ich anfing, dich zu ehren und zu respektieren, warst du jemals versucht, hasserfüllt und gemein zu mir zu sein?

Greg: Nein.

April: Hast du jemals gedacht: »Sehr gut, jetzt kann ich alles machen, was ich will, und muss ihre Gefühle nicht mehr berücksichtigen?«

Greg: Ich glaube nicht, dass sich viel an dem geändert hat, wie ich dich behandle. Ich konnte mich mehr öffnen, weil ich mich nicht mehr als Zielscheibe fühlte, aber das bedeutete nicht, dass ich jetzt hemmungslos oder rücksichtslos handeln wollte. Ich fühlte mich nicht mehr wie ein Hund an der Leine, weil du nicht versuchtest, mich zu kontrollieren, aber wir waren immer noch verbunden – durch etwas Stärkeres als Kontrolle: Vertrauen. Als ich mich respektiert fühlte, waren einige Dinge, die ich früher wollte, nicht mehr so wichtig. Ich brauchte sie nicht mehr, um Erfüllung zu erleben.

April: Wie lange dauerte es, bis du dich mit mir wieder sicher fühltest?

Greg: Ungefähr dreieinhalb Jahre. Es kam nach und nach, mit vielen Stufen:

1. Wann werden die Flitterwochen vorbei sein und Respektlosigkeit, Stolz und Kontrolle zurückkehren?
2. Ich bin mir bei all dem nicht sicher. Irgendwie ist das alles ein bisschen verschroben und komisch.
3. Es ist irgendwie komisch, aber es gibt auch positive Seiten.
4. Das scheint für sie wirklich eine langfristige Sache zu sein.

April: Wie fühlte es sich für dich an, als ich mich zurücknahm und einfach aufhörte, die Führung zu übernehmen?

Greg: Die Entscheidungen wurden mir irgendwie aufgezwungen. Ich weiß nicht, ob das schlecht war oder nicht; ich hatte keine Wahl. Die Dinge mussten erledigt werden, also wusste ich, dass ich mich darum kümmern musste. Das waren einzelne Bausteine, die mir das Gefühl gaben, Entscheidungen treffen zu können.

April: Wann hast du realisiert, dass ich deine Entscheidungen unterstützen würde?

Greg: Wir waren unterwegs nach Charlotte (North Carolina), und du hattest zwei Bücher dabei: *The Proper Care and Feeding of Husbands* und *The Surrendered Wife*.[11] Diese Reise fällt mir ein; mir wurde klar, dass du es ernst meintest, und dann war ich bereit, dir jedes Buch zu kaufen, das dir weiterhelfen könnte.

April: Als das Thema Unterordnung noch frisch für mich war, hatte ich Angst, dass du mich bitten würdest, mehr zu arbeiten und nicht so viel mit unseren Kindern zu Hause zu sein. Warum hast du nicht darauf bestanden, dass ich mehr arbeite?

Greg: Ich wusste, dass du nicht glücklich sein würdest, wenn ich dir sage, du solltest mehr arbeiten.

April: Zu der Zeit glaubte ich, dass du keinen Wert darin sahst, wenn ich mit den Kindern zu Hause war, und mich nur schätztest, wenn ich Geld verdiente.

Greg: Ich schätzte all diese Dinge, aber ich schätzte es auch, Rechnungen bezahlen zu können und etwas Luxus im Leben zu genießen oder gelegentlich auswärts zu essen.

April: Warum hast du mir nicht gesagt, dass du es auch schätzt, wenn ich zu Hause bin?

Greg: In meinen Augen hast du so unerbittlich danach geschrien, zu Hause zu sein, dass es mir nicht das Beste schien, das zu bestätigen. Die Vorstellung, im Sommer keine Klimaanlage und im Winter keine Heizung zu haben, gefiel mir nicht. Als deine Arbeitszeit gekürzt wurde [am 22. Dezember 2009], war das eine sehr traumatische Zeit für mich. Zwei Tage vor Weihnachten mussten wir die Weihnachts- und Geburtstagsgeschenke der Kinder zurückbringen. Geschenke sind für mich eine große Sache. Du hattest mehr gearbeitet, es sah wirklich gut aus. Finanziell waren wir gut aufgestellt, wir hatten neue Möbel gekauft, dann krachte alles zusammen. Es war mir peinlich, Geschenke zurück in den Laden zu bringen. Als du dich dann entschlossen hast, in dieser Situation dankbar dafür zu sein, dass du mehr zu Hause sein konntest, dachte ich: »Mir geht es damit nicht gut. Ich bin der schlechteste Versorger und der schlechteste Ehemann. Ich bin frustriert und blamiert. April hält es für einen Segen, dass sie nicht arbeitet, es ist alles, was sie wollte, und sie ist glücklich.« Alle meine positiven Gedanken und Pläne gingen kaputt. Es erschütterte meinen Glauben. Du hast dafür gebetet, dass wir nicht materialistisch seien. Ich hatte das Gefühl, du betest, Gott solle gegen uns sein.

Mehr von Greg:

Ein Ehemann möchte alles für seine Frau tun, was er kann. Er möchte, dass sie glücklich ist. Wenn sie ihn ehrt, wird er sensibler für ihre Wünsche und ihre Gefühle. Jedes Mal, wenn er sich nicht respektiert fühlt, ist es, als würde die Uhr angehalten. Jedes Mal, wenn er sich respektiert fühlt, geht die Uhr vorwärts und motiviert ihn in der Ehe.

Was wir daraus lernen können

Ich denke, es ist bezeichnend, dass wir beide dachten, Greg wäre das ganze Problem! Die Wahrheit ist, dass wir beide zu den Problemen in unserer Ehe beigetragen haben und die Veränderung sich erst ergab, nachdem ich bereit war, *meine* Rolle in dem ganzen Chaos zu betrachten. Meine Kraft kam, als Gott meinen Blick auf meine eigene Sünde lenkte und ich begann, mich auf mein Leben und meine Beziehung zu Jesus zu konzentrieren. Zum Glück hat eine Frau, die sich ihrem Ehemann der Bibel gemäß unterordnet und ihn respektiert, die Freiheit, ihre Meinung und ihre Gefühle zu äußern. Ihr Mann, der sich immer mehr respektiert und geehrt fühlt, wird normalerweise das wünschen zu tun, was zu ihrem Besten ist. Ein gläubiger Mann, der mit Führung betraut ist, reagiert mit Demut, Opferbereitschaft und dem Wunsch, seine Frau zu erfreuen. Darüber hinaus ist es seine oberste Priorität, Jesus zu gefallen und ihn zu ehren. Selbst ein ungläubiger Ehemann, wenn er ein anständiger Mann ist, wird normalerweise irgendwann mit Demut und Liebe auf den Gehorsam seiner Frau gegenüber Gottes Geboten für sie als Ehefrau reagieren. Dies kann natürlich einige Zeit dauern und es gibt auch keine Garantie dafür. Manche Ehemänner ändern sich nie. Aber wenn unsere Ehemänner liebevoller, selbstloser und gottesfürchtiger werden sollen, müssen zuerst *wir* beginnen, Gott zu gehorchen, um dahin zu gelangen.

Die Wahrheit ist, dass wir beide zu den Problemen in unserer Ehe beigetragen haben und die Veränderung sich erst ergab, nachdem ich bereit war, meine Rolle in dem ganzen Chaos zu betrachten.

Greg war absolut fähig zu führen. Er macht einen wunderbaren Job! Es dauerte eine Weile, bis er langsam anfing, die Führung zu übernehmen und darin zu wachsen, nachdem ich so lange die Verantwortung übernommen hatte. Früher hatte ich ihn, unsere Ehe und mich selbst sabotiert und wusste es nicht einmal. Ich möchte nie, nie wieder dahin zurück, wie es war. Ich fühlte mich oft elend, einsam, besorgt, gestresst und ängstlich. Greg war antriebslos, deprimiert, passiv und emotional sehr distanziert. Unsere Ehe begann langsam zu heilen, als Gott mir seine Vorstellung von Ehe zeigte. Jetzt haben wir die Intimität und Verbindung, die wir beide immer wollten. Mein Mann ist der Mann, von dem ich immer wusste, dass er es sein kann. Ich bin die Frau, die ich immer sein wollte. Natürlich nicht perfekt, aber durch die Kraft des Heiligen Geistes sind wir beide Lichtjahre von dem Ort entfernt, an dem wir so lange feststeckten. Es ist für uns beide ein lebenslanger Weg des Lernens. Ich freue mich, wenn ich daran denke, wie viel wir durch Gott noch wachsen, lernen und reifen können.

9

Die Sprache des Respekts lernen

In unserer Gesellschaft wurde die Kunst des Respekts weitgehend vergessen. Echten Respekt würde jeder in unserem Leben schätzen, besonders aber unsere Ehemänner. Einige Dinge sprechen für alle Männer von Respekt, andere Dinge nur für einzelne Personen. Mein Ziel ist es, dich in die Welt des Respekts einzuführen und dir ein paar Ideen zu geben, wo du anfangen kannst. Es liegt an dir, herauszufinden, welche Dinge auf deinen Ehemann respektvoll wirken. Bitte versuche nicht, alle meine Vorschläge auf einmal umzusetzen! Das wäre völlig unrealistisch. Es ist ein langer, langsamer Prozess. Suche dir zunächst nur einige Dinge aus, mit denen du anfängst. Dann kannst du vielleicht ein oder zwei pro Woche hinzufügen, so wie Gott dich führt. Mache kleine Baby-Schritte, und kaue nicht alles gleichzeitig.

Man könnte meine Vorschläge in diesem Buch auch in eine To-do-Liste umwandeln oder ein Regelwerk daraus machen. Das ist aber überhaupt nicht mein Ziel oder meine Absicht. Wichtiger als meine Vorschläge wird sein, was dein Mann braucht und zu welchen Taten der Geist Gottes dich in bestimmten Situationen ermutigt. Gott ist der Schlüssel, und nicht ein Regelwerk. Es kann sein, dass manche Dinge, die deinem Ehemann wirklich wichtig sind, in diesem Buch nicht einmal behandelt werden. Bitte denke auch daran, dass nicht Perfektion das Ziel ist. Keine von uns wird je vollkommen sein. Das Ziel ist, zu lernen, diese neue, männliche Sprache immer fließender zu sprechen und deinen Ehemann zu segnen, indem du Gott ehrst und ihm gehorchst. Es kann viele Monate, vielleicht Jahre dauern, bis du wirklich das Gefühl hast, diese Sprache gut zu sprechen.

Gottes Absicht ist, dass wir gottesfürchtige Ehen beobachten können – tausende schöner Vorbilder von Eltern, die einander mit gottesfürchtiger Liebe und Respekt behandeln, während ihre Kinder erwachsen werden. Gott möchte, dass wir in den Gemeinden um uns herum gottesfürchtige Vorbilder haben, damit wir wissen, wie wir unseren Männern Liebe und Respekt geben können, wenn wir einmal heiraten. Leider hat unsere Gesellschaft, selbst in der Gemeinde, sich so weit von Gottes Plan von Ehe, Männlichkeit und Weiblichkeit entfernt, dass es heute nur sehr wenige gottesfürchtige Vorbilder für die jüngeren Generationen gibt. Stattdessen ist Respektlosigkeit gegenüber Menschen im Allgemeinen, aber insbesondere gegenüber Männern, normal geworden. Respekt fühlt sich zunächst also fremd und unangenehm an, weil wir es nicht gewohnt sind, ihn zu sehen oder zu hören oder so zu denken, zu sprechen und zu handeln. Je mehr wir diese Sprache üben, umso natürlicher und normaler wird sie sich mit der Zeit anfühlen. Gott wird unseren Geist verwandeln und uns neue Herzen geben, wenn wir ihn über alles suchen. Wir können es nicht alleine schaffen, aber wir haben Gottes Hilfe!

Ein guter Start

Wo fangen wir an? Manche Frauen zeigen ihren Männern vielleicht eine Liste mit Vorschlägen, wie respektvolles Handeln sich äußern könnte, und bitten sie zu prüfen, welche Vorschläge von Bedeutung sind. Andere Frauen fragen ihre Ehemänner einfach so etwas wie: »Ich würde es sehr schätzen, wenn du mir die drei repektlosesten Dinge nennen könntest, die ich tue, und drei Dinge, die für dich am ehesten Respekt ausdrücken. Das hat keine Eile, ich würde nur sehr gerne deine Meinung dazu hören.« Manche Ehemänner leisten gerne ihren Beitrag dazu, andere können nicht in Worte fassen, was sie sich wünschen würden, oder sind erst viel später dazu bereit, über dieses Thema zu sprechen. Wenn dein Mann sich nicht in der Lage sieht zu sagen, was Respekt für ihn bedeutet, findest du hier einige Ideen, wie du dich verhalten kannst.

Viele Ehemänner, die sich respektlos behandelt oder verletzt fühlen und sich zurückgezogen haben, messen zu diesem Zeitpunkt den Worten ihrer Frau keine Bedeutung bei. In so einem Fall schlage ich vor, dass du Gott darum bittest, dir zu zeigen, was du zuerst versuchen solltest. Probiere einfach etwas aus, das deinem Mann gegenüber respektvoll sein könnte und schaue, in welche Richtung es geht. Bitte Gott, dass er dir die Vorschläge wichtig macht, die deinen Ehemann tatsächlich ansprechen. Wenn er zum Beispiel gerne angeln geht, um Zeit alleine zu verbringen, wird es nicht viel bringen, wenn du mit ihm angeln gehen willst! Suche einfach weiter nach Gottes Willen und dem, was er dir beibringen will, damit du die Frau wirst, die er in dir sehen will. Wenn du feststellst, dass dein Mann eine bestimmte Sache nicht mag, sei interessiert an seinem Feedback und berücksichtige das in Zukunft (Aufschreiben hilft). Wenn du fällst, tue Buße, bitte Gott um Kraft, ihm gehorsam zu sein, und stehe gleich wieder auf!

Behandle deinen Ehemann auf respektvolle Weise, um ihn zu segnen, und nicht, um ihn eine Veränderung zu erzwingen oder etwas von ihm zu bekommen.

Es könnte sein, dass dein Mann mit Unverständnis auf deine Veränderung blickt. Einige Männer setzen Veränderung zunächst mit Manipulation gleich. Deshalb ist es gut, die Dinge langsam anzugehen. Ich finde es ratsam, jede *absichtliche* Respektlosigkeit so schnell wie möglich sein zu lassen. Erlaube im nächsten Schritt Gott und deinem Ehemann, *unbeabsichtigte* Respektlosigkeit aufzuzeigen. Eigne dir nach und nach einige wirklich respektvolle Verhaltensweisen an. Vielleicht wird dein Mann ungläubig reagieren, wenn du anfängst, ihn zu ehren und zu respektieren. Vielleicht denkt er, dass du dich über ihn lustig machst oder sarkastisch bist, wenn du sagst, dass du ihm vertraust, oder wenn du dich nicht über seine Fehler aufregst. Wenn er bei deinem aufrichtigen Versuch, ihm Respekt zu erweisen, wütend wird, habe bitte etwas Geduld. Es wird einige Zeit dauern (viele Monate oder Jahre), bis er akzeptieren kann, dass dein Respekt echt ist. Gib nicht auf und lass dich nicht entmutigen. Wiederhole einfach von Zeit zu Zeit: »Schatz, ich vertraue dir jetzt *wirklich*. Ich weiß, dass du das nicht gewohnt bist, aber ich meine es ernst.« (Wenn du ihm das sagst, musst du ihm allerdings wirklich vertrauen!) Behandle deinen Ehemann auf respektvolle Weise, um ihn zu segnen, und nicht, um ihn ihm eine Veränderung zu erzwingen oder etwas von ihm zu bekommen. Das wäre Manipulation. Es wäre hilfreich, wenn du deine Erwartungen fallen lässt und dich nur auf den Wunsch konzentrierst, deinem Ehemann aufrichtig Gutes zu tun und Gott zu gefallen.

Herr,
ich möchte die männliche Sprache des Respekts lernen. Bitte ordne das Chaos in meinem Kopf. Hilf mir, mich nicht überfordert zu fühlen. Hilf mir, die Perspektive meines Mannes richtig zu verstehen. Hilf mir, die weibliche Kraft zu erkennen, die du mir als Frau gibst, um meinen Ehemann aufzubauen, zu ermutigen und zu ehren. Ich möchte meinen Mann nicht kontrollieren oder verändern. Ich will darauf vertrauen, dass du mich und meinen Gehorsam gegenüber deinem Wort nutzen wirst, um meinen Mann zu inspirieren, während du in seinem Herzen arbeitest.
Amen.

Wege, deinem Ehemann Respekt zu zeigen

Du kannst deinem Ehemann auf vielerlei Weise Respekt erweisen. In diesem Kapitel möchte ich zahlreiche Ideen vorstellen, wie du die Sprache des Respekts lernen und üben kannst. Notiere dir zusätzlich zu den unten aufgeführten Ideen deine eigenen, die Gott dir ins Herz gibt – Ideen, die sich speziell auf deine Ehe beziehen. Nutze dafür zum Beispiel ein separates Notizbuch. Wenn dein Mann sich dieses Kapitel anschauen möchte oder wenn du einige Ideen mit ihm besprechen willst, nutze die großartige Möglichkeit, sein Feedback zu bekommen! Das wird dir helfen, dich nur auf die Dinge zu konzentrieren, die ihm wirklich wichtig sind.

Mit Worten

Die Bibel sagt viel darüber, wie wir als Gläubige reden sollen, denn unsere Worte offenbaren unseren inneren Zustand. Unsere Worte enthüllen unsere wahren Motive, Prioritäten, Ziele und Pläne. Sie enthüllen verborgene Sünde. Unsere Worte offenbaren unsere wahre geistige Reife und Hingabe an Christus. Unsere Worte können eine Quelle großen Segens, der Ermutigung, Stärke und Freude sein, wenn wir sie in Übereinstimmung mit Gottes Willen verwenden. Wie möchte Gott, dass wir Worte benutzen?

> Wenn jemand meint, er diene Gott, und zügelt nicht seine Zunge, sondern betrügt sein Herz, dessen Gottesdienst ist nichtig. (Jakobus 1,26)

> Tod und Leben sind in der Gewalt der Zunge, und wer sie liebt, wird ihre Frucht essen. (Sprüche 18,21)

> Eine milde Antwort wendet den Grimm ab, aber ein kränkendes Wort erregt den Zorn. Die Zunge der Weisen spricht

> tüchtiges Wissen aus, aber der Mund der Toren sprudelt Narrheit hervor. (Sprüche 15,1-2)
>
> Kein faules Wort gehe aus eurem Mund hervor, sondern was irgend gut ist zur notwendigen Erbauung, damit es den Hörenden Gnade darreiche. (Epheser 4,29)

Und hier einige praktische Ideen, wie du deinen Ehemann in deinen Worten respektieren kannst:

- Sprich vor anderen Familienmitgliedern, deinen Kindern, deinen Arbeitskollegen, deinen Freunden, Gott und vor dir selbst (!) nur gut über deinen Ehemann. Denke auch in Bezug auf deinen Ehemann an Philipper 4,8 und sprich über Dinge, die wahr, würdig, gerecht, rein, lieblich, wohllautend, tugendhaft oder lobenswert sind.
- Halte Rücksprache mit deinem Ehemann, bevor du eine persönliche Geschichte in einem Hauskreis, vor Familienmitgliedern oder Freunden erzählst. Er will sicher sein, dass du nichts sagst, was ihn blamieren könnte.
- Solange du dir nicht sicher bist, wie respektvolles Sprechen aussieht, konzentriere dich einfach darauf, nicht respektlos zu sein. Dazu gehört als Erstes, zu schweigen. Mit der Zeit kannst du deinen Redeanteil erhöhen, auf die Weise, die Gott dir zeigt, sodass deine Worte deinem Ehemann Segen spenden.
- Wenn du um Dinge bittest, tue das in einem freundlichen, angenehmen Tonfall und mit einem Lächeln, wann immer angebracht. Gib deinem Mann Zeit zum Nachdenken, ohne ihn unter Druck zu setzen.
- Lerne, ein »Nein« oder »Warte« freundlich zu akzeptieren. Versuche nicht, ihn zu zwingen, die Dinge auf deine Weise zu sehen oder zu tun.
- Lobe deinen Mann vor deinen Kindern, ob er anwesend ist oder nicht.

- Mache ihm Komplimente und lobe seine Intelligenz, Talente, Begabungen und Fähigkeiten – zum Beispiel in ein oder zwei Sätzen, ein paar Mal pro Woche.
- Wenn dein Mann keine Komplimente mag, zeige ihm deinen Respekt auf eine Weise, die ihm persönlich etwas bedeutet, ohne Worte.
- Wenn du Vorschläge machst oder Bitten äußerst, tue das demütig, nicht im Befehlston. »Ich fänd es schön, wenn …«, »könntest du mir bitte bei … helfen?«, »ich würde es sehr schätzen …«, »können wir irgendwann heute Abend …?«
- Wenn du Bedenken oder Fragen hast, bitte ihn auf freundliche, unterstützende, nicht drohende Weise um Klärung. Vielleicht versuchst du es mit Worten wie: »Willst du mir mehr über … erzählen?«, oder: »Kannst du mir das bitte genauer erklären?«, oder: »Ich möchte sicher sein, dass ich das richtig verstehe – ist es das, was du vorhast …?« – und nicht: »Wie kannst du …!?«, oder: »Warum hast du …?«
- Wenn dein Mann gegen dich sündigt, kümmere dich zuerst um die Sünden in deinem eigenen Leben und verbringe Zeit im Gebet, bevor du ihn sehr demütig und sanft darauf ansprichst (Matthäus 7,1-5; 18,15-17).
- Drohe nicht damit, dich scheiden zu lassen; verwende das Wort *Scheidung* im Zusammenhang mit eurer Ehe nicht einmal.
- Prüfe jedes Wort, das aus deinem Mund kommt, auf Respekt – vor Gott und vor deinem Ehemann.

Meine Worte zu kontrollieren, ist für mich persönlich die größte geistliche Herausforderung, der ich gegenüberstehe (abgesehen von der, meine Gedanken unter Kontrolle zu halten). Jakobus 3 ist eine einzige Warnung vor der »Zunge«. Jakobus sagt: »Denn wir alle straucheln oft. Wenn jemand nicht im Wort strauchelt, der ist ein vollkommener Mann, fähig, auch den ganzen Leib zu zügeln« (Jakobus 3,2). Gott ist es sehr wichtig, wie wir unsere Worte und unsere Zunge benutzen. Wenn der Geist Gottes unsere Zunge unter Kontrolle hat, ist der »schwierigste« Teil auf dem Weg zu einem gottesfürchtigen Leben geschafft. Denke ein wenig darüber nach, wie du deine Worte gegenüber deinem Ehemann verwendest. Deine tägliche Stille Zeit und das persönliche Gebet eignen sich gut dafür.

Herr,
bitte hilf mir dabei, zu untersuchen, wie ich mit meinen Worten umgehe. Gefalle ich dir in der Art, wie ich mit meinem Mann spreche? Muss ich etwas an den konkreten Wörtern, die ich verwende, ändern, oder an meinen Motiven oder am Inhalt meiner Botschaft an meinen Ehemann? Sind meine Worte vielleicht nicht heilsam, oder sogar zerstörerisch? Bitte gib mir Einsicht und Klarheit über die Dinge, die ich gut mache, und die Dinge, die ich ändern muss, damit ich dich und meinen Mann besser ehren kann.
Amen.

Durch nonverbale Kommunikation

Das ist meiner Ansicht nach noch schwieriger, als mein Reden unter Kontrolle zu haben, und es hängt sehr stark mit meiner Gedankenwelt zusammen. Wenn ich meine Worte ganz unter Kontrolle habe und das, was ich sage, respektvoll und segensvoll ist, aber mein Tonfall, meine Körpersprache, meine Mimik und mein Blick eine andere, nämlich respektlose oder hasserfüllte, Botschaft senden, dann habe ich ein großes Problem. Ich war noch nie gut darin zu lügen oder etwas vorzutäuschen. Mein Tonfall und meine nonverbalen Signale zeigten meine wahren Absichten immer glasklar. Wir müssen Gottes Geist so viel Kontrolle geben, dass wir uns mit der Zeit von allen respektlosen, streitsüchtigen, hasserfüllten Gedanken lösen. Jesus sagte es so:

> Die Lampe des Leibes ist das Auge; wenn nun dein Auge einfältig ist, so wird dein ganzer Leib licht sein; wenn aber dein Auge böse ist, so wird dein ganzer Leib finster sein. Wenn nun das Licht, das in dir ist, Finsternis ist, wie groß die Finsternis! (Matthäus 6,22-23)

Unsere Augen legen die Absichten und Motive unseres Herzens offen. Unsere Haltung und unser Gesichtsausdruck machen sehr deutlich, wie ehrlich unsere respektvollen Worte sind. Unsere nonverbale Sprache kann unsere respektvollen Worte bekräftigen und ihnen großes Gewicht verleihen. Wenn wir Respekt lernen, müssen wir zuallererst die respektlosen Worte aus unserem Reden verbannen. Aber mit der Zeit reifen und wachsen wir. Wir halten nicht mehr nur Respekt*losigkeit* zurück, sondern lernen, respekt*voll* zu sprechen, und schließlich erlauben wir dem Geist Gottes, auch unsere nonverbale Körpersprache und unseren Tonfall zu bestimmen.

Manche Ehemänner sind empfänglich für warmherzige Zuneigung, und darin liegt eine wunderbare Möglichkeit, wortlos Respekt auszudrücken. Eine freundliche, liebevolle Berührung – eine Hand auf seiner Schulter, ein High-Five, wenn ihr euch im Flur begegnet, eine Umarmung hier und da, eine Hand auf seinem Bein, wenn du neben ihm sitzt – kann ihm zeigen, dass er dir wichtig ist, dass du eine Verbindung zu ihm suchst und dass du ihn liebst. Wenn er für Berührungen nicht empfänglich ist, wird er das möglicherweise in Zukunft, je mehr seine Wunden heilen. Aber vielleicht ist es einfach auch Teil seiner Persönlichkeit. Jede Frau braucht Gottes Unterscheidungsvermögen und Weisheit, um zu entscheiden, inwiefern sie ihren Ehemann durch Berührungen segnen und ehren kann. Manche Ehemänner könnten sich durch Berührungen eingeengt fühlen, andere mögen liebevolle Berührungen.

Als einem erwachsenen und ebenbürtigen Partner

Ich kann Greg echten Respekt entgegenbringen, indem ich sein Recht auf seine eigenen Meinungen, Wünsche, Gefühle, Ideen und Entscheidungen anerkenne, so wie ich auch für mich selbst ein Recht auf diese Dinge habe. Er ist nicht mein kleiner Junge und ich bin nicht seine Mutter. Umgekehrt gilt genauso: Ich bin nicht Gregs kleines Mädchen und er ist nicht mein Vater. Es gibt keine Eltern-Kind-Dynamik in Gottes Plan von Ehe. So kann ich Greg von meinen Erwartungen befreien, ein anderes Ich – oder eine Frau – zu sein, und ihm Raum geben, er selbst und auf seine einzigartige Weise männlich zu sein. Ich kann ihn so annehmen, wie er ist, ohne ihn zu meinem »Projekt« zu machen, als würde er ganz dringend meine Weisheit und Hilfe brauchen, um »repariert« zu werden. Ich kann bewusst darauf achten, ihn nach seinen Vorstellungen und seiner Meinung zu fragen und ihm zu zeigen, dass es mir sehr wichtig ist, was er denkt. Ich kann Gregs Art, Dinge zu tun, gleichwertig mit meiner Art behandeln. So würde ich sicherlich auch mit einer lieben Freundin umgehen. Ich kann meinen Glauben an Greg und meinen Respekt für ihn ausdrücken, indem ich anerkenne, dass wir vor Gott gleich sind und gemeinsam auf der Reise sind, anstatt mich besser als Greg zu finden oder umgekehrt. Ich würde mir von Greg wünschen, dass er mich ebenso behandelt.

Hier einige praktische Ideen, wie du deinem Ehemann zeigen kannst, dass du ihn als sich selbst und als erwachsene Person betrachtest:

- Gehe davon aus, dass er die Beziehungen zu seinem Chef, seinen Eltern, Geschwistern und Freunden ohne deine Hilfe meistern kann. Wenn er das Gefühl hat, Hilfe zu brauchen, wird er um Hilfe bitten.
- Erkenne, dass dein Ehemann genauso von Gott geliebt ist, in deiner Familie genauso wichtig ist und genauso Gottes Ebenbild ist wie du.

- Erlaube ihm, seine eigenen Entscheidungen darüber zu treffen, wie er seine Zeit verbringt. Gib ihm die Freiheit, sich mit seinen Freunden zu treffen, einem Hobby nachzugehen, ein Fußballspiel zu genießen und das zu tun, was er tun möchte, ohne dass er sich dafür schuldig fühlen muss. Wenn du Zeit mit ihm verbringen möchtest, bitte ihn auf freundliche Weise darum, ohne Druck auszuüben, zum Beispiel so: »Ich würde diese Woche wirklich gerne Zeit mit dir verbringen.«
- Warte, bis er dich um Hilfe bittet, bevor du dich einmischst.

Ich musste die Goldene Regel (»Und wie ihr wollt, dass euch die Menschen tun, so tut auch ihr ihnen ebenso«; Lukas 6,31) in meinem Kopf ein wenig auf meine Situation als Ehefrau anpassen. Anstatt zu versuchen, Greg auf die Weise Liebe zu zeigen, wie ich sie von ihm erwarte, versuche ich, seine einzigartigen und männlichen Bedürfnisse zu erfüllen und zu ehren, so wie ich möchte, dass er meine weiblichen und individuellen Bedürfnisse erfüllt und ehrt. Ich bin bereit, ihm zu geben, was *er* wünscht und braucht, statt zu versuchen, ihm zu geben, was *ich* wünsche und brauche.

Als dem wichtigsten Mann der Welt

Als Greg und ich heirateten, wurden wir in Gottes Augen eins. Ich habe eine besondere Beziehung zu Greg – einen Bund, den ich mit keiner anderen Person auf dem Planeten habe. Ich möchte Greg mit so viel Ehre, Freundlichkeit, Sanftmut, Liebe, Segen und Güte behandeln wie niemanden sonst. Ich habe das Privileg und die Verantwortung, diesem einen Mann zu dienen – mit jedem Ausdruck von Weiblichkeit, den Gott geschaffen hat. Mein wichtigster Dienst an einem Menschen geschieht an meinem Mann, gefolgt von unseren Kindern. Wenn ich etwas für Gottes Reich tun will, muss ich, so denke ich, in meiner Ehe beginnen. Wie kann ich andere Menschen mit größerer Aufmerksamkeit, Rücksichtnahme, Wichtigkeit oder Respekt behandeln als meinen eigenen Ehemann? Er sollte das absolut Beste bekommen, was ich zu bieten habe. Ja, er sieht manchmal auch meine schlimmsten Seiten. Aber ich sehne mich so sehr danach, dass er das Beste in mir erlebt, zu dem Gott mich verändert.

Mein wichtigster Dienst an einem Menschen geschieht an meinem Mann, gefolgt von unseren Kindern.

Ich möchte Greg deutlich machen, dass er der eine besondere, am meisten geachtete Mann in meinem Leben ist. Das kann ich tun, indem ich seine Meinung vor der anderer in Betracht ziehe. Ich möchte zuerst ihn um Rat fragen. Ich möchte zuerst ihn anrufen, wenn es ein Problem gibt oder wenn ich etwas Wunderschönes mit jemandem teilen will. Ich möchte ihn als allerwichtigsten Menschen der Welt behandeln, wenn wir uns jeden Tag nach der Arbeit sehen. Wenn er mich bittet, ihm zu helfen, möchte ich alles tun, was ich kann, um sein Anliegen zu meiner Priorität zu machen. Ich kann ihm am Esstisch den Ehrenplatz überlassen oder ihn vor den Kindern bedienen, wie es manche Frauen tun. Wenn wir in zwei Autos unterwegs sind, kann ich ihn vorfahren lassen. Beim Einkaufen könnte ich ihn die Route vorgeben lassen. Ich könnte ihm die Dinge überlassen, von denen er viel mehr weiß als ich, und ihm so mein Vertrauen in seine Fähigkeiten zeigen. Ich möchte ihm wann immer möglich mein größtes, strahlendstes, vertrauenvollstes Lächeln schenken, meine besten Manieren, meine ungeteilte Aufmerksamkeit, meine größte Liebe (in einer menschlichen Beziehung). Ich möchte sicherstellen, dass er weiß, dass ich mich dafür interessiere, was ihm wichtig ist. Ich muss darauf achten, dass Greg für mich nicht wichtiger wird als Jesus – diese Versuchung schleicht sich schnell ein, und wir müssen uns vor ihr schützen. Aber gegenüber all meinen menschlichen Beziehungen sollte es einen offensichtlichen Unterschied in der Art und Weise geben, wie ich meinen Ehemann behandle. Jeder, der mich beobachtet, soll sehen, dass mein Ehemann nach Gott den ersten Platz in meinem Leben hat.

In persönlichen Beziehungen

Respekt ist viel mehr als nur etwas, was du allein deinem Ehemann entgegenbringst. Gott ruft die Gläubigen dazu auf, ihn an erster Stelle zu respektieren, dann andere, und schließlich uns selbst. Respekt ist Teil der Liebe. Wenn ich jemanden liebe, möchte ich nicht unhöflich sein, nicht herablassend noch blind gegenüber den Bedürfnissen dieser Person. Ich werde andere mit Bedacht, Rücksichtnahme und Fürsorge behandeln. Respektlosigkeit ist in unserer Kultur zwar weit verbreitet, aber mein Leben kann eine Quelle des Respekts sein, die in alle Richtungen fließt und jedem Heilung, Liebe und Freude bringt, den ich berühre.

1. Indem du Jesus ehrst und gehorchst

Ich kann auf vielerlei Weise Jesus Respekt und Ehrfurcht entgegenbringen. Je mehr ich ihn und sein Wesen kennenlerne, desto mehr Respekt werde ich ihm zeigen. Denn je mehr ich über seine Heiligkeit und Vollkommenheit lerne, desto mehr wird mir bewusst, wie sehr er meinen Respekt verdient. Je mehr ich in seinem Wort lese und das, was er sagt, ernst nehme und versuche, dem zu gehorchen, desto mehr Respekt drücke ich aus. Wir dürfen es genießen, mehr über Gottes Wesen und seine Eigenschaften zu lernen, weil wir auf diese Weise neue Dinge entdecken können, deretwegen wir ihn respektieren und verehren können. Während du lernst, sammle Wissen über Gottes Güte und über Dinge, deretwegen du ihn preisen kannst.

Aber es gibt noch weitere Möglichkeiten, wie du Jesus Respekt zeigen kannst:

- Finde deine Zufriedenheit, deinen Lebenssinn, deine Stärke und Identität vollständig in Christus, unabhängig davon, was dein Ehemann tut oder nicht tut (Philipper 4,12-13).
- Behandle deinen Ehemann mit Güte und Barmherzigkeit, so wie Gott dir begegnet (Matthäus 18,21-35; das Gleichnis vom unbarmherzigen Knecht).
- Vergib großzügig, durch Gottes Kraft (Matthäus 6,14-15).
- Sei mehr darum besorgt, Jesus zu gehorchen, Gott Ehre zu erweisen und Gottes Willen zu suchen, als um das Ergebnis einer einzelnen Entscheidung (Matthäus 16,24).
- Vertraue darauf, dass der souveräne Gott selbst die Fehler und Sünden deines Mannes dazu gebraucht, schlussendlich deinem Guten und seiner großen Herrlichkeit zu dienen (Römer 8,28-30).
- Nimm alles an, was Jesus für dich getan hat. Schätze und genieße das Leben im Überfluss, das er für dich vorbereitet hat!
- Singe Gott Lob in deinem Herzen – im Auto gerne auch laut!
- Schreibe eine Liste von Dingen auf, für die du Gott dankbar bist.
- Genieße die innige Beziehung mit Jesus und die tägliche Zeit mit seinem Wort und im intensiven Gebet. Lass jeden Tag deine Gedanken und dein Herz bei ihm wohnen. Bleibe mit dem verbunden, der dich niemals aufgeben oder verlassen wird (Johannes 15,1-8; Hebräer 13,5).
- Lade den Heiligen Geist in dein Leben ein und überlasse ihm die volle Kontrolle. Deine Bedürfnisse werden ihn niemals überfordern. Er kann dein Herz mit seinem lebendigen Was-

ser überfluten, bis Liebe, Freude, Friede, Langmut, Freundlichkeit, Gütigkeit, Treue, Sanftmut, Enthaltsamkeit überfließen (Galater 5,22-23).

- Bewirke deine Rettung mit Furcht und Zittern und strebe danach, in deinem Glauben und Vertrauen in Christus zu wachsen (Philipper 2,12-13).
- Erachte Anfechtungen und Probleme als Gründe zur Freude, denn Gott wird sie nutzen, um deinen Glauben zu stärken und zu größerer Reife in Christus zu bringen (Jakobus 1,2-4)!
- Bedenke, dass du vor allen Menschen, denen du begegnest, Jesus repräsentierst. Du bist sein Botschafter. Alles, was du sagst und tust, fällt auf Jesus zurück und bringt andere dazu, entweder höher von Jesus zu denken oder ihn zu verachten (2. Korinther 3,3).

2. Indem du deinen Mann öffentlich unterstützt

Es ist von entscheidender Bedeutung, dass wir unsere Ehemänner im privaten Raum respektieren – das ist eine wunderbare Sache, die die Ehe stärkt. Aber die Art und Weise, wie wir unsere Männer vor anderen Menschen behandeln, hat bei vielen Männern irgendwie noch mehr Gewicht. *Unser* Respekt kann sich ausschlaggebend darauf auswirken, wie sehr *andere* sie respektieren. Wenn die Kollegen meines Mannes sehen, dass ich meinen Mann aufrichtig respektiere und ihn wie einen König behandle, können sie annehmen, dass er auch ihren Respekt verdient hat. Aber wenn sie sehen, dass ich Greg nicht respektiere, ihn verachte und abwertend behandle, führt meine Respektlosigkeit vielleicht dazu, dass sie denken: »Seine Frau kennt ihn besser als jeder andere, sie schätzt ihn wohl richtig ein.« Als Folge dessen verliert mein Mann möglicherweise den Respekt seiner Kollegen, Chefs, Kunden, Gemeinde, Nachbarn, Familienmitglieder und Freunde (insbesondere der Männer). Oder sie bemitleiden ihn, dass er sich mit einer Frau abfinden muss, die sich so verhält – was vielleicht noch schlimmer ist, als wenn andere Männer ihren Respekt vor ihm verlieren. Wenn ich mit anderen Menschen zusammen bin, repräsentiere ich meinen Mann. Was ich tue und sage, fällt auf meinen Ehemann zurück und beeinflusst nachhaltig seinen Ruf und seine Glaubwürdigkeit vor anderen. Du hast es vielleicht noch nicht bemerkt, aber in den Augen anderen Menschen repräsentierst du deinen Ehemann. In ihren Augen spiegelst du seinen Charakter wider, und dein Mann ist sich dieser Tatsache wahrscheinlich sehr bewusst.

Wenn ich mit anderen Menschen zusammen bin, repräsentiere ich meinen Mann. Was ich tue und sage, fällt auf meinen Ehemann zurück und beeinflusst nachhaltig seinen Ruf und seine Glaubwürdigkeit vor anderen.

Hier ein paar Ideen, wie du öffentlich zeigen kannst, dass du deinen Ehemann unterstützt:

- Distanziere dich von Frauen, die negativ und respektlos über ihre Ehemänner sprechen.
- Lass nicht zu, dass jemand schlecht über deinen Ehemann spricht, wenn er nicht dabei ist. (Wenn er dabei ist, zieht er es wahrscheinlich vor, sich selbst zu verteidigen, statt dass du das für ihn tust.)

- Pflege Freundschaften mit gottesfürchtigen Frauen, die Gott, ihre eigenen Ehemänner und deinen Ehemann ehren möchten.
- Hole dir keinen Rat von Frauen, die ihre Ehemänner nicht gut behandeln oder die Sünde in ihren Herzen hegen.
- Wenn dein Mann einen deiner Freundeskreise oder eine bestimmte Freundin nicht mag, frage vorsichtig nach seinen Bedenken und beschränke gegebenenfalls den Kontakt mit der Gruppe oder dem Freund. Wenn ein Mann in einer solchen Situation Bedenken hat, dann oft, weil eine andere Frau Missachtung ihrem Ehemann oder ihm selbst gegenüber ausdrückt. Wenn dein Mann findet, dass diese Beziehungen deinem geistlichen Leben, euren Kindern, seiner Führung oder eurer Ehe schaden, respektiere seine Meinung. Bete, dass er in Gottes Weisheit handelt.*
- Wenn deine Familie die Autorität deines Mannes untergräbt, frage ihn, wie du mit der Situation umgehen sollst. Dann tue dein Bestes, um deinen Ehemann über deine Familie zu stellen und ihn zu ehren. Du hast einen Bund mit *ihm*, nicht mit deiner Familie. Du kannst deiner Familie Respekt und Ehre entgegenbringen, aber achte darauf, deinen Ehemann mit dem größten Respekt und der höchsten Ehre zu behandeln. Wenn du wählen musst, muss dein Mann an erster Stelle stehen.

Manchmal gibt es Frauen, die öffentlich in den sozialen Medien einen endlos langen verbalen Angriff auf ihren Mann starten. Das ist nicht schön. Leider kann der Ruf eines Mannes bei Familienmitgliedern, Freunden, Geschwistern in der Gemeinde und seinen Kollegen ernsthaften Schaden nehmen, wenn eine Frau einmal die-

---

* Wenn ein Ehemann extrem kontrollierend ist und er es seiner Frau verweigert, Kontakte zu anderen Leuten zu pflegen, sollte diese Frau darüber beten und externen Rat einholen, wobei sie ihre Sicherheit nicht außer Acht lassen darf.

sen Weg eingeschlagen hat, selbst wenn das Paar sich wieder versöhnt. Die Karriere so einiger Männer ist durch eine Schimpftirade ihrer Frau in sozialen Medien gefährdet worden. Es ist fast unmöglich, diese Art von Schaden in den Köpfen anderer zu beheben. Eine Frau, die böswilliges, respektloses, hasserfülltes Gezeter veröffentlicht, beweist böse Gefühle für ihren Ehemann, keine göttliche Liebe. Wenn wir so handeln, zerstören wir als christliche Frauen unsere Chance, unseren Online-Freunden ein Licht zu sein. Wenn eine christliche Frau sich in der Öffentlichkeit so verhält, bringt sie das Evangelium Christi in Verruf (Titus 2,5). Die Kosten dafür, sich einmal Luft zu machen, sind zu hoch!

Ich möchte uns alle ermutigen, private Dinge aus unseren Beziehungen wie solche zu behandeln und sie aus sozialen Medien herauszuhalten. Ich glaube nicht, dass es jemals angebracht ist, unsere schmutzige Wäsche öffentlich zu lüften. So ein Verhalten ist äußerst respektlos gegenüber unseren Männern und zerstört unser Zeugnis für Christus. Unsere Ehemänner müssen sich darauf verlassen können, dass wir sie nicht vor anderen angreifen, auch wenn sie manchmal falsch handeln oder einen Fehler machen. Sie müssen wissen, dass wir loyal und vertrauenswürdig sind. Wenn du in deiner Ehe viele Probleme hast, suche eine gottesfürchtige Mentorin – eine ältere, geistlich reife Frau, die nach Gottes Wort lebt und eine Kämpferin im Gebet ist – oder eine gottesfürchtige, christliche Eheberatung. Aber andere Menschen müssen nicht über alle Streitigkeiten, Diskussionen oder Probleme Bescheid wissen, die du mit deinem Ehemann hast.

In Epheser 4,29–5,21 gibt uns Gottes Wort einen schönen Maßstab dafür, wie wir mit unseren Worten umgehen sollen, den wir auf jeden Lebensbereich anwenden können, selbst auf soziale Medien. Nimm dir etwas Zeit, lies diese Verse und stelle dir dann die Frage: Erfülle ich Gottes Standard darin, wie ich mit anderen spreche – in persönlichen Begegnungen und in sozialen Medien? Bitte Gott, dir zu helfen, das zu erkennen, was er ändern möchte.

Eine andere Möglichkeit, unsere Ehemänner und unsere Ehen mit Ehre und Respekt zu behandeln, besteht darin, die Anzahl privater Nachrichten, E-Mails oder Telefonate zwischen uns und anderen Männern zu begrenzen. Vielleicht ist es sogar angebracht, deinen Mann bei E-Mails, die du anderen Männern sendest, in Kopie zu setzen. Das ist etwas, was ich tue, und ich betrachte es als Schutzmaßnahme für mich selbst, für Greg und auch für den anderen Mann.

3. Indem du dich selbst respektierst

Männer sind tendenziell eher denen gegenüber am vertrauensvollsten und am fürsorglichsten, für die sie Respekt empfinden. Wenn eine Frau sich selbst verachtet und vernachlässigt, gibt sie damit unwissentlich den Ton vor und bedeutet ihrem Ehemann, sie ebenfalls nicht besonders wertzuschätzen. Ein Mann könnte etwa meinen: »Sie kennt sich selbst besser als ich. Wenn sie denkt, sie sei wertlos, weiß sie vielleicht etwas, was ich nicht weiß.« Es ist wichtig, dass ich nicht höher von mir denke als von Greg, aber es ist auch wichtig, dass ich mich auf gesunde Weise richtig wertschätze, liebe und respektiere und verstehe, wer ich in Christus bin und was mein Wert ist. Wenn eine Frau fest (und respektvoll) für sich selbst einsteht, wenn ihr Unrecht getan wird, sagt das einem Mann viel. Ich habe die Erfahrung gemacht, dass ein Ehemann seine Frau oft in dem Maße respektiert, in dem sie sich selbst respektiert, zusätzlich zu dem, wie sie ihn respektiert.

Eine gottesfürchtige Frau wird ihren Mann nicht ermutigen, sie wie Dreck zu behandeln. Wenn er gehässig ist oder sie verletzt, hat sie das Recht und die Verantwortung, ihn darum zu bitten, aufzuhören (Matthäus 18,15). Wenn er nicht aufhört, kann sie beschließen, das Zimmer oder das Haus für eine bestimmte Zeit zu verlassen. Dies zu tun, ist nicht sündig oder respektlos. Sie darf eine gewisse Distanz schaffen, wenn er nicht von seinem gemeinen Verhalten lässt oder sich auf keinerlei Weise entschuldigt, bis er es tut.

Wenn er Sex von ihr möchte oder sie um eine Sache bittet, kann sie leise, aber fest etwas erwidern wie: »Ich wünschte, ich könnte das mit dir machen, aber ich bin immer noch traurig/wütend/verärgert über das, was du vorhin gesagt hast.« Das kann schon reichen, je nachdem, zu welchen Worten Gottes Geist sie auffordert. Dann kann ihr Mann entscheiden, ob er sich für sein falsches Handeln entschuldigen möchte. (Bitte bedenke, dass einige Ehemänner ihre Entschuldigung nicht in Worten, sondern in liebevollen Taten ausdrücken. Eine Frau kann sich sicherlich dazu entschließen, diese Art von Entschuldigung zu akzeptieren.)

Einige praktische Vorschläge, wie du dich selbst respektierst:

- Versuche, genügend Schlaf zu bekommen und dich um deine eigenen körperlichen Grundbedürfnisse zu kümmern. Wenn du zu wenig Schlaf bekommst, unterernährt, krank oder erschöpft bist, ist es *wirklich* herausfordernd, eine gottesfürchtige Ehefrau zu sein.
- Fühle dich in deinem eigenen Körper wohl. Genieße die Gabe deiner persönlichen Schönheit. Vergleiche dich nicht mit dem, was die Welt als schön definiert. Schätze die äußere Schönheit, die Gott dir gegeben hat.
- Kleide dich weiblicher. Kleidung trägt viel dazu dabei, dass Frauen ihre Weiblichkeit mehr schätzen. Jede Frau hat ihren eigenen Sinn für Mode, ihre Vorlieben und ihren Stil, und ich meine nicht, dass wir alle gleich aussehen müssen. Aber warum experimentierst du nicht etwas mit deinem Kleidungsstil? Finde heraus, womit du dich weiblicher fühlst und wie deine Kleidung sich auf deine Beziehung zu deinem Mann auswirkt. (Dieser Punkt machte für mich persönlich einen großen Unterschied, da es mir half, mich »weicher« und weiblicher zu fühlen.)
- Kleide dich in der Öffentlichkeit anständig, um Respekt gegenüber Gott, deinem Körper, deiner Sexualität, deinem Ehemann und anderen Männern zu zeigen.

- Habe ein selbstbewusstes Auftreten. Wenn du an Christus glaubst, bist du ein kostbares Kind Gottes und gehörst zum König der Könige und Herrn der Herren, geschaffen nach dem Bild Gottes.
- Hasse deinen Körper nicht.
- Achte auf dein Aussehen. Mache es dir nicht zum Götzen, schlank oder hübsch zu sein, aber gib dir etwas Mühe, dich um deinen Körper zu kümmern.
- Erkenne es an, wenn du emotional verletzt bist. Sage leise etwas wie: »Das tut weh«, oder: »Das fühlte sich hart an. Bitte hör auf«, wenn dein Mann barsch reagiert. Sei verletzlich und echt, ohne auf ihn loszugehen.
- Wenn er gegen dich sündigt, sage etwas wie: »Das verletzt mich wirklich. Bitte tu das nicht. Das ist nicht okay«, oder: »Wenn du das machst, tut es mir sehr weh.« Natürlich kann Gott dir auch je nach Situation bestimmte Dinge eingeben, die du sagen sollst.
- Gestehe dir deine Grenzen ein und erkenne, dass du es Dinge gibt, die du einfach nicht schaffst.
- Sei mit dir selbst gnädig und barmherzig, wenn du fällst. Auch du bist nur ein Mensch!
- Öffne dein Herz – und die gesamte Bandbreite deiner Emotionen, wenn es angemessen ist – auf ehrliche, aufrichtige Weise und in ruhigen, kurzen Worten (je nach Persönlichkeit deines Mannes). Es ist wichtig zu sagen, dass du dich traurig, verärgert, nervös, verängstigt, glücklich, dankbar, friedlich usw. fühlst. Du kannst das sagen. Sei dabei sensibel für Gottes Geist und die Bedürfnisse deines Mannes.
- Strebe nach gottesfürchtiger, innerer Schönheit, die mit der Zeit anhält und wächst.
- Genieße die Gabe gottesfürchtiger Weiblichkeit auf allen Ebenen: geistlich, emotional, geistig und körperlich. Genieße es, eine Frau für Gott zu sein! Forsche nach, um zu erfahren, was gottesfürchtige Weiblichkeit bedeutet. Mache dir Verletz-

lichkeit und Sanftmut zu eigen. Sei deinem Mann in dieser rauen Welt ein sanfter, sicherer und einladender Zufluchtsort. Sei bereit, bei ihm Schutz zu suchen. Sei, durch die Kraft des Geistes, der in dir wirkt, eine Quelle des Lichts und der Freundlichkeit.

Was Respekt bewirkt

Es gibt viele, viele Möglichkeiten, wie wir unseren Männern Ehre und Respekt erweisen können. Diese Art, mit unseren Männern umzugehen, ist oft tatsächlich weniger zeitintensiv oder mühsam als unser alter Ansatz. Ich hoffe, dass einige dieser Ideen dich dazu inspirieren, eine neue Art der Beziehung zu deinem Ehemann auszuprobieren. Nicht alle dieser Vorschläge werden zu deinem Mann passen. Aber andere könnten sich perfekt eignen, um einige seiner männlichen Bedürfnisse zu erfüllen. Mit der Zeit stellst du dann fest, dass es viel weniger Spannung in eurer Beziehung gibt, dass du selbst entspannter und gelassener bist, dass ihr euch beide besser versteht und dass du deine Bedürfnisse und Wünsche auf eine Weise kommunizieren kannst, die dein Ehemann anziehend findet, nicht abstoßend.

Du und dein Mann braucht nicht stunden- oder tagelang über eine Sache streiten. Sobald er sich mit dir sicher fühlt, reicht es aus, wenn du deinen Wunsch einfach einmal mitteilst und die Sache dann ihm überlässt. Ich lächle einfach und äußere in einem freundlichen, angenehmen Tonfall meine Bitte. Vor einigen Monaten sagte ich: »Schatz, ich würde mich so freuen, wenn die Kinder eine Schaukel hätten.« Dann begann mein Mann zu recherchieren. Er zeigte mir seine Vorschläge und ich sagte meine Meinung dazu. Ein paar Wochen später baute er eine tolle Schaukel im Garten, und unsere Kinder nutzen sie jeden Tag. Wenn ich Hilfe mit dem Müll brauche, frage ich einfach: »Schatz, könntest du bitte den Müll rausbringen, wenn du Zeit hast? Danke dir!« Wenn ich

Zeit mit ihm verbringen möchte, sage ich: »Greg, wollen wir heute Abend irgendwann spazieren gehen, wenn du Lust hast?« Oder: »Wollen wir heute Abend ein bisschen kuscheln?« (Jetzt weiß ich, dass ich jederzeit neben ihm sitzen und kuscheln kann, wenn er im Bett ist oder auf der Couch liegt, also frage ich nicht mehr wirklich danach.) Wenn ich Hilfe mit den Kindern brauche, kann ich sagen: »Könntest du heute Abend vielleicht die Kinder ins Bett bringen? Ich habe heute Abend um acht meinen Online-Weiterbildungskurs für Apotheker. Hab vielen Dank!« Greg hat nicht mehr das Gefühl, als müsse er sich mir entgegenstellen, weil ich nicht mehr mit ihm konkurriere oder respektlos bin. Er fühlt sich sicher mit mir, sodass er auf meine Gefühle und meine Bedürfnisse achten kann, wie er es nicht konnte, als es so viel Spannung zwischen uns gab.

Wir beide bekommen jetzt so viel mehr von dem, was wir wollen. Ich lache, wenn Leute sagen, dass ich mich »unterdrückt« fühlen muss. Das ist keine Unterdrückung! Es ist die Intimität, die ich immer wollte, von der ich aber nicht wusste, wie ich sie bekommen könnte. Es hat über dreieinhalb Jahre gedauert, um hierhin zu gelangen. Ich vermisse unser altes Leben überhaupt nicht. Wir sind nicht perfekt und müssen beide noch viel lernen, aber Gottes Wege sind immer sehr gut, auch wenn sie auf den ersten Blick keinen Sinn ergeben.

Das ist keine Unterdrückung! Es ist die Intimität, die ich immer wollte, von der ich aber nicht wusste, wie ich sie bekommen könnte.

Greg fordert überhaupt nicht viel von mir. Manchmal ist diese ganze Sache mit dem Respekt überraschend einfach. Leider brauchte ich gut sechs Jahre, um zu erkennen, dass Greg sich nur einige wenige Dinge von mir wünscht. Ich dachte, je mehr ich für ihn täte, umso besser würde es sein. Aber es ist gar nicht so kompliziert. Greg mag es, wenn ich mich abends entspanne und mit ihm kuschle. Er schätzt es, dass ich mich ums Haus und die Kinder kümmere (jetzt hilft er mir oft im Haushalt). Ich muss ihn nicht fragen, was ich für ihn tun kann. Er braucht nicht viele respektvolle Worte oder Taten. Er mag es, wenn ich glücklich und nicht gestresst bin. Greg mag keine Veränderungen. Er trifft gerne seine eigenen Entscheidungen darüber, wie er seine Zeit nutzt, aber hört gerne auf meine Vorschläge und Bedenken. Vor allem schätzt er es einfach, dass ich hier bei ihm bin, sein engster Freund.

Greg hat gesagt, als all meine Kritik und Negativität ihm gegenüber aufhörte, war es, als hätte jemand das Rauschen entfernt, das Gottes Stimme in seinem Herzen überdeckt hatte. Als ich dann anfing, ihn wirklich zu respektieren und seiner Führung zu folgen, war es, als hätte man den Heiligen Geist lauter gedreht. Wir Ehefrauen haben so viel Einfluss! Wir haben die Macht, unsere Männer zu zerstören oder sie zu inspirieren, alles zu werden, was Gott von ihnen wünscht. Ich bete sehr dafür, dass wir unseren Einfluss zu Gutem verwenden.

Wie Respekt sich praktisch äußert

Lasst uns jetzt einige konkrete Bereiche unserer Ehen angehen und überlegen, wie wir unseren Ehemännern in der Praxis echte Ehre und Respekt entgegenbringen können. Wenn du in einem Zuhause aufgewachsen bist, in dem du bei deiner Mutter diese Art gottesfürchtigen Respekts (genauso wie gottesfürchtige Liebe bei deinem Vater) im Alltag erlebt hast, ist das wunderbar – das wird es dir viel einfacher machen, automatisch respektvoll zu handeln. Natürlich ist dein Ehemann aber nicht dein Vater. Selbst wenn deine Eltern ein hervorragendes Vorbild waren, werden in deiner Ehe einige Dinge anders laufen, weil du und dein Ehemann ein einzigartiges Paar seid, einzigartige Individuen und Persönlichkeiten. Aber unabhängig davon, ob du gute Vorbilder hattest oder nicht, kannst du dich jetzt in Christus dafür entscheiden, alle gottlosen Vorbilder, die dir begegnet sind, zu verwerfen und zu lernen, auf gottesfürchtige Weise zu leben. Ich denke, das sind sehr gute Nachrichten!

Herr,
sprich zu mir durch die Kraft deines Geistes. Gib mir deine Weisheit, deine Führung und lass mich feinfühlig für dein Reden sein. Läutere mich. Mach mich zu einer schönen Frau in deinen Augen. Lass mich dir immer ähnlicher werden und hell für dich leuchten.
Amen.

Respekt in Bezug auf sein geistliches Leben und sein Gebetsleben

Soweit ich weiß, betet die überwiegende Mehrheit der christlichen Ehemänner, selbst der Pastoren, nicht mit ihren Frauen. Ich liebe das Gebet und ich glaube an die Kraft des Gebets von Gottes Volk. Ich wünschte, alle gläubigen Ehemänner würden mit ihren Frauen beten, aber wir müssen hier als Frauen sehr vorsichtig sein. Gebet ist für viele Ehemänner ein sehr heikles Thema, nicht unbedingt, weil sie ungeistlich wären, sondern weil sie sich vielleicht nicht unter Druck gesetzt fühlen wollen oder weil sie das Gefühl haben, dass sie »eine Show abziehen« würden, wenn sie vor jemandem beten. Manche Menschen, sowohl Männer als auch Frauen, ziehen es vor, nicht laut vor anderen zu beten. Das bedeutet nicht, dass sie Gott nicht von ganzem Herzen lieben oder das Gebet nicht schätzen würden.

Ich denke, wir können unsere Ehemänner gelegentlich fragen: »Würdest du mit mir über diese Sache beten?« Aber ich glaube, dass einige von uns viel Freiheit und Frieden finden können, wenn sie diese Erwartung einfach ganz loslassen. Wenn dein Mann nicht mit dir beten kann oder will, gehe bitte nicht davon aus, dass er Gott nicht liebt oder dich nicht liebt. Versuche einfach, nachts für ihn zu beten. Oder bete während deiner privaten Gebetszeit für ihn. Bitte Gott, ihm Weisheit zu geben, die Familie zu führen, ihn vor dem Bösen und vor Versuchungen zu schützen und ihn mit dem Heiligen Geist zu erfüllen. Vertraue darauf, dass Gott in ihm wirkt, während du Gott in deinem eigenen Leben suchst. Gott wirkt im Leben deines Mannes, weil er souverän und allmächtig ist.

Ich war überrascht, dass ich in der Bibel keinen Hinweis auf ein Ehepaar finden konnte, das zusammen betet. Ich habe auch keinen direkten Befehl für Ehemänner gefunden, mit ihren Frauen zu beten. Das war ernüchternd für mich. Vielleicht haben wir in diesem Bereich manche Erwartungen, die überhaupt nicht der Bibel entsprechen. Ich persönlich musste mich bei meinem Mann entschuldigen, nachdem mir das klar wurde, weil ich ihn oft unter Druck gesetzt hatte, mit mir zu beten. In einer Umfrage, die ich in meinem Blog durchgeführt habe, gaben 66 Prozent der Ehemänner an, lieber für sich zu beten. Die meisten Männer, die an meiner Umfrage teilnahmen, sagten auch, dass sie manchmal ohne Worte beten. Lasst uns ihnen Gnade und Verständnis entgegenbringen, so zu beten, wie sie es möchten, während wir selbst Gott von ganzem Herzen suchen. Gemeinsames Gebet wäre in meinen Augen wunderbar, aber Jesus wertschätzt sehr das private Gebet. Wir können immer alleine beten und wissen, dass unser Vater, der sieht, was wir im Verborgenen tun, uns hören wird (Matthäus 6,6).

Hier einige Vorschläge, wie du das geistliche Leben deines Mannes respektieren kannst:

- Kritisiere nicht seine Gebete oder wie häufig er betet.
- Danke ihm, dass er mit dir gebetet hat, wenn er es tut.
- Lass ihm seinen Gebetsstil.
- Sage ihm, wie viel es dir bedeutet, wenn er sich auf geistlicher Ebene mit dir austauscht.
- Folge persönlich Christus weiterhin nach und wachse so weit du kannst zu ihm hin – ob dein Ehemann geistlich zu wachsen scheint oder nicht. Du musst nicht warten, bis dein Mann aufholt. Dein Wachstum hängt von Christus ab, nicht von deinem Ehemann.
- Korrigiere nicht seine Theologie, wenn es sich nur um eine kleine Sache handelt oder wenn es um unterschiedliche Interpretation geht.
- Sei allein in Jesus zufrieden, auch wenn dein Mann nicht mit dir betet. Gebet ist in erster Linie ein Gespräch mit Gott, nicht mit deinem Ehemann.
- Sei bereit, Dinge zu hinterfragen, wenn du glaubst, dass sie eindeutig unbiblisch sind oder auf einer Irrlehre basieren – zuerst aber in deinem eigenen Herzen und in deiner Gebetszeit. Bete um Gottes Weisheit, wann und wie du das Problem

dann mit deinem Ehemann besprichst. Beginne vielleicht mit klärenden Fragen: »Schatz, ich bin etwas durcheinander. Ich habe diesen Abschnitt gelesen und verstehe ihn so. Was denkst du?« Gottes Wort kann in seinem Herzen für sich selbst sprechen. Wenn dein Mann nicht gläubig ist, kann Gott dich auch dazu auffordern, zu warten oder das Thema gar nicht zur Sprache zu bringen (1. Petrus 3,1-2).

Unsere Ehemänner respektieren, wenn wir beten

Obwohl ich in den frühen Ehejahren ausgiebig für meinen Ehemann gebetet habe, hatte ich dabei leider trotzdem eine respektlose Haltung ihm gegenüber, und ich hatte eine respektlose und nicht sehr ehrfürchtige Haltung gegenüber Gott. Ich näherte mich ihm nicht mit angemessener Furcht und Ehrerbietung. Zu der Zeit war es mir nicht bewusst, aber ich behandelte Gott, als müsste er tun, was ich ihm sagte, und zwar möglichst schnell. Vor einigen Jahren zeigte Gott mir aber, dass ich meine Haltung ändern müsste, wenn ich Gebetserhörungen erleben wollte. Ich muss ihm mit Ehrfurcht begegnen, es soll mir ein Herzensanliegen sein, ihm in allem zu gehorchen. Er muss mein größter Wunsch und höchste Priorität sein. Ich muss ihn mit einer Haltung suchen, die echten Respekt für meinen Ehemann und seine gottgegebene Autorität über mich ausdrückt.

Wenn ich bete und Gottes Willen suche, vertraue ich darauf, dass Gott durch meinen Mann seinen Plan für unsere Ehe ausführt. Ich sage nicht: »Gott, ich werde meinen Mann, den du mir gegeben hast, um mich zu führen, komplett ignorieren. Ich möchte, dass du mich so führst, wie ich es will, ohne dass ich mich deinem Plan für die Ehe unterwerfen muss.« Gott entscheidet, wie er mich führen will, und er entscheidet über die Autoritätsstruktur in Ehe, Gemeinde und Familie – unabhängig davon, was unsere Gesellschaft dazu sagt.

Gott entscheidet, wie er mich führen will, und er entscheidet über die Autoritätsstruktur in Ehe, Gemeinde und Familie – unabhängig davon, was unsere Gesellschaft dazu sagt.

Eine Art, mich daran zu erinnern, Gott in Demut und Ehrerbietung zu begegnen, besteht darin, dass ich meinen Kopf mit einem Tuch oder einer Mütze bedecke, wenn ich bete, so wie es in 1. Korinther 11,3-16 steht. Diese einfache, greifbare Mahnung hilft mir, in meiner Seele eine respektvolle Gebetshaltung einzunehmen, demütig auf Gott zuzugehen und anzuerkennen, dass Gott mich durch Greg führen kann und wird.

Ich achte auch darauf, vor Gott respektvoll über meinen Mann zu sprechen und Greg in meinem Herzen nicht trotzig oder hasserfüllt niederzumachen. Was immer wir über unsere Ehemänner sagen, wenn auch nur in Gedanken, wird zu unserer wahrgenommenen Realität. Wir sollten unsere Sorgen in einer konstruktiven Weise vor Gott bringen, und nicht in einer Haltung, die Ablehnung oder Bitterkeit nährt.

Selbst wenn ein Ehemann nicht gläubig ist, kann und wird Gott eine gläubige Frau durch ihn führen. Sie muss darauf achten, ihrem Mann nicht in die Sünde zu folgen, aber eine Frau in dieser Situation darf darauf vertrauen, dass Gottes Souveränität sie durch ihren Ehemann führt, genauso wie eine Frau eines gläubigen Ehemanns darauf vertrauen kann, dass Gott sie führt. Es geht um Gott und unseren Glauben an ihn, nicht um unsere Umstände oder unsere Ehemänner.

Respekt gegenüber dem Haupt der Familie

Wenn es um ihre Vaterrolle geht, wünschen viele Ehemänner sich von ihren Frauen guten Input und Unterstützung statt Kritik und Opposition. Lange habe ich nicht erkannt, dass die Tatsache, dass ich Gregs Autorität gegenüber unseren Kindern untergrub oder sein Engagement für sie nicht erkannte, langfristige Konsequenzen hatte. In Bezug auf unsere Familie war mein Mann sehr antriebslos geworden. Ich bat ihn ständig, mehr mit uns zu machen, aber er schien mich zu ignorieren. Ich dachte, er sei einfach lieblos. Jetzt weiß ich, dass ich ihn damals nicht respektiert, sondern die Kontrolle an mich gerissen habe. Ich hörte nicht auf ihn, unterstützte ihn nicht in seiner Vaterrolle und dachte, ich wüsste es besser, weil ich mehr Erziehungsratgeber gelesen hatte. Ich folgte ihm nicht, also gab er schließlich auf. Es ist unglaublich schrecklich für mich zu erkennen, wie destruktiv meine Haltung, Worte und Handlungen zu dieser Zeit waren. Wenn eine Frau die Entscheidung ihres Mannes außer Kraft setzt oder untergräbt, lehrt sie ihre Kinder unabsichtlich, dass sie ihren Vater nicht zu respektieren brauchen und ihn ignorieren können. Im weiteren Sinne lehrt sie ihre Kinder, jede Autoritätsperson respektlos zu behandeln und zu ignorieren.

Als ich begann, eine wirklich gottesfürchtige Frau werden zu wollen, sagte ich unseren Kindern (unser Sohn war sieben und unsere Tochter zwei) Dinge wie:

- Gott hat Ehemänner/Väter gemacht, um Familien zu führen.
- Es war falsch von mir, dass ich versucht habe, alles zu bestimmen. Es tut mir so leid.
- Wir alle werden Papa mit Respekt behandeln, auch ich.
- Sei Papa und Mama gehorsam. Gott sagt, dass Kinder ihren Eltern gehorchen sollen, damit sie ein gutes Leben haben können (Epheser 6,1-3).
- Wenn einer von uns Nein sagt, frag nicht das andere Elternteil. Wir werden beide Nein sagen.

- Papa hat dich gebeten, nicht auf dem Sofa zu herumzuhüpfen. Ich weiß, dass er gerade nicht hier ist, aber wir ehren ihn und gehorchen ihm, egal ob er hier ist oder nicht.
- Diese Entscheidung überlassen wir Papa (bei größeren Entscheidungen). Wir werden seine Entscheidung in Ehren halten. Du kannst ihn freundlich nach dem fragen, was du willst, und auch erklären, warum du es haben willst (normalerweise einmal, es kann Ausnahmen geben), und dann wirst du akzeptieren, was er entscheidet.*

Kinder lernen biblische Unterordnung unter Autoritäten in ihrem Leben hauptsächlich durch die Art und Weise, wie ihre Mütter ihre Väter behandeln. Ich war erstaunt: Als ich begann, Greg mit größerem Respekt zu behandeln, waren auch unsere Kinder sofort viel respektvoller uns beiden gegenüber. Diese Tatsache erschreckte mich. Endlich sah ich, wie sehr sie meine Beziehung zu Greg nachahmen – meine Worte, meinen Tonfall, meine Haltung – alles. So werden sie jede gottgegebene Autorität behandeln. Entweder lehre ich sie, die gottgegebenen Autoritäten in ihrem Leben zu respektieren, zu ehren und sich ihnen unterzuordnen, oder sie werden die gottgegebenen Autoritäten jetzt und später missachten und gegen sie rebellieren. Letztendlich bringe ich meinen Kindern auch bei, sich respektvoll Christus unterzuordnen – was für eine entscheidende Rolle! Ich habe die Ehre, meinen kostbaren Kindern Respekt und Unterordnung vorzuleben und ihnen ein Leben unter der Herrschaft Jesu zu zeigen. Als Mutter ist es mein tiefster Wunsch, meine Kinder gottesfürchtig zu erziehen und sie darauf

* Es kann durchaus Situationen geben, in denen es angemessen ist, die Entscheidung des Vaters respektvoll anzufechten. Das erfordert viel Gebet und eine demütige Haltung. Die Ehefrau oder das Kind könnte zum Beispiel sagen: »Können wir bitte über deine Entscheidung wegen … sprechen? Ich habe einige zusätzliche Informationen und glaube, dass sie entscheidend sind. Ich glaube, diese Sache ist wegen … sehr wichtig. Kannst du diese Punkte bitte berücksichtigen? Danke.« Aber dann können wir ruhig und gnädig jede Antwort akzeptieren, Ja oder Nein. So ein Einspruch sollte selten vorkommen und nicht zur Regel werden.

vorzubereiten, Jesus als Herrn zu lieben und zu ehren, ihm zu gehorchen und sich ihm unterzuordnen.

Schließlich begann auch Greg, mich als Mutter zu unterstützen. Unsere Kinder waren viel eher bereit, zu gehorchen! Ihre Achtung für uns beide stieg, als sie uns als Team sahen, in dem wir uns gegenseitig ehrten. Mein Mann fing an, unsere Kinder zurechtzuweisen, wenn sie mir gegenüber respektlos waren. Meine Bereitschaft, Greg Respekt zu erweisen und mich ihm unterzuordnen, war eines der besten Dinge, die ich als Mutter je getan habe! Meine veränderte Haltung Greg gegenüber hat die Haltung, das Verhalten und den Gehorsam unserer Kinder drastisch beeinflusst. Mein Mann richtete sich langsam wieder auf, wuchs in seinem Selbstvertrauen als Ehemann, Führer und Vater und brachte sich wieder mehr in die Familie ein. Er ist immer mehr der gottesfürchtige Führer und liebevolle Vater und Ehemann, von dem ich immer wusste, dass er es sein könnte.

Die Entscheidung für eine Gemeinde

Viele Paare sind sich nicht einig, welcher Gemeinde sie sich anschließen sollen. Die Frau bevorzugt eine Denomination oder einen Gottesdienststil, der Mann eine andere. Manche Frau geht einfach alleine in die Gemeinde, die sie mag, und weigert sich, mit ihrem Mann zusammen eine Gemeinde zu besuchen. Ich glaube nicht, dass das sehr weise ist, es sei denn, der Mann möchte seine Frau dazu bewegen, sich mit ihm einer Sekte oder falschen Religion anzuschließen. Eine Frau hat die Verantwortung, ihre Gefühle, Meinungen, Vorstellungen und Wünsche darüber, was sie sich von einer Gemeinde erhofft, mit ihrem Mann zu teilen (wie bei jeder wichtigen Entscheidung). Ein Ehemann braucht die Perspektive und die Einsicht seiner Frau, um mit ihr zusammen die bestmögliche Entscheidung für die Familie zu treffen. Wenn ein Ehemann keine Präferenz hat oder sieht, dass seine Frau einen starken Wunsch hat, in eine bestimmte Gemeinde zu gehen, kann er beschließen, die Wahl seiner Frau zu ehren und zu unterstützen. Wenn Mann und Frau sich nicht einigen können, liegt es in der gottgegebenen Verantwortung des Ehemanns, seine Familie zu führen und dabei die Gefühle, Sorgen und Vorstellungen seiner Frau zu berücksichtigen. Eine Frau in dieser Situation zeigt Respekt und biblische Unterordnung, wenn sie die Entscheidung ihres Mannes freudig und bereitwillig befolgt, auch wenn sie nicht einverstanden ist. Sie kann das Konzept »Unterordnung unter Protest« (das wir in Kapitel 11 besprechen werden) verwenden, wenn diese Entscheidung ihr sehr zuwider ist. Wenn sie die Wahl ihres Mannes jedoch nicht entschieden ablehnt, kann sie etwas sagen wie: »Ich möchte gerne in die Gemeinde X gehen, und das sind die Gründe. Ich möchte nicht in die Gemeinde Y gehen. Das sind meine Gründe. Ich fühle mich damit nicht wohl. Ich sage dir offen alle meine Bedenken, aber ich weiß, dass du einmal vor Gott Rechenschaft für diese Entscheidung ablegen musst, nicht ich. Deshalb werde ich jede Entscheidung unterstützen, die du für die beste hältst, und ich vertraue darauf, dass du uns in Gottes Willen für unsere Familie führst.«

Vielleicht möchte ein Ehemann überhaupt nicht, dass seine Frau eine Gemeinde besucht. In so einem Fall kann die Bereitschaft der Frau, der Bitte ihres Mannes nachzukommen, dazu beitragen, dass er Gott näherkommt. Wenn er sieht, dass sie die Gemeinde nicht vor ihn stellt, kann das die Ehe stärken. Schließlich könnte der Ehemann nachsichtig werden und seine Frau ermutigen, zur Gemeinde zu gehen. Manchmal geht der Mann sogar mit seiner Frau in eine Gemeinde, in der er sich willkommen fühlt, wenn er gesehen hat, dass sie zuvor bereit war, seiner Bitte nachzukommen, zu Hause zu bleiben. Vielleicht gibt es eine andere Zeit in der Woche, mit der ihr Ehemann einverstanden ist, zu der die Frau einen Bibelkreis besuchen oder an einer christlichen Online-Gruppe teilnehmen kann. Natürlich sollte dein Ehemann in deinem Leben keinen höheren Platz einnehmen als Gott, aber es darf Zeiten geben, in denen du deinem Ehemann zeigst, dass er wichtiger ist als der Besuch eines bestimmten Gottesdienstes oder einer bestimmten Gemeinde. Gott kann das Herz eines Mannes verändern, wenn eine Frau bereit ist, für eine Weile dieses Opfer zu bringen. Dies wäre eine Entscheidung, über die man intensiv beten und Gottes Führung suchen sollte. Vielleicht fordert ein Ehemann seine Frau einfach auf, weniger Zeit in der Gemeinde zu verbringen, weil er das Gefühl hat, dass die Ehe oder die Familie leidet. Egal ob der Mann gläubig ist oder nicht, eine kluge Frau versucht in so einer Situation, ihre Aktivitäten in der Gemeinde einzuschränken. Ja, eine Sonntagsschulklasse zu unterrichten oder im Chor zu singen, ist wunderbar. Aber diese Dinge sind nicht so wichtig wie dein Ehebund und dein Dienst an deinem Ehemann.

Respekt durch sexuelle Intimität

Gott hat Ehe und Sex schön und gut gestaltet. Wenn Respektlosigkeit oder Kontrollsucht ein Hauptfaktor für das mangelnde sexuelle Verlangen eines Ehemannes waren, wird Gott unsere Ehen in diesem Bereich im Laufe der Zeit heilen und wiederherstellen, wenn wir bereit sind, nach seinem Willen zu leben. Als Gott Männer und Frauen, Männlichkeit und Weiblichkeit, Ehe, Romantik, Sex und Familie schuf, tat er dies in seiner Weisheit. Gottes Befehle im Bereich der Ehe dienen unserem Schutz und sind in allen Lebensbereichen nützlich. Gott schuf Männer, dass sie auf den Respekt, die Bewunderung und das Vertrauen ihrer Frauen reagieren. Er hat auch uns Frauen so geschaffen, dass wir uns zu unseren Männern hingezogen zu fühlen, wenn wir sie respektieren und ehren. Ein Gewinn für beide Seiten! Ich habe dies immer wieder beobachten können. Wenn eine Frau beginnt, Gott zu gehorchen, wenn sie lernt, ihren Ehemann zu respektieren, und die Kontrolle aufgibt, dann steigt in den folgenden Monaten oder Jahren sexuelle Intimität. Es ergibt alles Sinn!

Gottes Befehle im Bereich der Ehe dienen unserem Schutz und sind in allen Lebensbereichen nützlich.

Natürlich kann es Umstände geben, die außerhalb unserer Kontrolle liegen (medizinischer oder geografischer Art, psychische Probleme, Süchte oder andere mentale Probleme) und die dazu führen, dass wir unsere Sexualität für eine bestimmte Zeit oder manchmal etwas länger nicht erfüllend ausleben können. Zum Glück können wir auch in diesen schwierigen Zeiten erfahren, dass Christus für uns ausreichend ist, und Frieden, Freude und Erfüllung in ihm finden. Wenn dieses Thema dich besonders schmerzt oder wenn es medizinische Probleme gibt, auf die du keinen Einfluss hast, kann dieses Kapitel schwierig sein. Überlege betend, wann und ob es ratsam ist, dich mit diesem Thema zu beschäftigen, meine liebe Schwester! Ich möchte meinen Schwestern, die bereits tiefe Wunden haben, keine unnötigen Schmerzen bereiten.

Jede Ehe ist einzigartig, daher gibt es in jeder Ehe unterschiedliche Ergebnisse zu unterschiedlicher Zeit. Sehr selten haben sowohl der Ehemann als auch die Ehefrau immer das gleiche Maß und die gleiche Intensität sexuellen Verlangens. Ich denke, gerade in diesem Bereich sind wir herausgefordert, noch mehr Gnade, bedingungslose Liebe und Respekt zu zeigen. Unabhängig davon, welcher Ehepartner sich vernachlässigt und welcher sich eingeengt fühlt, Probleme im Bereich der Sexualität können äußerst schmerzhaft sein.

Einige allgemeine Ratschläge zum Thema Respekt und Sex

Sowohl ein zu aggressives als auch ein zu passives Verhalten kann Ehemänner abschrecken. Eine Frau dagegen, die ihren Mann bewundert und auf seine Annäherungsversuche reagiert, ist für ihn unwiderstehlich. Wenn du anfängst, respektvoll zu leben, wirst du vielleicht feststellen, dass dein Mann dich mit der Zeit mehr begehrt (es sei denn, es gibt andere Probleme, die seine Libido beeinträchtigen). Hier einige Ratschläge:

- Kritisiere oder beleidige nicht seine Sexualität oder Männlichkeit.
- Beschwere dich nicht über deine Erfahrungen mit ihm.
- Fordere keinen Sex ein.
- Mache dich nicht über ihn lustig, erniedrige oder demütige ihn nicht.
- Enthalte ihm nicht absichtlich Sex vor.
- Vergleiche ihn nicht mit einem anderen Mann, ob real oder fiktiv.
- Verhalte dich nicht so, als sei Sex eine Belastung oder eine lästige Pflicht.
- Lehne ihn nicht ab, außer bei einer schweren Krankheit, Schmerzen oder einem Notfall (1. Korinther 7,3-5).
- Freue dich auf die Zeit mit ihm und reagiere positiv auf das, was dir gefällt.
- Zeige Wertschätzung dafür, dass er dich begehrt.
- Lächle ihn an.
- Schenke ihm begehrliche Blicke, wenn er für deine sexuelle Aufmerksamkeit empfänglich ist.
- Tue Dinge für ihn, von denen du weißt, dass sie ihm gefallen.
- Fühle dich wohl in deiner Haut.
- Erlaube ihm den Genuss, deinen Körper zu betrachten, ob mit oder ohne Dessous, je nachdem, was er bevorzugt. (Denke daran, dass einige Männer visueller sind als andere.)

Wenn er kein Interesse zeigt

Dein Ehemann ist nicht so oft an körperlicher Intimität interessiert, wie du es gerne hättest? Du bist nicht allein! Viele andere Frauen sitzen im selben Boot. Ich weiß, dass es in vielen Eheratgebern nicht danach aussieht, aber es gibt viele Ehen, in denen die Frau den größeren Sexualtrieb hat. Das muss nicht bedeuten, dass es ein Problem in der Ehe oder ein Problem mit deinem Ehemann gibt.

Hier einige Dinge, die du unter Gebet in Betracht ziehen kannst und die für manche andere Frauen funktioniert haben:

- Lass es vielleicht einige Wochen ganz sein, zu initiieren.
- Gib deine Erwartungen auf und übe keinen Druck mehr aus.
- Wenn er es initiiert, reagiere wertschätzend darauf.
- Untersuche deine Motive. Suchst du in der Bereitschaft deines Mannes, Sex mit dir zu haben, nach deiner Identität, Akzeptanz und Liebe? Sex in der Ehe kann ein wunderbarer Segen sein, aber nur Jesus kann unsere tiefsten emotionalen und geistlichen Bedürfnisse befriedigen.
- Versuche es mit Tagebuchschreiben, wenn du frustriert bist. Zerreiße die Seite, wenn sie später niemand lesen soll.
- Schätze alles, was dein Mann für dich tut.
- Wirf ihm nicht vor, homosexuell zu sein. Das ist äußerst respektlos gegenüber deinem Ehemann! (Wenn es eine Reihe von Anzeichen dafür gibt, dass er sich zu Männern hingezogen fühlt, suche bitte angemessenen gottesfürchtigen, erfahrenen und weisen Rat.)
- Gehe nicht automatisch von einer Affäre aus, wenn er einen geringeren Trieb hat als du.
- Konzentriere dich darauf, zufrieden zu sein mit dem, was er dir geben möchte, und allein in Christus wahre Zufriedenheit zu finden.

Viele Ehemänner brauchen Wochen, Monate oder sogar Jahre, um sich sicher genug zu fühlen und ihre Mauern einzureißen. Sie wollen sehen, dass wir uns nicht nur für ein paar Stunden verändert haben, sondern dass die Veränderung andauert. Es kann lange dauern – sehr lange –, bis sie uns wieder vertrauen. Wir müssen bereit sein, Gott zu gehorchen und so lange zu warten, wie es braucht, auch wenn das Warten schwer und schmerzhaft sein kann.

Wenn du nicht interessiert bist

Wenn du nicht so oft an körperlicher Intimität mit deinem Ehemann interessiert bist, wie er es gerne hätte, bist du auch hier nicht allein! Hier einige Vorschläge, die für einige andere Frauen funktioniert haben:

- Sage ihm, dass du Zeit mit ihm verbringen möchtest, und danke ihm, dass er dich begehrt.
- Gib ihm Ideen, was deine Libido steigern könnte.
- Sage ihm unbedingt, wenn er Dinge tut, die du magst.
- Flirte mit ihm und reagiere liebenswürdig und freudig.
- Wenn du verhindert bist, sage ihm, wie sehr du mit ihm zusammen sein möchtest, und plane eine Zeit (vorzugsweise am nächsten Morgen oder am nächsten Abend).
- Wenn es bei ihm hygienische Aspekte gibt, die dich abschrecken, sage in einem angenehmen Tonfall etwas wie: »Wenn du dich um X kümmerst, bin ich ganz dein.«
- Sei bereit, schnell einen Arzt aufzusuchen, wenn du medizinische Probleme oder Schmerzen hast. Zeige deinem Mann, dass es deine Priorität ist, dein Sexleben dynamisch und gesund zu halten, auch wenn du Probleme hast.
- Sei bereit, gottesfürchtigen Rat zu suchen, wenn du in der Vergangenheit sexuell missbraucht oder belästigt wurdest

und Sex aufgrund dieser tiefen Wunden und emotionalen Narben schwierig für dich ist.

- Mache dir bewusst, dass Sex für ihn etwas sein kann, wodurch er sich emotional und geistig am meisten mit dir verbunden fühlt.
- Lass ihn er selbst sein. Seine Bedürfnisse sind nicht »falsch«, auch wenn sie sich von deinen unterscheiden.
- Genieße es, mehr von ihm kennenzulernen. Frage ihn nach seinen sexuellen Wünschen. Finde heraus, was in seinem Kopf vor sich geht, und lerne seine männliche Perspektive und seine Bedürfnisse kennen.

Respekt in Bezug auf finanzielle Dinge

Es gibt nicht den einen richtigen Weg, Finanzen zu verwalten, der für alle Paare gleich gilt. Aber es gibt einige allgemeine Grundsätze, die meiner Meinung nach sehr hilfreich sind, wenn wir unsere Ehemänner und Gott in finanziellen Fragen ehren wollen. Alles, was wir haben, kommt von Gott. Wir sind nur Verwalter dessen, was Gott uns zur Verwaltung überlassen hat. Die Sprüche Salomos sprechen viel darüber, nicht verschuldet zu sein, Geld mit Bedacht auszugeben und Gott mit unserem Geld zu ehren. Auch Jesus thematisiert Geld an vielen Stellen, so wie das gesamte Neue Testament. Wir tun gut daran, zu untersuchen, was die Bibel über Finanzen lehrt, und uns mit guten Ratschlägen über den Umgang mit Finanzen zu beschäftigen. Auch ein Finanzkurs kann sehr hilfreich sein.

Wir können Gott und unsere Ehemänner ehren, indem wir uns an das Familienbudget halten und nicht zu viel ausgeben. Wir können unsere Ehemänner informieren, bevor wir große Summen ausgeben. Wir können vermeiden, unsere Ehemänner zu kontrollieren, sie einzuschränken und ihnen genau zu diktieren, was sie ausgeben können und was nicht. Wenn eine Frau die Finanzen verwaltet, aber das Gefühl hat, dass sie ihren Ehemann oft bitten muss, nicht so viel auszugeben, wenn sie befürchtet, zu bestimmend zu sein, oder wenn sie sich in der Situation überfordert fühlt, sollte sie den Bereich Finanzen möglicherweise ihrem Ehemann überlassen. Manchmal hilft es einem Mann, mehr Verantwortung zu übernehmen, wenn er die Einnahmen und Ausgaben vor sich sieht. (Wenn dein Ehemann eine Lernbehinderung oder ADS hat, unter einer bipolaren Störung oder einer Spielsucht leidet, ist diese Regelung womöglich nicht die beste für eure Ehe. Bitte suche Gottes Weisheit für deine Situation.) Einige Männer überlassen ihren Ehefrauen gerne die eigentliche Buchhaltung, aber helfen dabei, das Budget aufzustellen und große Entscheidungen zu treffen. Er beaufsichtigt und die Frau kann sich in gewissem Sinne als »Sekretärin« betrachten. Im Idealfall haben beide Ehepartner Zugriff auf die Konten, sodass Transparenz geschaffen wird und niemand Ausgaben oder Schulden versteckt. Ich glaube auch, dass beide Ehepartner zur Entscheidung über das Budget beitragen sollten; ebenso müssen beide ihre Bedenken äußern, wenn sie welche haben. Eine andere gute Idee ist ein gemeinsames Bankkonto, wo das Geld »unseres« ist, nicht »deins« oder »meins«.

Für Frauen, die mehr Geld verdienen als ihre Männer oder die alleinigen Verdiener sind, birgt dieses Gebiet viele zusätzliche Versuchungen. Es ist leicht zu meinen, dass wir, wenn wir schon mehr Geld verdienen, auch alles andere in der Ehe kontrollieren sollten. Gegen diese Tendenz müssen wir uns schützen. Wenn wir die alleinigen Verdiener sind, sind wir erst recht versucht, die Führung des Mannes zu missachten. Ich sage nicht, dass es gegen Gottes Willen wäre, wenn eine Familie finanziell von der Ehefrau abhängt. Manchmal ist es aus verschiedenen Gründen unvermeidlich. Oder vielleicht glaubt ein Paar, dass dies Gottes Weg für sie ist. Aber wenn das so ist, wird eine Frau viel beten und Gott suchen müssen, um Wege zu finden, wie sie ihrem Ehemann als Haupt der Familie weiterhin Anerkennung und besonderen Respekt zollen kann.

Respekt vor Familie und Freunden

Beziehungen mit der Familie können kompliziert sein. Manche Eltern erwarten von ihren Kindern, dass sie genauso loyal und folgsam sind wie in jungen Jahren. Aber wenn eine Ehe geschlossen wird, entsteht ein neuer Bund, also muss es neue Loyalitäten geben. Letztendlich gelten unser Respekt und unsere Unterordnung zuerst Gott, danach unseren Ehemännern. Du hast einen Bund mit deinem Ehemann, nicht mit deinen Eltern. Wenn du dich gezwungen siehst zu wählen, musst du deinem Ehemann zeigen, dass du auf seiner Seite stehst, auch wenn die Beziehungen zu anderen Familienmitgliedern dadurch schwieriger werden. So ein Handeln wird deine Ehe stärken und deinen Ehemann bekräftigen, dich so zu schützen und zu führen, wie Gott es beabsichtigt.

> Also sind sie nicht mehr zwei, sondern ein Fleisch. Was nun Gott zusammengefügt hat, soll der Mensch nicht scheiden. (Matthäus 19,6)

Wenn eine Ehe geschlossen wird, entsteht ein neuer Bund, also muss es neue Loyalitäten geben. ... Du hast einen Bund mit deinem Ehemann, nicht mit deinen Eltern.

Karis Geschichte

Ich weiß nicht genau, wie ich den Schrecken beschreiben soll, den wir so viele Jahre mit der Familie meines Mannes erlebten … und der zu einer Kluft zwischen meinem Mann und mir führte. … Wir fingen an, miteinander zu streiten, weil ich so verletzt war und mich versöhnen wollte. Er war wütend, dass ich mich von ihnen verletzen lassen konnte. Er war davon überzeugt, dass sie sich nicht verändern noch in der Reife zu Christus wachsen wollten. Er fand, es sei an der Zeit, den Kontakt komplett abzubrechen, um jede weitere Interaktion und daraus entstehende Verletzungen zu vermeiden. Schließlich ließ ich ihn führen und ordnete mich seiner Bitte unter. … In den folgenden sechs Monaten wurde es schlimmer als je zuvor und die Situation spitzte sich zu. Aber dann gab es in einigen Beziehungen echte Heilung, Gespräche und Bitten um Entschuldigung. Das war wirklich etwas Besonderes. Sechs weitere Monate vergingen, und mein Mann traf die Entscheidung, dass er noch nicht bereit war, alle Einschränkungen aufzuheben. Er entschied, dass unsere Familie nicht an der nächsten Familienfeier teilnehmen würde. In meinem Herzen bekämpfte ich das. Ich hatte das Gefühl, das sei die falsche Entscheidung. … Ich dachte, er sei egoistisch, und dass er aus Stolz eine gottlose Entscheidung treffe. Aber ich gehorchte seiner Führung. … Schließlich erklärte sich mein Mann bereit, an einigen Familientreffen teilzunehmen, und erlaubte den Kindern wieder den Kontakt zu seiner Familie. Es läuft noch nicht perfekt … aber meine Bereitschaft, auf meinen Mann zu hören, führte dazu, dass viele Beziehungen eine gesunde Veränderung erfahren haben. Wir sind nun in der Lage, mit seiner Familie zu kommunizieren, anstatt in einer Richtung unterwegs zu sein, die zum vollständigen Bruch mit der Familie geführt hätte. Die Tatsache, dass ich meinen Mann bei dieser großen Entscheidung respektiert habe, hat zwei Dinge bewirkt. Erstens brachte es uns einander näher, weil ich meinem Mann vertraute, in dieser Situation zu führen, und er sah, dass ich bereit war, ihm zu folgen, was ihn wiederum mutiger machte, auch in Zukunft Entscheidungen zu treffen. Zweitens hat es mir geholfen zu lernen, dass nicht alles auf meine Weise geschehen muss, damit ich glücklich bin und im Leben weiterkomme. … Sein Weg funktioniert besser als der, zu dem ich uns viele Jahre gezwungen habe.

Ein paar Tipps

Im Folgenden sind einige Tipps aufgeführt, wie du deinen Ehemann bei Familientreffen ehren kannst. Es handelt sich um verschiedene Vorschläge (keine Regeln), die du ausprobieren oder unter Gebet in Erwägung ziehen kannst, und sie gelten nicht in jeder Situation. Letztendlich liegt es an dir, in der jeweiligen Situation genau auf Gottes Stimme und auf die Führung deines Mannes zu hören.

- Lächle und schaue deinen Mann an, wenn er spricht. Höre ihm interessiert zu.
- Lass ihm die Freiheit zu entscheiden, was er tun möchte, was er essen möchte, mit wem er sprechen möchte usw.
- Äußere deine Wünsche in einem angenehmen, freundlichen Ton. Zum Beispiel: »Ich würde mich freuen, wenn du dich eine Weile zu uns in den anderen Raum setzt.« Dann sei liebenswürdig und zuvorkommend, egal wie er sich entscheidet.
- Wenn der Zeitpunkt angemessenen ist, lobe ihn aufrichtig vor anderen (nicht ständig, aber ein oder zwei Sätze im Laufe des Tages, die von Herzen kommen, über Dinge, deretwegen du stolz auf ihn bist, wären sehr gut).

- Behandle die Familie deines Mannes mit großem Respekt und Ehre. Kritisiere sie nicht, sonst könnte dein Mann das Gefühl haben, dass er seine Familie gegen dich verteidigen muss – kein guter Weg zu mehr Intimität in deiner Ehe. Wenn du seine Familie nicht respektierst, könnte dein Ehemann das Gefühl haben, du seiest aus seinem Schutz und seiner Deckung herausgetreten und nun auf dich allein gestellt. Wie kann er dich verteidigen, wenn du im Unrecht bist?
- Wenn es Personen im Familienkreis gibt, die dich verbal angreifen, bleibe im selben Raum wie dein Mann. Wahrscheinlich werden diese Leute es nur dann tun, wenn sie dich alleine kriegen können.
- Vermeide, ihn vor anderen in irgendeiner Weise respektlos zu behandeln.
- Wenn jemand möchte, dass deine Familie sich zu etwas verpflichtet, sprich zuerst mit deinem Mann darüber, oder, wenn er dabei ist, schaue ihn an, lächle und lass ihn antworten (es sei denn, ihr habt gemeinsam vereinbart, dass du dich um die Termine kümmerst).
- Wenn ein bestimmtes Familienmitglied deinen Ehemann nicht in seinem Haus haben möchte, wäre es wahrscheinlich am besten, wenn du auch nicht hingehst, es sei denn, dein Ehemann schlägt etwas anderes vor. Du musst nicht viel Aufhebens darum machen. Sag einfach und freundlich etwas wie: »Okay, ich verstehe. Aber wenn mein Mann in deinem Haus nicht willkommen ist und nicht respektvoll behandelt wird, werden meine Kinder und ich nicht kommen können. Danke für die Einladung.«
- Wenn eins deiner Familienmitglieder hinter dem Rücken deines Ehemanns respektlos über ihn spricht, sage sanft, aber fest: »Bitte sei meinem Mann gegenüber nicht so respektlos«, oder: »Bitte sprich nicht so über meinen Mann.«
- Wenn dein Mann respektlos behandelt wird und anwesend ist, kläre zuerst, ob er die Situation lieber selbst angehen

möchte. Vielleicht will er nicht, dass du für ihn die Feuerwehr spielst. Das hängt von deinem Ehemann ab und vielleicht auch davon, ob es deine Familie oder seine Familie ist, die ihn missachtet.

- Sei zufrieden mit ihm und mit dem, was du hast.
- Vergleiche deinen Ehemann nicht mit anderen.
- Versuche nicht, deinen Mann zu etwas zu zwingen, was er nicht möchte.

Die Folgen von Respektlosigkeit

Ich wünschte, ich hätte schon im ersten Sommer nach unserer Hochzeit über meinen respektlosen Umgang mit meinem Mann nachgedacht. Ich ahnte damals nicht einmal, dass ich respektlos war, aber die Respektlosigkeit einer Frau stößt ihren Ehemann ab, zerstört Intimität und schafft Spannungen, Konkurrenz und Streit. Ich wollte mehr Intimität und Verbundenheit, was gute Wünsche waren, aber ich war zum Scheitern verurteilt, weil ich den falschen Weg einschlug, um mit meinem Mann über meine Bedürfnisse und Sorgen zu sprechen. Es ist so wichtig, dass wir den Weg, den wir wählen wollen, bewerten und uns ansehen, wo er endet, bevor wir ihn wählen.

Wenn ich mich dafür entscheide, meinen Mann zu kritisieren oder ihn nicht zu respektieren, werde ich wahrscheinlich einige der folgenden Ergebnisse erzielen:

- Er wird sich mir wahrscheinlich eine Zeit lang in vielerlei Hinsicht nicht mehr nähern wollen.
- Er wird sich wahrscheinlich nicht sicher fühlen, sich mir zu öffnen.
- Er wird den Respekt vor mir verlieren.
- Er wird das Vertrauen und den Glauben an mich verlieren.

- Sein Gottvertrauen und seine Bereitschaft, gut zu führen und zu lieben, könnten erschüttert werden.
- Sein Geist könnte niedergeschlagen sein, er könnte sich deprimiert und entmutigt fühlen.
- Er könnte mich ablehnen.
- Unsere geistliche, emotionale, geistige und körperliche Intimität könnte darunter leiden.
- Er könnte sich als Mann geschlagen und wie ein Versager fühlen.
- Satan könnte in unserer Ehe Fuß fassen.

Habe ich in meinem eigenen Leben mit einer bestimmenden oder respektlosen Frau zu tun? Wie fühle ich mich, wenn ich mit ihr interagieren muss? Diese Fragen können uns helfen, Einfühlungsvermögen für unsere Ehemänner zu entwickeln und zu erkennen, was sie empfinden, wenn wir auf eine bestimmende oder respektlose Weise handeln. Wenn eine Frau dir gegenüber sehr kritisch ist und versucht, dir Dinge vorzuschreiben (ob deine Mutter oder Schwiegermutter, eine Schwester oder eine Kollegin), fühlst du dich in ihrer Gegenwart warm und geborgen? Oder denkst du dir: »Wie kann ich so schnell wie möglich hier weg?« Was denkst du, wenn diese Frau dich anruft oder zur Tür hereinkommt? Niemand mag es, sich kontrolliert zu fühlen oder respektlos behandelt zu werden. Wir alle sehnen uns nach Liebe, Respekt, Akzeptanz, Wertschätzung und Ehre. Ein schönes Beispiel für eine gottesfürchtige Frau und die Macht, die sie hat, um ihren Mann und ihre Familie zu segnen, liefert uns Sprüche 31.

Uns Frauen von heute scheint Respektlosigkeit vielleicht nicht der Rede wert, aber für Ehemänner ist es eine sehr große Sache. Stell deinem Mann doch mal ein paar allgemeine Fragen: »Brauchen Ehemänner Respekt von ihren Frauen?«, oder: »Wenn sich ein Ehemann von seiner Frau nicht respektiert fühlt, was ändert das für ihn als Mann?« Vielleicht ist dein Mann auch offen für Fragen wie: »Welche Dinge tun Frauen, die einem Ehemann gegenüber respektlos oder respektvoll sind?« Es wäre bestimmt interessant, herauszufinden, wie hoch dein Mann es bewertet, wenn eine Ehefrau Respektlosigkeit vermeidet. Ich ermutige dich, diese Woche Interaktionen zwischen Männern und Frauen um dich herum, auch in den Medien, besonders aufmerksam zu beobachten, um zu sehen, ob du entschlüsseln kannst, welche Verhaltensweisen und Worte von Frauen Männern Respektlosigkeit vermitteln und welche Dinge von aufrichtigem Respekt zeugen. Halte Ausschau nach Frauen, die Respekt verstanden zu haben scheinen, und beobachte, wie sie mit ihren Ehemännern oder auch mit anderen Männern sprechen und umgehen. Beobachte, wie Männer mit respektvollen Frauen umgehen. Beachte den Ausgang von Situationen, in denen Frauen ihre Männer respektlos behandeln, sie verachten, verschmähen, sie lächerlich machen oder negativ darstellen. Beobachte, wie die Männer reagieren, und denke betend darüber nach, welche Botschaft du deinem Ehemann am liebsten senden möchtest, um eure Ehe zu segnen und zu erbauen.

Unsere Wünsche respektvoll kommunizieren

Bevor wir anfangen können, respektvoll zu kommunizieren, müssen wir entscheiden, welche Dinge wir überhaupt ansprechen sollten – was wäre produktiv, was destruktiv? Respekt ist viel mehr als nur, wie wir etwas sagen. Unsere Wortwahl und unser Tonfall gehören zum Respekt dazu, aber echter Respekt beinhaltet auch *respektvolle Motive* und *respektvolles Nachdenken* in unserem Herzen. Das erfordert eine totale Herzensveränderung, um authentisch zu sein. Ich kann etwas auf respektvolle Weise sagen, aber wenn ich Respektlosigkeit in meinem Herzen hege, kann ich Greg nicht wirklich respektieren oder Gott gehorchen. Gott kann uns seine Kraft und Weisheit geben, unsere Worte anhand der Bibel zu prüfen und sündige Gedanken zu verwerfen, die unsere Ehemänner und unsere Ehen verletzen und zerstören könnten. Je früher wir zerstörerische Gedanken gefangen nehmen können, desto besser! Im Laufe der Zeit (über viele Monate oder sogar mehrere Jahre) ändert Gott unsere Denkmuster und Wünsche, sodass wir irgendwann die Gewohnheit loswerden, die respektlosen Dinge auch nur zu denken.

Früher dachte ich, dass ich, wenn ich ich selbst sein wollte, jeden Gedanken aussprechen müsste, der mir in den Sinn kommt. Aber Gott erinnert uns: »Bei der Menge der Worte fehlt Übertretung nicht; wer aber seine Lippen zurückhält, ist einsichtsvoll« (Sprüche 10,19). Ich habe diesen Vers immer gehasst – wahrscheinlich, weil ich eine ziemlich flinke Zunge hatte. Für diejenigen, die sich eher frei und offen zu allem äußern, ist einer der ersten Schritte in Richtung göttlicher Weisheit, bewusst zu schweigen, insbesondere wenn wir etwas sagen wollen, was sündig ist oder verletzend sein kann. Du musst nicht immer still sein. Aber wenn die meisten deiner Worte sündige Motive und sündigen Inhalt haben, könnte es sein, dass du eine lange Zeit ziemlich still sein wirst, während du herausfindest, worüber man sonst noch sprechen kann. Bei mir jedenfalls war es so. Dann kannst du beginnen, wieder mehr zu reden, bis du das richtige Gleichgewicht zwischen deinem Redefluss und einem Inhalt gefunden haben, der Gott ehrt. Wenn du eine Frau bist, die dazu neigt, »zu still« zu sein, musst du dich wahrscheinlich nicht darauf konzentrieren, weniger zu sprechen, um Sünde zu vermeiden. Für dich könnte die größere Herausforderung darin bestehen, deine Gedanken zu erkennen und dann Mut und Weisheit zu haben, um zu entscheiden, was du sagen möchtest und wie du es am besten mit anderen teilst.

Herr,
sprich direkt in mein Herz. Hilf mir, deine Stimme und Wahrheit klar zu hören. Lass mich lernen, die Stimme des Feindes zu erkennen und meine Gedanken und Worte zu schützen. Reinige mich, damit ich eine Frau werde, die zu deiner Ehre lebt. Mach mich heilig, wie du heilig bist. Hilf mir, meine Worte zu gebrauchen, um Leben, nicht Schaden, in meine Ehe zu bringen.
Amen.

Manchmal ist Schweigen Gold

Die Sprüche enthalten viele Verse über die Weisheit des Schweigens: »Auch ein Narr, der schweigt, wird für weise gehalten, für verständig, wer seine Lippen verschließt« (Sprüche 17,28). Ich glaube, dass das für Frauen, die in der Gottesfurcht wachsen wollen, der Ausgangspunkt sein muss, um verstehen zu lernen, wie gesunde, nützliche und gottesfürchtige Gespräche mit Menschen aussehen. Mir ist aufgefallen, dass ich, wenn ich eine negative Bemerkung loswerden möchte, sehr sorgfältig abwägen muss, ob ich auf mein sündiges Ich, den Feind oder auf Gott höre. Gott kann mich auffordern, sofort etwas zu sagen. Aber wenn meine sündige Natur die Kontrolle hat, ist es eher ein zwanghafter Drang, das, was ich so wichtig finde, so schnell wie möglich loszuwerden – ohne darüber nachzudenken, ob es jemanden beleidigen oder verletzen könnte.

Allgemein gesprochen richtet Schweigen, selbst ungerechtfertigtes Schweigen, viel weniger Schaden an als zu Unrecht ausgesprochene Worte. Wenn wir anfangen, unsere Worte zu zensieren, kann es sich zunächst so anfühlen, als wären wir nicht mehr wir selbst. Aber in Christus sind wir unserem alten Ich gestorben. Jetzt streben wir nach unserem neuen Ich in Christus. Wir haben die Freiheit, uns als neue Schöpfung in Christus anderen mitzuteilen und zu jeder Zeit und gegenüber jeder Person unser neues, vom Heiligen Geist erfülltes Ich zu sein (2. Korinther 5,17). Das sind gute Nachrichten! Ich muss die guten Dinge, die Gott in meinem Herzen und in meinem Leben tut, nicht zensieren. Ich muss entscheiden, was ich sagen möchte, wann ich es möchte und wie ich es mit Bedacht tun kann. Aber ich muss keine Angst haben, dass mein Mann herausfindet, was ich wirklich denke, weil ich nichts zu verbergen habe, wenn Gottes Geist das Sagen hat und meine Gedanken rein sind und Christus ehren. Wenn Greg herausfindet, was ich mit meinen Freunden über ihn rede oder was ich in meinem Gebetstagebuch über ihn schreibe, bin ich jetzt nicht mehr so besorgt wie früher, als ich gegenüber anderen Menschen negative Dinge über ihn sagte und ihn jeden Tag in meinem Tagebuch auseinandernahm. Es gibt mir viel Frieden, wenn ich weiß, dass ich in meinem Denken und Sprechen über meinen Ehemann respektvoll gehandelt habe.

Wenn Gottes Geist die Kontrolle hat, können wir Versuchung sehr schnell erkennen und destruktive Ideen abweisen, bevor wir ihnen erlauben, in unseren Herzen Wurzeln zu schlagen, und bevor wir etwas gegen sie unternehmen müssen.

Irgendwann wird unser Wunsch, heiliger und gottesfürchtiger zu leben, zur Normalität. Unsere alten, sündigen Wege fühlen sich dann fremd und sogar abstoßend an. Wenn der Geist Gottes die Kontrolle hat, können wir Versuchung sehr schnell erkennen und destruktive Ideen abweisen, bevor wir ihnen erlauben, in unseren Herzen Wurzeln zu schlagen, und bevor wir etwas gegen sie unternehmen müssen. Jesus gibt uns jeden Tag die Kraft, im Sieg über Sünde zu leben. Wir werden manchmal fallen und werden nie ohne Sünde und nie vollkommen sein, bis wir im Himmel sind. Aber in Christus können wir reifen, und ein siegreiches Leben kann unsere Gewohnheit werden – nicht, weil wir so gut sind, sondern weil Jesus so gut ist und seine Kraft unsere Herzen überflutet. Das hat nichts damit zu tun, dass wir stark sind, Regeln befolgen oder uns mehr anstrengen. Es hat alles damit zu tun, dass wir Gottes Geist vollständigen Zugang zu unserem Herzen, unseren Gedanken und unserem Leben gewähren.

> Setze, HERR, meinem Mund eine Wache, behüte die Tür meiner Lippen! (Psalm 141,3)

Wenn ein Ehemann viele Monate oder Jahre lang spürt, dass er eingeengt, kontrolliert oder respektlos behandelt wird, braucht er möglicherweise zuerst etwas mehr Ruhe. Ich stelle es mir so vor, wie wenn die Seele eines Mannes einen »Sonnenbrand« bekommen hat, wenn er eine Weile ziemlich respektlosem Verhalten ausgesetzt war. Vielleicht neigt er dazu, überempfindlich auf alles zu reagieren, was auch nur annähernd respektlos klingt, während seine Wunde heilt. Wenn ein Ehemann sich wieder respektiert und sicher fühlt, ist eine Frau freier, mehr Themen anzusprechen. Bewusstes Schweigen kann also eine vorübergehende Phase sein, in der die Frau mehr Besonnenheit lernt und die Wunde ihres Ehemanns heilt. Unterschiedliche Ehemänner haben außerdem unterschiedliche Persönlichkeiten. So braucht ein introvertierter Mann, der durch Alleinsein wieder auftankt, möglicherweise mehr Ruhe, selbst wenn er sich sicher und respektiert fühlt, als ein extrovertierter Mann, der durch die Nähe zu Menschen neue Energie bekommt.

Wenn deine Motive falsch sind

Wenn ich sündige Motive habe, ist es definitiv an der Zeit zu schweigen. Ich kenne schon vorher das Ergebnis, wenn mein Fleisch die Kontrolle hat: Streit und Missverständnisse, verletzte Gefühle, verlorene Intimität – alles geht kaputt. Vielleicht möchte ich nur mit Greg zusammen sein, was an und für sich nicht falsch ist, aber wenn ich nicht mit Gottes Geist erfüllt bin, werde ich verzweifelt und aufdringlich in der Art, wie ich meine Bedürfnisse kommuniziere und wie ich reagiere, wenn er nicht das tut, was ich möchte.

Das sündige Motiv, mit dem ich am meisten zu kämpfen habe, ist mein Stolz. Wenn ich mich als ach so viel geistlicher als Greg betrachte und auf ihn als den größeren Sünder herabsehe, kann mein Stolz leicht zu anderen falschen Motiven und sündigen

Gedanken führen. Wenn ich zum Beispiel glaube, ich sei besser als mein Mann, wird es mir schwerfallen, ihn zu respektieren. Wenn ich ihn nicht respektiere, möchte ich mich sicher nicht seiner Führung unterwerfen. Sogar Verachtung und Groll können in mir wachsen, während ich noch glaube, ich sei völlig gerecht.

Einige andere sündige Motive, die für mich leuchtend rote Warnsignale sind, besser zu schweigen, sind folgende:

- wenn ich mich gedrängt fühle, meinen Ehemann ins Kreuzverhör zu nehmen und ihn des Fehlverhaltens zu beschuldigen – als wäre ich ein Anwalt im Gerichtssaal
- wenn ich mit meinem Mann über jemanden tratschen oder etwas sagen möchte, was diese Person verletzen würde
- wenn ich mit jemand anderem über meinen Ehemann tratschen oder etwas über ihn sagen möchte, was ihn verletzen würde oder ihm das Gefühl vermitteln würde, ich würde ihn verraten
- wenn ich versuchen möchte, meinen Ehemann zu ändern und ihn zu etwas zu zwingen, damit ich das bekomme, was ich will
- wenn ich von meinem Mann wirklich enttäuscht bin, weil er meine Erwartungen nicht erfüllt; sündige Gedanken können eine Rolle spielen oder auch nicht, aber wenn ich nicht aufpasse, kann ich von hier aus sehr schnell in eine Abwärtsspirale geraten
- wenn ich mich nur auf die schlechten Seiten meines Mannes konzentriere und die guten nicht sehen kann
- wenn ich Dinge denke wie: »Er sollte X für mich tun«, und: »Ich verdiene Y«
- wenn ich meinen Willen über Gottes Willen suche
- wenn ich mich über etwas beschwere
- wenn ich streiten möchte

Ich will nicht sagen, dass ich, wenn ich diese Motive in meinem Herzen finde, nichts ansprechen sollte. Aber ich muss diese Motive zu Gott bringen, über sie Buße tun, wenn es nötig ist, und alles in meiner Seele und vor Gott in Ordnung bringen, bevor ich versuche, ein Problem mit meinem Ehemann zu besprechen – wie es Matthäus 7,1-5 erklärt.

Wenn du nicht sicher bist, ob du etwas sagen sollst

Meine Erfahrung hat mich gelehrt, dass, wenn ich nicht sicher bin, ob ich über etwas sprechen sollte, es oft am besten ist, zu warten. Es kann Ausnahmesituationen geben wie Notfälle, oder wenn eine sehr wichtige Entscheidung schnell getroffen werden muss. Aber wenn eine Sache warten kann und ich nicht ganz sicher bin, ob ich sie ansprechen soll, finde ich persönlich es hilfreich, meine Gedanken zuerst aufzuschreiben und zu beten. Ich schreibe alle meine Gedanken, Gefühle und Bedenken auf, um festzustellen, ob meine negativen Gefühle ein Hinweis auf ein sündiges Motiv in meinem eigenen Herzen sind, ob jemand gegen mich sündigt und ich es ansprechen muss oder ob ich gerade nur Hormonschwankungen erlebe oder müde bin. Wenn ich glaube, dass ich etwas sagen muss, möchte ich warten, um sicherzustellen, dass ich den richtigen Zeitpunkt finde und dass meine Motive Gott und Greg gegenüber aufrichtig sind. Wenn die Gedanken und Motive, die ich aufschreibe, sündig sind und jemanden verletzen könnten, wenn er sie lesen würde, zerreiße ich die Seite, wenn ich fertig bin. (Ich habe in den ersten Jahren meiner Reise viele Notizbuchseiten vernichtet.)

Als ich mich auf die Reise begab, eine gottesfürchtige Frau zu werden, wusste ich, dass am Anfang Schweigen die einzige Möglichkeit sein würde, keine respektlosen Dinge zu sagen, vor allem, weil in meinen Gedanken und in meinem Herzen immer noch eine Flut respektloser Gedanken und Motive herumwirbelte. Mehrere Jahre lang waren mein Notizbuch und mein Gebetsleben mein einziges Ventil. Ich bin nie zu meiner alten Gewohnheit zurückgekehrt, alle meine Gedanken mit jemandem zu teilen. Meine tiefsten Gedanken bleiben in erster Linie immer noch zwischen Gott und mir. Ich sage nicht, dass jede Ehefrau so vorgehen sollte. Aber wenn ich im privaten Raum meine Gedanken im Licht von Gottes Wort verarbeite, hilft es mir herauszufinden, was genau ich denke, und gibt mir einen sicheren Ort, sorgfältig zu entscheiden, ob ich für Greg meine Ideen in Worte fassen soll. Dies bewahrt mich auch davor, einer Freundin zu viel zu erzählen, mit einem Familienmitglied zu klatschen oder das Vertrauen meines Mannes zu verraten.

Wenn du eine gottesfürchtige Mentorin hast, mit der du deine Kämpfe teilen kannst und die mit dir beten wird, ist das wunderbar! Jetzt habe ich auch einige Gebetspartnerinnen, mit denen ich offen sein kann. Wenn ich merke, dass ich mit einem sündigen Gedanken ringe und das Problem immer noch habe, auch nachdem ich gebetet habe, teile ich meine Versuchung oder meinen Kampf Greg oder meinen Gebetspartnerinnen mit. Wenn ich mit einer Versuchung kämpfe und dabei für mich bleibe, kann ich leicht dem Feind zum Opfer fallen.

Ungebetene Ratschläge

Ich habe gelernt, dass ich nicht bei jeder Entscheidung meines Mannes meinen Senf dazugeben muss – was er isst, was er anzieht, wie er seine Beziehungen zu anderen pflegt, wie er Auto fährt, womit er seine Freizeit verbringt, wie er Probleme bei der Arbeit löst, wann er Geld ausgibt (oder spart), wie er mit den Kindern umgeht usw. Greg ist ein erwachsener Mann, der in der Lage ist, seine eigenen Entscheidungen zu treffen. Wenn er mich um meine Meinung bittet, kann ich sie demütig und freundlich äußern. Aber wenn mein Mann mich nicht um meinen Rat bezüglich einer Entscheidung bittet, die er für sich selbst trifft (ich spreche hier nicht von Entscheidungen für die ganze Familie, sondern von seinen persönlichen Entscheidungen), muss ich sein von Gott gegebenes Recht ehren: Er darf seine eigenen Entscheidungen treffen, und ich werde sie mittragen. Wir beide wissen es zu schätzen, wenn niemand versucht, unsere persönlichen Entscheidungen haargenau zu kontrollieren. Kann es mich beeinträchtigen, wenn mein Mann sich ungesunde Gewohnheiten aneignet? Ja, das ist möglich. Aber Greg braucht genug Freiheit, um er selbst zu sein. Wenn mein Mann Schwierigkeiten hat, sich an etwas zu erinnern, das er erledigen muss, und mich bittet, ihn daran zu erinnern, ist es in Ordnung, wenn ich das tue. Ungebetener Rat dagegen wird häufig als Versuch aufgefasst, eine andere Person zu kontrollieren.

Ich kann durchaus sagen, was meine persönlichen Vorlieben sind, aber ich sollte es auf freundliche Weise tun, ohne zu versuchen, ihn unter Druck zu setzen oder zu manipulieren. Wenn ich sage: »Ich glaube, ich werde gebackenes Hähnchen bestellen. Ich esse nicht so gerne mehr als 100 Gramm rotes Fleisch pro Woche«, wäre das bei einem angenehmen Tonfall wahrscheinlich in Ordnung. Aber dieselbe Aussage könnte leicht manipulativ oder abwertend verstanden werden, wenn ich sie in einem herablassenden Ton sage, so als würde ich wirklich denken, Greg müsse die gleiche Überzeugung haben wie ich, was rotes Fleisch angeht. In diesem Fall wäre es für mich besser gewesen, diese eine Kleinigkeit, was ich lieber esse, gar nicht erst zu sagen. Ich kann meine Motive prüfen, indem ich mich frage:

- Teile ich mich in einem freundlichen, angenehmen Tonfall mit, sodass er dabei einfach mehr über mich lernt?
- Versuche ich ihn dazu zu bringen, sich zu ändern, weil meine Meinung vermeintlich besser ist?

Es gibt Gelegenheiten, zu denen ich Vorschläge machen oder Bitten äußern kann. Wenn er dennoch eine Wahl trifft, mit der ich nicht einverstanden bin, ist es umso wichtiger, dass ich zuvorkommend reagiere, nicht mit Verachtung, Druck oder Ablehnung. In Christus habe ich die Kraft, mich dafür zu entscheiden, zufrieden zu sein, egal was Greg tut (Philipper 4,12-13). Je länger ich meinem Mann Respekt entgegenbringe, desto empfänglicher wird sein Herz für meine Meinung zu vielen Themen. Ich kann ihm sagen, wie ich unsere Kinder ernähren möchte. Ich kann Dinge mitteilen, die ich für meine eigene Ernährung in Betracht ziehe. Ich kann versuchen, gesunde Mahlzeiten für meine Familie zu kochen. Aber mein Mann braucht es nicht und will es nicht, dass ich mich wie seine Mutter verhalte. Er will, dass ich seine Frau bin. Er würde es begrüßen, wenn ich seine Freiheit in vielen Bereichen respektiere, Entscheidungen für sich selbst zu treffen, ebenso wie ich Entscheidungen selbst treffen kann, die mich betreffen.

Wenn ich mir ernsthafte Sorgen um Gregs Gesundheit oder seine Ernährung mache, kann ich unter Gebet darüber nachdenken, ob Gott möchte, dass ich ihn wegen dieser Dinge anspreche und etwas sage wie: »Ich liebe es, deine Frau zu sein. Ich möchte, dass wir so lange wie möglich zusammen sind. Ich weiß, dass Gott unser Leben in seiner Hand hält und dass er die Zahl unserer Tage kennt. Ich vertraue ihm vollkommen. Aber ich weiß auch, dass die Entscheidungen, die wir treffen, echte Konsequenzen haben. Es würde mir viel Ruhe geben zu wissen, dass dein Körper gesund ist. Ich kann den Gedanken nicht ertragen, dass dir etwas passiert, das vielleicht hätte verhindert werden können.« Ich glaube nicht, dass der Versuch, die Ernährungsgewohnheiten meines Mannes oder andere persönliche Entscheidungen zu kontrollieren und zu steuern, ihn zu gesünderen Entscheidungen motivieren oder die Intimität in unserer Ehe erhöhen würde. Stattdessen würde mein Mann sich höchstwahrscheinlich eingeengt fühlen, und so würde mein Versuch, seine täglichen Entscheidungen zu überwachen, die Intimität zwischen uns eher verringern. Respekt vor meinem Ehemann bedeutet allerdings nicht, dass ich eine Sucht oder schädliche Verhaltensweisen fördern sollte. Wenn mein Mann Diabetes hätte, würde ich ihm wohl keine Süßigkeiten kaufen wollen. Wenn er alkoholabhängig wäre, würde ich ihm keinen Alkohol kaufen. Wenn er eine Pornosucht hätte und wollte, dass ich das mit ihm ansehe, müsste ich mich weigern.

Wenn ein Ehemann sehr krank oder verletzt ist und sagt, es gehe ihm gut, seine Frau jedoch weiß, dass er dringend medizinische Hilfe braucht, empfehle ich, einen Krankenwagen zu rufen, auch wenn er das nicht möchte. Natürlich muss eine Frau Maßnahmen ergreifen, wenn ein Ehemann sich selbst Schaden zufügt oder andere ernsthaft gefährdet, und geeignete Hilfe von außen suchen.

Wenn das Fleisch schwach ist

Es gibt bestimmte Zeiten, in denen ich weiß, dass ich besonders vorsichtig sein muss, wenn ich Greg etwas erzählen oder mitteilen möchte – insbesondere, wenn es etwas Negatives ist. Wenn ich niedrigen Blutzucker habe, meine Hormone gerade verrücktspielen, wenn ich erschöpft oder krank bin, Schmerzen habe, unter Zeitdruck stehe, überfordert und gestresst bin, weil ich so viel zu tun habe – solche Situationen verleiten mich leicht dazu, mit etwas herauszuplatzen, ohne wirklich darüber nachzudenken, was ich gerade sage. Wenn mein Fleisch schwach ist, geht mir meine eigene Kraft und Geduld aus. In solchen Momenten muss ich mich mehr denn je auf Gottes Kraft verlassen.

Ich finde es wichtig, dass Greg weiß, wenn ich gesundheitliche Probleme habe oder mein Körper in einem geschwächten Zustand ist. Er muss wissen, dass ich bald Essen brauche, dass ich Schlafmangel habe, dass ich körperliche Schmerzen habe, dass ich gerade mit PMS zu tun habe, oder was auch immer die Situation ist. Solche Informationen für mich zu behalten, kann nicht nur respektlos, sondern sogar gefährlich sein. Wenn ich so wenig geschlafen habe, dass ich weiß, ich sollte besser nicht am Steuer sitzen, muss ich das meinem Mann sagen. Wenn ich erhebliche Gesundheitsprobleme habe, muss ich vielleicht sagen: »Ich würde das wirklich gerne für dich machen, aber gerade schaffe ich das körperlich einfach nicht.« Normalerweise reicht es, wenn ich mein Problem einmal darstelle. Wenn meine Verfassung sich ändert, sollte ich ihm davon erzählen. Wenn ich ein chronisches medizinisches Problem habe (und ich habe einige davon), kann ich darüber berichten, wenn es besonders schlimm ist oder wenn es etwas Wichtiges gibt, von dem ich glaube, dass Greg es wissen muss. Ich achte darauf, nicht zu jammern und meine Probleme nicht ständig zu wiederholen, die Greg schon kennt, wenn es sich gerade nicht um einen Notfall handelt.

Eine andere Situation, in der ich sehr vorsichtig sein muss, bevor ich spreche, ist, wenn ich nicht genug Zeit mit Gott verbracht habe, die ich aber täglich brauche. Wenn ich von Gott wegtreibe und nicht eng mit ihm verbunden bin, erlebe ich schnell eine Bruchlandung. Ohne Gott kann ich wirklich *nichts* Gutes tun. Ich brauche mindestens dreißig bis sechzig Minuten pro Tag, um konzentriert die Bibel zu lesen und intensiv zu beten. Wenn ich ein paar Tage lang ohne geistliche Vertrautheit mit Gott lebe oder wenn ich anfange, Sünde in meinem Herzen zu hegen, verlasse ich mich wieder auf meine eigene Kraft, ich neige dazu, Warnzeichen einer Versuchung zu übersehen, und verliere die Kraft seines Geistes. Wenn ich weit genug von Gott entfernt bin, bin ich zu jeder Art von Sünde fähig. Alles Gute in mir kommt von Jesus; nichts davon ist mein eigener Verdienst. Es erfordert große Demut, mir diese Wahrheit immer wieder vor Augen zu halten und anzuerkennen, dass ich völlig von Christus abhängig bin. Ich muss in Christus bleiben, damit seine Kraft in mir wirken kann (Johannes 15,1-8). Bevor ich nicht gute persönliche Zeit mit Gott hatte, in der mein Geist erneuert wurde, möchte ich mich beispielsweise nicht auf größere Diskussionen einlassen.

Wenn ich ein paar Tage lang ohne geistliche Vertrautheit mit Gott lebe oder wenn ich anfange, Sünde in meinem Herzen zu hegen, verlasse ich mich wieder auf meine eigene Kraft, ich neige dazu, Warnzeichen einer Versuchung zu übersehen, und verliere die Kraft seines Geistes.

Ich möchte auch mehr Nachsicht walten lassen, wenn das Fleisch meines Mannes schwach ist oder wenn er in seinem Leben mit einer großen Enttäuschung oder einer Prüfung fertigwerden muss. Ich weiß, dass Greg in einigen solcher Situationen besonders viel Ruhe und emotionalen oder physischen Freiraum benötigt. Einige Ehemänner wünschen sich mehr Aufmerksamkeit und Zuwendung, wenn sie gestresst oder krank sind. Wenn ein Ehemann nicht gläubig ist oder wenn er Kämpfe in seinem Glaubensleben hat, werden Worte über geistliche Dinge sich wahrscheinlich nicht vorteilhaft auswirken (1. Petrus 3,1-2). Unter solchen Umständen befiehlt Gott einer Frau, Respekt und Ehre dadurch zu zeigen, dass sie eine gottesfürchtige Haltung einnimmt, die ihr Reden und Verhalten prägt, ohne ihrem Ehemann zu predigen. Gott weiß, dass dieser Ansatz viel wirksamer zu einem Ehemann spricht, der geistliche Wunden hat. Wir werden sehr empfindsam für Gottes Geist sein müssen, um genau zu wissen, was zu tun ist. Vielleicht denkst du, dein Mann sei weit von Gott entfernt, aber du kannst dich auch irren und ihn falsch einschätzen. Gott kennt das Herz deines Mannes – du nicht. Wenn du in dieser Situation schweigst, kannst du vermeiden, dass dein Mann sich kritisiert und verurteilt fühlt, und stattdessen eine günstigere Atmosphäre schaffen, in der er geistlich genesen und wachsen kann.

Eine emotionale Lawine

Wenn mein Fleisch schwach ist, könnte ich sehr versucht sein, meinem Frust vor meinem Ehemann Luft zu machen oder meine negativen Emotionen *an* meinem Mann auszulassen. Ich denke vielleicht, dass ich mich dann besser fühle. Das Problem dabei: Vielleicht fühle ich mich tatsächlich besser, nachdem ich ihn angegriffen oder mich »emotional ausgekotzt« habe, wie Nina Roesner es in ihrem Blog *The Respect Dare* beschreibt. Aber was macht das mit meinem Ehemann? Baut es Intimität und Vertrauen auf, oder stößt es meinen Mann ab und bewirkt, dass er sich in meiner Nähe unsicher fühlt, weil ich meine Emotionen nicht unter Kontrolle habe? Wenn ich meinem Mann eine unendlich lange Nachricht sende oder ein paar Stunden damit verbringe, ihn mit detailreichen Beschreibungen meiner Wut, Traurigkeit, Enttäuschung und meines Frusts unter Beschuss zu nehmen, wird die Menge an Wörtern und die Intensität meiner negativen Emotionen ihn schier überwältigen. Vermutlich kann er dabei auch nicht herausfinden, was ich eigentlich von ihm brauche. Besser wäre es, wenn ich sofort auf den Punkt komme. Greg hat mir erklärt, dass er sich oft so fühlte, als wäre ich ein »verbales Exekutionskommando«, wenn ich mich emotional bei ihm ausließ, und dass er nichts wollte, als sich in Deckung zu bringen. Andere Männer beschreiben solche Situationen mit dem Gefühl, in einem »Ozean negativer Emotionen« zu ertrinken, während sie mit aller Kraft versuchen, an Land zu kommen, um dem zu entfliehen. Greg kann mich anhören und sich um meine Bedürfnisse und Gefühle kümmern, wenn ich meine Art zu sprechen anpasse.

Ich kann immer noch kommunizieren, was ich brauche, aber auf eine Weise, die Greg gut verarbeiten kann.

Wenn du einen kritischen Kommentar über eine Kleinigkeit abgeben willst

Wenn ich Greg etwas über eine relativ unbedeutende Angelegenheit sagen möchte, könnte es klug sein, meinen Mund zu halten. Was für einen Unterschied macht es wirklich, wenn er einen Weg nach Hause nimmt, der manchmal ein paar Minuten länger dauert? Wenn ich irgendeine Art medizinischen Notfall habe, kann ich ihn natürlich bitten, die schnellste Strecke zu fahren. Aber unter normalen Umständen kann ich ruhig und zufrieden damit sein, wenn Greg selbst entscheidet, wie er fährt. Ich kann die Reise und seine Gesellschaft genießen, weil ich ihm vertraue, dass er uns sicher an unser Ziel bringt. Mein Ehemann ist ein sehr intelligenter, fähiger und verantwortungsbewusster Mann. Genauso sollte ich mich zurückhalten, wenn mein Mann eine Geschichte erzählt und ein kleines Detail falsch in Erinnerung hat. Ist es so wichtig, dass ein Ereignis an einem Dienstag und nicht an einem Mittwoch stattfand? Mein Mann ist frei, seine Geschichte selbst zu erzählen, ohne dass ich mich ständig einmische, um die kleinen Details zu korrigieren. Natürlich kann es sein, dass er mich hilfesuchend ansieht, während er versucht, sich an ein Detail zu erinnern. Das ist dann eine großartige Gelegenheit für mich, es zu ergänzen.

Ich kann auch beschließen, zu schweigen, wenn mein Mann unsere Kinder auf eine Weise bestraft, die nicht unbedingt dem entspricht, was ich getan hätte. Solange er nicht gegen unsere Kinder sündigt und sich als Vater in die Familie einbringt, muss ich nicht bei jeder Kleinigkeit einschreiten und meine Meinung kundtun. Viel lieber danke ich ihm dafür, dass er sich um unsere Kinder kümmert, auch wenn er andere Methoden anwendet als ich. Ich zeige Vertrauen, indem ich nicht versuche, alle Entscheidungen meines Mannes genauestens zu überwachen. Ich zeige ihm Respekt, indem ich ihm Raum gebe, sich von mir zu unterscheiden, ohne dass er das Gefühl haben muss, er liege falsch.

Wann man etwas sagen muss

Es gibt unzählige Dinge, die Frauen mit ihren Männern teilen können und sollten. Ich weiß, dass es so aussehen kann, als gäbe es eine Menge Tabuthemen, wenn wir beginnen, unsere Ehemänner zu respektieren und Gott mit Worten und in Gedanken zu ehren. Wenn wir darin wachsen, wird deutlich, dass es zwar einige Grenzen gibt, aber auch viele neue Wege, sich mitzuteilen. Ich kenne keinen vernünftigen Ehemann, der möchte, dass seine Frau nichts erzählt, nichts denkt, keine eigene Meinung hat, ihm immer nur zustimmt und nicht mit Herz, Seele und Verstand zur Ehe beiträgt. Das wäre eine sehr kranke Ehe.

Wenn deine Worte Leben und Segen spenden

Für Frauen, die nicht mit Respektlosigkeit zu kämpfen hatten, sondern die möglicherweise zu passiv, zu leise oder »zu respektvoll« gewesen sind: Dies kann dein Ausgangspunkt sein. Jetzt ist es Zeit, den Mut und die Kraft zu finden, deinem Ehemann mehr Dinge mitzuteilen. Eines der ersten Dinge, die ich lernte, war, meine Wertschätzung für das Gute auszudrücken, das ich in Greg sah. Worte bedeuten Greg nicht so viel wie mir. Andere Ehemänner lieben viele Worte und Details. Für Greg können ein bis zwei einfache, wertschätzende Sätze pro Tag oder pro Woche ein Segen sein. Wenn ich ehrlich bin, waren meine Einstellung, mein Verhalten und meine Motive für Greg viel wichtiger als respektvolle Worte, aber es gehört zum Lernprozess dazu, Worte zum Guten zu verwenden. Ich lernte, meine Dankbarkeit auszudrücken, wenn Greg etwas tat, das mir gefiel. Wenn ich etwas bemerkte, das ich an Greg bewunderte, erwähnte ich es kurz und frei. Ich konzentrierte meine Gedanken auf die Dinge, die in Philipper 4,8 aufgelistet sind. Außerdem schrieb ich täglich alle guten Dinge auf, die mir über Greg und mein Leben einfielen. So wurde es für mich immer natürlicher, diese Dinge, über die ich täglich nachdachte, auch auszusprechen.

> Im Übrigen, Brüder, alles, was wahr, alles, was würdig, alles, was gerecht, alles, was rein, alles, was lieblich ist, alles, was wohllautet, wenn es irgendeine Tugend und wenn es irgendein Lob gibt, dies erwägt. (Philipper 4,8)

Das ist so wichtig: Was immer ich in meinem Kopf denke und mich in meinem Herzen bewegt, wird auch aus meinem Mund kommen. In vielerlei Hinsicht werden meine Gedanken zu meiner persönlichen Realität und bestimmen, wie ich meinen Mann und meine Ehe sehe. Gute Gedanken veranlassen mich, gute Dinge zu denken und zu fühlen und durch gute Worte, Verhaltensweisen und Taten zu meiner Ehe beizutragen. Schlechte Gedanken veranlassen mich, schlechte Dinge zu denken und zu fühlen und schlechte Worte, Verhaltensweisen und Taten zu meiner Ehe beizutragen.

Das ist so wichtig: Was immer ich in meinem Kopf denke und mich in meinem Herzen bewegt, wird auch aus meinem Mund kommen.

> Der gute Mensch bringt aus dem guten Schatz des Herzens das Gute hervor, und der böse bringt aus dem bösen das Böse hervor; denn aus der Fülle des Herzens redet sein Mund. (Lukas 6,45)

Einige Leute glauben, ich würde es gutheißen, wenn Frauen die perfekte, immer gut gelaunte, unterwürfige und gefügige Hausfrau spielen, ein künstliches Lächeln aufsetzen und stilles Glück vortäuschen, während innerlich die Wut brodelt. Dieser Ansatz kann nur scheitern, weil die wirklichen, negativen Gefühle einer Frau über kurz oder lang vor ihrem Ehemann zum Vorschein kommen oder hochkochen und explodieren. Gottloses Denken äußerlich zu polieren, bringt nichts. Es geht vielmehr darum, dass wir mit Gott »kooperieren«, um all das giftige Zeug aus allen Gedanken, aus Herz und Seele auszurotten, und es geht darum, dass wir einen neuen Geist haben, der geheiligt wird – der im Laufe der Zeit immer heiliger und Christus ähnlicher wird. Wenn ich meinen Mann wirklich respektieren will, reicht keine Übung, die nur das Äußere verändert. Ich mag dort anfangen, aber wenn ich lerne und reife, befähigt mich Gott, echten Respekt und echte Gottesfurcht zu trainieren, indem ich sorgfältig meine Gedanken überprüfe. Durch die Kraft des Heiligen Geistes kann ich die Disziplin haben, alle respektlosen, bitteren oder sündigen Gedanken in meinem Herzen sofort zunichtezumachen und sie bewusst durch Gottes Wahrheit und wirklich respektvolle Gedanken zu ersetzen. Es wird Zeiten geben, in denen ich harte Dinge sagen muss. Aber nach Gottes Plan kann ich das tun und trotzdem meine respektvolle Einstellung und meinen kooperativen Geist bewahren. In meiner Ehe darf ich mich fast immer frei fühlen, gute Dinge auszusprechen: echte Freude, Lob für meinen Mann, Dank, Frieden, Respekt, Ehre, Freundlichkeit, Zuneigung, Wertschätzung, Lob für Gott und jeden guten Gedanken, den Gott mir schenkt. Die eine große Ausnahme ist, wenn mein Mann nicht gläubig ist – dann werde ich wahrscheinlich nicht mit ihm über Gott, die Bibel oder geistliche Dinge sprechen (1. Petrus 3,1-6).

Wenn Gott dich auffordert

Wenn du in enger Vertrautheit mit Christus und in der Kraft seines Geistes lebst, kann er dich dazu bewegen, zu einer bestimmten Zeit etwas Bestimmtes zu sagen oder zu schweigen. Er kann es dir aufs Herz legen zu beten. Er kann dich bitten, eine Zeit lang still vor ihm zu sein. Er kann dir Ideen geben, wie du deinem Ehemann Ehre und Respekt auf eine Art erweisen kannst, die ihn besonders berührt. Was für ein unglaublicher Schatz, wenn die leise Stimme des Geistes Gottes zu uns spricht. Das ist es, was wir alle dringend brauchen, um die Frauen zu sein, zu denen Gott uns beruft!

> Und wenn ihr nach rechts oder wenn ihr nach links abbiegt, so werden deine Ohren ein Wort hinter dir her hören: Dies ist der Weg, wandelt darauf! (Jesaja 30,21)

Ich kann mich an einen Abend erinnern, als ich alleine in unserem Arbeitszimmer saß, die Bibel las und in mein Gebetstagebuch schrieb. Ich war verärgert darüber, dass meine Familie nicht so viel Zeit mit Gebet und Bibellesen verbrachte, wie es meiner Meinung nach sein sollte. Plötzlich hörte ich sehr deutlich, wie Gott in mein Herz sprach: »Hör auf, deine Bibel zu lesen und sieh mit Greg und deinen Kindern fern.« Ich wollte widersprechen: »Aber Herr, ich möchte hier bei dir sein!« Aber er sagte wieder: »Geh zu deiner Familie und verbringe Zeit mit ihnen.« Ich beschloss zu gehorchen.

Mir ist aufgefallen, dass Gott mich oft zu etwas auffordert, worauf ich alleine nie gekommen wäre. Gott hat mir schon viele Male gezeigt, wie und wann ich meine Bedenken mit Greg teilen soll. Ich kann ihn sagen hören: »Das ist die richtige Zeit. Und das sind die Punkte, die du in Demut und Sanftmut mitteilen kannst – danach lass mich übernehmen.« Ich kann seine Aufforderung erkennen, weil sie normalerweise in Ruhe geschieht und ich Frieden darüber habe. Das panisch drängende Gefühl, das mein Fleisch dazu bringt, verletzende Worte herausplatzen zu lassen, ist etwas ganz anderes. Aber wir müssen Vorsicht walten lassen. Es ist möglich, dass wir uns täuschen und denken, wir würden Gottes Stimme hören, wenn wir eigentlich auf uns selbst oder auf den Feind hören. Wir müssen bereit sein, »die Geister zu prüfen« (1. Johannes 4,1). Wenn etwas, von dem wir glauben, dass Gott uns dazu auffordert, gegen Gottes Wort verstößt, müssen wir diesem Drängen widerstehen und am Wort Gottes als der primären Quelle der Wahrheit festhalten.

Wenn du auf emotionaler Ebene Beziehung leben willst

Emotionen sind ein Geschenk Gottes an die Menschheit. Ich glaube, wir tun gut daran, die gesamte Bandbreite unserer Emotionen unseren Männern gegenüber zu kommunizieren. Wir können über unsere Gefühle sprechen, ohne unsere Ehemänner für die schlechten zu beschuldigen. Wir können verletzlich, authentisch und echt sein, während wir Gott und unsere Ehemänner respektieren und ehren.

Laura Doyles präsentiert in *The Surrendered Wife*[12] eine einfache Methode, Gefühle, Emotionen und Wünsche in Worte zu fassen – ohne zu beschuldigen oder zu sehr ins Detail zu gehen. Beispielsweise:

- Ich bin traurig darüber.
- Ich bin nervös.
- Ich habe Angst.
- Ich bin wütend über X.
- Diese Situation frustriert mich sehr.
- Ich fühle mich total überfordert.

Das Schöne daran, Gefühle so einfach auszudrücken, ist, dass unsere Ehemänner sie nachvollziehen können, weil diese Aussagen gut verständlich und prägnant sind. Dieser Ansatz ist ehrlich, aber nicht bedrohlich. Es ist schwierig, gegen die Emotionen eines Menschen zu argumentieren. Sie sind, was sie sind, und nur diese Person kann wissen, was sie fühlt. Manchmal reicht eine einfache Aussage darüber, was du fühlst. In anderen Fällen kannst du etwas mehr mitteilen. Wenn dein Mann etwa sagt: »Warum bist du nervös?«, kannst du auf einige Details eingehen. Dabei wird dein Mann eine Kurzfassung bestimmt zu schätzen wissen, statt dass du stundenlang redest. Wenn er mehr wissen will, wird er wahrscheinlich fragen. Wenn du feststellst, dass du etwas wirklich Wichtiges ausgelassen hast, kannst du das natürlich auch sagen. So kann ich die wichtigsten Informationen über meine Gefühle auf eine Weise kommunizieren, die Greg mir näherbringt, statt ihn abzustoßen. Was ich sage, hat jetzt so viel mehr Gewicht als früher, wo ich mich stundenlang über meine negativen Gedanken und Gefühle ausließ. Ich mache nur eine kurze Aussage oder erkläre sie ein paar Minuten. Greg versteht mein Herz und meine Bedürfnisse und ich fühle mich ihm mehr verbunden. Er kann entscheiden, wie er reagieren möchte, ohne sich verurteilt, unter Druck gesetzt, gezwungen oder bedroht zu fühlen. Das kostet uns beide viel weniger Zeit und strapaziert uns emotional nicht so wie meine alte Art.

Ebenso wichtig ist es, auch die positiven Emotionen zu teilen. »Ich bin so glücklich, dass ich gerade Zeit mit dir verbringen kann!« – »Mein Herz ist heute voller Dankbarkeit.« – »Ich liebe es, deine Frau zu sein!« Wenn dein Mann all deine Gefühle sehen kann und du sie auf sanfte, weibliche Weise ausdrückst, stärken deine Gefühle eure Ehe und erhöhen die emotionale Intimität und Verbundenheit. Durch deine positiven Gefühle fühlt dein Mann sich wie dein Held. Und wenn du deine negativen Gefühle auf respektvolle, prägnante Weise ausdrückst, kann dein Ehemann sich auch da entscheiden, dein Held zu sein, selbst in deinen Kämpfen und deinem Frust.

Wenn dein Mann all deine Gefühle sehen kann und du sie auf sanfte, weibliche Weise ausdrückst, stärken deine Gefühle eure Ehe und erhöhen die emotionale Intimität und Verbundenheit.

Manchmal möchten wir vielleicht nur über unsere Gefühle sprechen, um sie zu verarbeiten. In diesem Fall kann es hilfreich sein, unseren Ehemännern genau zu sagen, was wir erwarten, weil sie oft nicht das gleiche Bedürfnis haben, zu sprechen und sich emotional mitzuteilen, wie wir. Zum Beispiel: »Ich bin mir nicht sicher, wie ich mich gerade fühle. Es würde mir sehr helfen, wenn du mir fünf bis zehn Minuten lang zuhörst, während ich darüber spreche. So kann ich meine Emotionen verarbeiten. Allein zu wissen, dass du zuhörst, ist ein Segen für mich, und ich werde mich danach besser fühlen.« Ebenso gut wäre es, wenn wir unsere Ehemänner wissen lassen, dass wir auch ihre Gedanken hören möchten. Wir können ihnen zeigen, dass wir ihren Input, ihre Weisheit und ihre Führung schätzen. Manchmal möchten unsere Männer auch die Möglichkeit haben, eine echte Lösung für unser Problem zu finden, und nicht nur zuhören.

Wenn die persönlichen Entscheidungen deines Mannes auch dich betreffen

Wenn mein Mann eine Entscheidung trifft, die ein echtes Problem für mich darstellt oder eine echte Beschwerde verursacht, wie wenn ich gegen sein Aftershave allergisch bin, möchte ich meine Bedürfnisse und Bedenken mit ihm teilen. »Greg, es tut mir so leid, aber ich glaube, ich bin gegen dein Aftershave allergisch.« Oder wenn das Schnarchen meines Mannes mich um den Schlaf bringt, sollte ich das Problem ansprechen und ihn bitten, mir entgegenzukommen, damit ich gut schlafen kann. »Schatz, es tut mir so leid dich zu stören … Aber du schnarchst und ich kann nicht schlafen. Vielleicht würde X helfen? Vielen Dank!« Aber wenn er eine ganze Reihe von Mitteln ausprobiert hat und trotzdem noch schnarcht, kann ich mich entscheiden, in einem anderen Zimmer zu schlafen. Oder ich könnte ihn respektvoll fragen, ob es ihm etwas ausmachen würde, in ein anderes Zimmer zu gehen. Ich muss nicht schweigen, wenn ich ein echtes Problem habe. Ich habe die Fähigkeit und die Pflicht, mich mitzuteilen, wenn ich Hilfe brauche oder sich etwas ändern muss.

Wenn du deine Bedürfnisse oder Wünsche äußern möchtest

Männer und Frauen sind beide Menschen, kostbare Geschöpfe Gottes, deren Gefühle, Bedürfnisse und Meinungen zählen, besonders in der Ehe. Ehemänner und Ehefrauen sollten die Freiheit haben, ihre Ideen, Emotionen und ihre Wünsche zu äußern. Es muss nicht immer alles nach unseren Vorstellungen laufen, aber es ist äußerst wichtig, dass wir uns sicher fühlen, uns mitzuteilen – auf eine Weise, den anderen ehrt und respektiert. Ich sollte mich ausdrücken können, ohne Greg zu verletzen. Er sollte sich ausdrücken können, ohne mich zu verletzen. Unser beider Ideen, Sichtweisen und Persönlichkeiten sind wichtig, und wir sollten beide das

Gefühl haben, gehört zu werden und eine Stimme zu haben. Natürlich kann es einige Zeit dauern, bis wir dahin gelangt und unsere Wunden geheilt sind. Ich mag Laura Doyles Ansatz, unsere Wünsche freundlich und doch unkompliziert zu äußern. Es gibt keinen Grund, unsere Ehemänner zu manipulieren oder unter Druck zu setzen. Wir können einfach sagen:

- Ich möchte X machen.
- Ich möchte Y nicht machen.
- Das gefällt mir.
- Ich mag das nicht.

Wenn ich mit Greg kommuniziere, versuche ich bewusst, Vorschläge und Bitten zu äußern statt Forderungen oder Anweisungen. Ich spreche meinen Mann in einem angenehmen Tonfall und mit einem echten Lächeln an:

- Ich würde das sehr gerne machen.
- Es würde mir viel bedeuten, wenn wir …
- Ich bin mir nicht sicher, ob mir diese Idee gefällt. Was denkst du darüber, wenn wir stattdessen X machen?
- Könntest du das bitte für mich machen, wenn du die Möglichkeit hast?
- Ich könnte wirklich Hilfe bei Y gebrauchen.
- Hast du eine Idee, wie ich mit diesem Problem umgehen könnte?
- Ich habe ein Problem. Kannst du mir bitte helfen?
- Ich denke, ich würde es vorziehen, wenn …
- Das und das mag ich an deinem Vorschlag. Ich habe noch ein paar Gedanken dazu, die wir in Betracht ziehen könnten …
- Ich habe darüber nachgedacht – würde es jetzt passen, dass ich dir von meinen Gedanken erzähle?
- Ich habe einige Bedenken, die ich gerne äußern würde, wenn du nichts dagegen hast.

- Ich glaube, ich habe das nicht ganz verstanden. Kannst du deine Idee / deinen Plan bitte genauer erklären? Ich möchte sicher sein, dass ich alles richtig verstehe.

Ob dein Mann sofort auf deine Bitte oder deinen Vorschlag reagiert oder ob er Zeit braucht, darüber nachzudenken, was er tun möchte, bevor er seine Gedanken in Worte fassen kann, hängt von seiner Persönlichkeit ab. Anstatt ständig um Greg herumzuwuseln und sofort eine Antwort zu erwarten oder sie zu verlangen, komme ich zwanglos in den Raum, lächle ihn an, erwähne, was ich möchte oder was ich brauche, und gehe dann meinen Aufgaben nach (außer bei einer dringenden Sache). Auf diese Weise setze ich ihn nicht unter Druck. Manche Männer schätzen es, wenn sie ein paar Tage Frist bekommen, bevor sie sich eingehend mit einem wichtigen Thema befassen müssen. »Schatz, ich möchte dieses Wochenende über X sprechen. Ich wollte es dir nur schon mal sagen.« Ich berücksichtige dabei auch, dass Greg bei bestimmten Themen mehr Zeit braucht, seine Gedanken und Gefühle zu verarbeiten, als ich. Deshalb gebe ich ihm den Freiraum, er selbst zu sein und sich die Zeit zu nehmen, die er braucht. Sei bereit, gnädig und zuvorkommend zu sein, egal wie dein Mann auf deine Idee reagiert. Wenn er Nein sagt, oder: »Lass uns damit noch etwas warten«, nutze diese Zeit, um zu beten, Gott zu suchen, auf ihn zu hören und seiner Souveränität zu vertrauen, dass letztendlich alles zu deinem Guten und zu seiner Herrlichkeit führt (Römer 8,28). Danke deinem Ehemann für seine Führung, auch wenn er Entscheidungen trifft, die du nicht magst, und denke daran, dass dein Mann Gott gegenüber für diese Entscheidungen verantwortlich ist, nicht du. Wenn er Ja sagt, danke ihm und zeige ihm, dass du sehr schätzt, was er für dich tut.

Gefühle und Wünsche respektvoll mitteilen

Die folgende Liste enthält einige Beispiele dafür, wie du deine Gefühle und Wünsche respektvoll kommunizieren kannst. Denke an einen angenehmen Tonfall und ein Lächeln, sei zwanglos (also ohne unter Druck zu setzen) und gib ihm dann Zeit zum Nachdenken, wenn er sie braucht.

- Schatz, ich mache mir in letzter Zeit Gedanken darüber, ob wir die Kinder nicht auf eine christliche Schule schicken sollten. Ich mache mir Sorgen, dass die Kinder in der staatlichen Schule gottlosen Einflüssen ausgesetzt sind. Ich weiß, dass du das vielleicht anders siehst. Ich würde gerne irgendwann darüber sprechen, vielleicht an diesem Wochenende?
- Ich habe gerade erfahren, dass meine Lieblingsband nächsten Monat ein Konzert in unserer Stadt gibt. Ich würde sehr gerne zusammen mit dir hingehen. Was denkst du?
- In letzter Zeit fühle ich mich damit überfordert, die Kinder pünktlich ins Bett zu bringen. Hast du eine Idee, wie ich es besser machen könnte? (Oder:) In letzter Zeit fühle ich mich damit überfordert, die Kinder pünktlich ins Bett zu bringen. Wenn du mir die Gutenachtgeschichte abnehmen könntest, würde mir das sehr helfen! Dankeschön! (Oder:) Ich brauche heute Abend Hilfe mit den Kindern. Könntest du ihnen um acht eine Geschichte vorlesen?
- (Wenn er Sex vorschlägt und du nicht in der Stimmung bist:) Ich würde gerne für dich da sein. Vielleicht können wir etwas finden, was mir hilft, etwas zu entspannen. Dann gehöre ich ganz dir. (Oder:) Wie schade! Mir geht es gerade nicht gut, aber ich möchte so schnell wie möglich für dich da sein. Sollen wir den Wecker stellen und es am Morgen versuchen? (Oder:) Vielleicht könnte ich X für dich machen, damit du heute Abend Entspannung bekommen kannst? Und dann können wir vielleicht so bald wie möglich »in echt« zu-

sammen sein. (Oder:) Ich bin immer noch aufgebracht wegen dem, was du vorhin gesagt hast. Ich möchte sexuell ganz für dich da sein, aber ich muss wissen, dass dieses Problem geklärt ist und dass wir Frieden haben, bevor ich mich vertrauensvoll und offen genug fühle, um Sex zu haben. Vielleicht können wir zuerst reden?

- Ich freue mich sehr für dich und deine neue Stelle an einem anderen Ort. Was für eine Ehre! Ich muss aber zugeben, die Vorstellung, unser Zuhause zu verlassen, macht mich ziemlich traurig. Ich habe einige Bedenken und möchte sicher sein, dass wir sie bei dieser Entscheidung gemeinsam besprechen können. Aber ich möchte dich unterstützen, so gut ich kann. Wenn du glaubst, dass es das Beste ist, vertraue ich dir und werde alles tun, froh darüber zu sein.
- Schatz, könntest du bitte heute Abend eine Ladung Wäsche anstellen? Vielen Dank!
- (Wenn er deine Gefühle verletzt hat:) Das tut mir weh. (Oder:) Es macht mich traurig, wenn du so mit mir sprichst. (Oder:) Dieser Tonfall fühlt sich für mich lieblos an. (Oder:) Ich mag es, wenn du in einem ruhigen Ton sprichst. Dann kann ich viel besser hören, was du wirklich meinst. (Oder:) Bitte sprich nicht so mit mir, Schatz.
- Ich bin heute Abend traurig, aber ich würde mich viel besser fühlen, wenn ich ein bisschen mit dir kuscheln könnte. Ich kann einfach nicht traurig sein, wenn du mich im Arm hast.

Unterordnung unter Protest

Eines der Dinge, die ich am meisten daran liebe, Respekt und Ehrerbietung für Greg zu lernen, ist, dass ich nicht länger versuche, mit ihm zu diskutieren oder zu streiten. Ich finde es toll, dass wir uns beide in all unseren Entscheidungen gehört, respektiert und wertgeschätzt fühlen. Keiner muss laut werden. Niemand braucht sich angegriffen zu fühlen. Wir haben gelernt, mit Meinungsverschiedenheiten ruhig umzugehen. Selbst wenn wir nicht einer Meinung sind, sind angespannte Situationen, in denen emotionale Verbundenheit verloren geht, selten. Wir wissen beide, dass unsere Ehe und unsere Einheit viel wichtiger sind als Ergebnisse unserer Entscheidungen. Deshalb können wir Entscheidungen als Team angehen, ohne befürchten zu müssen, dass Meinungsverschiedenheiten unsere Ehe zerstören oder jemanden verletzen könnten.

Ich finde es toll, dass wir uns beide in all unseren Entscheidungen gehört, respektiert und wertgeschätzt fühlen.

Sobald eine Frau ihrem Mann ihre Gedanken mitgeteilt hat und es sich herausstellt, dass sie beide nicht auf einen Nenner kommen können, kann eine Frau trotzdem respektvoll mit ihrem Ehemann kommunizieren, indem sie einfach feststellt, dass sie ihm nicht zustimmt, sich ihm aber aus Respekt vor seiner Position unterordnet. (Ich meine Situationen, in denen der Ehemann bei Verstand ist, es keine schwerwiegenden Probleme in der Ehe gibt und der Ehemann seine Frau nicht bittet, Sünde zu billigen oder zu begehen.) Ein Bruder in Christus hat mir von diesem Konzept berichtet, und ich liebe es! Es gibt keinen Streit. Es gibt kein Drama. Es gibt keine Tränen (meistens). Wenn ein Mann sieht, dass seine wunderbare, respektvolle Frau, die er sehr respektiert und innig liebt, ihm auf angenehme Weise scharf widerspricht, wird es ihm zu denken geben.

Ein gläubiger Ehemann weiß, dass er Gott gegenüber für seine Entscheidungen verantwortlich ist, und er wird wahrscheinlich zusätzliche Zeit damit verbringen, über eine Entscheidung zu beten, bei der seine Frau ihm nicht zustimmt, bevor er sie durchzieht. Ein weiser Ehemann wird die Gegenstimme seiner Frau sorgfältig abwägen, um sicherzugehen, dass er keine unkluge Entscheidung trifft und dass das, was er möchte, in Gottes Augen für seine ganze Familie wirklich das Beste ist. Selbst wenn er nicht gläubig ist, wird ein Mann normalerweise mit großer Vorsicht reagieren, wenn seine respektvolle, entgegenkommende Frau große Bedenken hinsichtlich seiner Pläne äußert.

»Liebling, danke, dass du mir gesagt hast, was wir deiner Meinung nach tun sollten. Weißt du, ich habe darüber nachgedacht und gebetet, und ich glaube, dass dies nicht der beste Weg für uns ist. Danke, dass du dir meine Sichtweise und meine Bedenken angehört hast. Wenn du glaubst, dass dies das Beste für unsere Familie ist, werde ich mich dir in dieser Situation ›unter Protest‹ unterordnen. Ich kann dir nicht zustimmen, aber ich werde deine Entscheidung annehmen, dir vertrauen und für dich beten. Danke für deine Führung, mein Schatz.«

Und an einen Ehemann, der nicht gläubig ist: »Liebling, du hast gehört, was ich über diese Entscheidung denke, und ich habe dir gut zugehört. Ich bin immer noch fest überzeugt, dass dies nicht die richtige Entscheidung ist. Aber ich werde deine Führung gerne ehren und dich unterstützen, wenn du wirklich glaubst, dass es das Beste für uns ist.«

Der Fall mit der Autobatterie

Eines Morgens, gerade als wir zu einem Strandurlaub aufbrechen wollten, war die Batterie unseres Minivans leer. Handwerklich begabt, wie mein Mann ist, gelang es ihm jedoch, den Van zum Laufen zu bringen. Ich dankte ihm, lächelte ihn an und schlug freundlich vor: »Wir haben Zeit, bei der Werkstatt vorbeizufahren, wenn du willst, Schatz.« Er sagte: »Nein, ich denke, es wird schon gehen.« Er dachte, die Batterie hätte sich entladen, weil die Autotüren lange Zeit offen gestanden hatten, während wir das Auto bepackten. (An dieser Stelle sei gesagt, dass ich vor einigen Jahren darauf bestanden hätte, dass wir die Batterie überprüfen– sonst hätte es mich nicht mehr losgelassen.) Ich beschloss, die Entscheidung meines Mannes zu respektieren, und sagte aufrichtig, in einem optimistischen Ton: »Okay, mach, was du für das Beste hältst.« Dann vertiefte ich mich in mein Buch und kümmerte mich nicht weiter darum. Diese Art von Frieden gibt Gott mir seit über sieben Jahren jeden Tag! Zu dem Zeitpunkt, als dieser Vorfall passierte, war es für mich normal geworden, Gott und meinem Mann zu vertrauen und sie zu respektieren, weil Gott meinen Verstand und Geist bereits in vieler Hinsicht erneuert hatte. Wenn ich mir wegen der Batterie doch Sorgen gemacht hätte, hätte ich einfach sagen können: »Ich könnte mich viel besser entspannen und die Reise genießen, wenn wir die Batterie überprüfen, bevor wir die Stadt verlassen, bitte.« Aber ich machte mir keine Sorgen, also sagte ich das nicht. Am Ferienhaus angekommen, parkte mein Mann den Van. Später versuchte Greg, den Motor anzulassen, aber die Batterie war leer. Vor ein paar Jahren hätte ich ihm ein »Ich hab's dir doch gesagt« an den Kopf geworfen und ihn meine negative Einstellung deutlich spüren lassen. Aber Gott hatte mein Herz verändert, meinen Mann zu respektieren, also sagte ich nichts Negatives. Ich dachte nicht mal etwas Negatives. Ich hatte innere Ruhe und Frieden. Die Sache mit der Batterie war nicht mein Problem. Es war seins. Ich wusste, dass er sich darum kümmern würde. Wir waren in einer unangenehmen Situation, wie wir dort auf dem Parkplatz standen und unser Starthilfekabel nicht funktionieren wollte. Ich lächelte Greg zuversichtlich an und hielt die Kinder ruhig, während er überlegte, was zu tun war. Dann nahm ich wieder mein Buch zur Hand.

Nur wenige Minuten später kam ein Mann herüber und fragte meinen Mann, ob wir Starthilfe bräuchten. Er hatte einige Wochen zuvor extralange Starterkabel gekauft. Er sagte, seine Frau habe ihn ausgelacht, als er die Kabel mitnehmen wollte, und ihm gesagt, er würde sie niemals brauchen. Er bestand darauf, sie doch mitzunehmen, nur für den Fall. Er war unser Engel, genau im richtigen Moment von Gott geschickt! Er brachte unseren Van wieder ans Laufen. Greg bedankte sich bei dem Mann, fuhr direkt zur nächsten Werkstatt, kaufte eine neue Batterie und ersetzte die alte. (Ich glaube, Gott hat diesen Mann dazu gebracht, die Kabel mitzubringen. Was war das eine Lektion für mich, zu sehen, dass eine kleine Idee meines Mannes, die ich für dumm halte, von Gott kommen könnte!)

Ich musste Greg nicht sagen, was er zu tun hatte. Ich wusste, dass Gott und Greg alles unter Kontrolle hatten und es keinen Grund für mich gab, mich aufzuregen oder mir Sorgen zu machen. Es war ja keine große Sache. Zu keinem Zeitpunkt war jemand in Gefahr. Mein Mann ist ein sehr fähiger, intelligenter, verantwortungsbewusster Mann, und ich glaubte fest daran, dass er sich um alles kümmern würde. Ich las mein Buch. Ich genoss es, den Kindern beim Spielen zu beobachten. Ich hielt sie davon ab, ihren Vater zu stören, während er arbeitete. Ich gab ihnen ein paar Kekse. Es dauerte nicht lange, bis die Batterie ausgetauscht war. Mein Mann war mein Held, ich dankte ihm, dass er sich um das Problem gekümmert hatte, und wir hatten anschließend einen wunderschönen Abend am Strand!

Diese Geschichte hätte ganz anders enden können. Ich hätte meinen Mann missachten und es an mich reißen können, die Sache zu regeln. Ich hätte Forderungen stellen oder Anweisungen geben können. Ich hätte vor Wut schäumen oder die beleidigte

Leberwurst spielen können. Ich hätte viel Spannung zwischen uns erzeugen und unseren ganzen Urlaub ruinieren können, wenn ich gewollt hätte. Aber wenn Gottes Geist die Kontrolle über mein Herz hat, sehe ich, dass alles zu meinem Besten dient; Gott zeigt mir seine Fürsorge und sogar Wunder. Ich hätte es verpasst, wie Gott uns einen »Engel« schickte, wenn ich falsch mit dieser Situation umgegangen wäre. Ich hätte es verpasst, emotionale Nähe mit meinem Mann zu erleben, wäre unseren Kindern ein schlechtes Vorbild einer Ehefrau gewesen und hätte sie davon abgebracht, ihren Vater zu respektieren. Ich hätte unseren Urlaub verderben können. Mit meinen Entscheidungen und meiner Haltung kann ich viel beeinflussen. Gott bringt immer wieder Menschen und Umstände in unser Leben, mit denen wir nicht gerechnet haben. Aber wenn wir ihm gehorchen, vertrauen und im Glauben leben, warten oft Wunder auf uns.

Wenn Gottes Geist die Kontrolle über mein Herz hat,
sehe ich, dass alles zu meinem Besten dient;
Gott zeigt mir seine Fürsorge und sogar Wunder.

Meine Geschichte – ein Segen für eine andere Ehefrau

Ich berichtete auf meinem Blog über dieses Erlebnis und hörte zwei Tage später von dieser wundervollen Ehefrau:

> April,
> ich glaube nicht an Zufälle, deshalb weiß ich nicht, wie ich das sonst nennen soll. … Nachdem ich [diesen Beitrag] zu Ende gelesen hatte, dachte ich nur, dass es mir sehr schwerfallen würde, in deiner Situation so zu handeln wie du. Ich bat Gott, mein Herz zu erneuern und mir zu helfen, jeden Tag so zu leben.
>
> Ich schätze, Gott hat mein Gebet gehört, denn genau das hat er getan! Am nächsten Morgen machten mein Mann und ich uns auf den Heimweg, wir hatten zu Weihnachten Freunde besucht. Irgendwann unterwegs hatten wir nur noch wenig Benzin im Tank … und nahmen die allererste Ausfahrt, um zu tanken, aber der Tank war schon leer, das Auto schaffte es nicht mehr bis zur Tankstelle. Was für ein Albtraum! Draußen war es eiskalt. Wir hatten unser neun Monate altes Kind bei uns und hatten an diesem Morgen noch nichts gegessen. Außerdem waren wir noch weit weg von zu Hause und schon zu weit von unseren Freunden entfernt. Ich geriet in Panik, sagte aber (überraschenderweise) nichts, um die Situation nicht noch schlimmer zu machen – obwohl ich fand, dass mein Mann schon früher hätte daran denken sollen, zu tanken!
>
> Ich musste an deine Geschichte denken … und fing an zu zittern. Ich konnte nicht glauben, dass das wirklich geschah. Ich hatte für ein geduldiges Herz gebetet, das sich gerne unterordnet, und jetzt brachte Gott mich in eine Situation, die mich auf die Probe stellen und mir zeigen würde, ob ich wirklich bereit war, mich unterzuordnen. Also biss ich mir auf die Zunge und hörte auf den Heiligen Geist. Als mein

Mann ausstieg, um zu schauen, was er tun könnte, hielt ich meine Tochter im Arm, betete, sang Loblieder und las in meiner Bibel. Plötzlich überkam mich ein unerklärlicher Friede. Ich hielt meinem Mann nicht vor, dass er hätte auf mich hören sollen. Ich überließ es ihm einfach, voranzugehen, und ermöglichte es Gott, ihn als den Mann zu gebrauchen, zu dem er ihn berufen hatte. Ich hörte auf den Plan und die Vorschläge meines Mannes. Ich versuchte, ihn damit zu trösten, dass es dem Baby und mir gut ging und dass alles gut werden würde. Es dauerte acht Stunden! Ich war dankbar für diese Zeit, die wir damit verbrachten, dass nicht alles so lief, wie ich es wollte. Mein Mann war schockiert! Auf dem Heimweg sagte er mir, wie viel meine Haltung ihm bedeutete. Er lobte Gott für das, was er an diesem Tag in mir gesehen hatte – diese sanfte und ruhige Frau, die in Gottes Augen und in denen ihres Mannes kostbar ist! Die Autofahrt war so schön! Mein Mann und ich kamen so gut miteinander aus, ohne zu streiten oder sauer zu sein!

Ich weiß nicht, ob das dir bewusst ist, meine liebe Schwester im Herrn, aber was an diesem Tag passiert ist, als dem Paar das Benzin ausging, ist etwas, was dieser Ehemann nie vergessen wird. Es war überhaupt nicht die Art, wie seine junge Ehefrau normalerweise reagiert hätte. Ich glaube, es wird ein großer Wendepunkt in ihrer Ehe sein – eine Quelle tieferer Intimität, des Glaubens und Vertrauens auf beiden Seiten. Ich kann nicht genug betonen, wie dankbar ein Ehemann in so einer Situation ist, wenn er Gnade statt Spott bekommt. Dieser Mann wird wahrscheinlich motivierter sein denn je, ein Mann nach Gottes Willen zu sein, und sich so gut wie möglich um seine kostbare Frau zu kümmern, weil seine Frau in der Krise, die sie auf der Straße hatten, gottesfürchtig reagierte.

Unsere Ehemänner im Konflikt respektieren

Es wird Konflikte geben, doch Gott befiehlt uns, auch in Meinungsverschiedenheiten nicht zu sündigen. Gott möchte, dass wir alle Streitereien und Quengeleien vermeiden. Außerdem haben wir in Gottes Augen nie einen Grund, an Bitterkeit oder Unversöhnlichkeit festzuhalten. Wie also können wir Konflikte mit unseren Männern so angehen, dass sie und Christus geehrt werden? Manchmal sind unsere Ehemänner im Unrecht, sie sind schließlich auch nur Menschen. Und was ist mit der Tatsache, dass nicht jedes Problem in der Ehe lösbar ist? Es wird einige Dinge geben, wo wir uns darauf einigen werden müssen, die Meinung des anderen stehen zu lassen, einander in Gnade zu begegnen und uns zu akzeptieren. Einige andere Probleme müssen wir möglicherweise etwas ausführlicher besprechen. Und es gibt auch Dinge, wo wir einen festen Standpunkt brauchen, beispielsweise: wenn ein Ehemann schwer gegen uns oder unsere Kinder sündigt und es nicht bereut; wenn er plant, uns in Sünde zu führen; wenn er uns auffordert, Sünde zu dulden; wenn er gegenüber uns oder unseren Kindern ausfallend wird; wenn er drauf und dran ist, etwas wirklich Gefährliches oder sehr Dummes zu tun. Es kann äußerst wichtig sein, unsere Sichtweisen auszusprechen. Manchmal müssen wir schnell handeln. In anderen Fällen ist es am besten, wenn eine Frau schweigt, betet und darauf wartet, dass Gott für sie kämpft.

Dieses Thema demütigt mich sehr, weil mir klar ist, dass ich persönlich nicht alle Antworten habe. Wir alle brauchen die Weisheit, die nur durch den Heiligen Geist und in Gottes Wort zu finden ist. Ich möchte jedoch einen allgemeinen Rahmen dafür geben, wie wir unsere Ehemänner auch in Zeiten der Enttäuschung und des Konflikts respektieren können, der uns alle, auch mich, auf Christus und sein Wort hinweist. Gerade in diesen schwierigsten Zeiten haben wir die größte Gelegenheit, in unserem Glauben zu wachsen, geistlich zu reifen und zu sehen, wie Gott für uns ist und handelt. Ehekonflikte bringen uns dorthin, wo Gott uns in seiner Kraft gebrauchen kann, um unsere Ehemänner zu sich zu ziehen, während wir ihm vertrauen und gehorchen. Wenn ein Ehemann sieht, dass seine Frau gottesfürchtig reagiert und seine Führung ehrt, selbst wenn sie ihm energisch widerspricht, wird dies seine volle Aufmerksamkeit erregen und seine Neugierde auf ihren Glauben und ihren Herrn wecken.

Wenn ein Ehemann sieht, dass seine Frau gottesfürchtig reagiert und seine Führung ehrt, selbst wenn sie ihm energisch widerspricht, wird dies seine volle Aufmerksamkeit erregen und seine Neugierde auf ihren Glauben und ihren Herrn wecken.

Bevor du die Sache ansprichst

1. Zieh die Bibel zurate.

Das ist immer der beste Ausgangspunkt! In der Bibel gibt es viele Stellen, die den gottesfürchtigen Umgang mit Konflikten beschreiben. Du könntest zum Beispiel im persönlichen Bibelstudium eine Konkordanz oder eine Webseite verwenden, um alle Wörter nachzuschlagen, die mit Konflikt zu tun haben, und diese Abschnitte dann lesen. Suche nach Schlüsselwörtern: Auseinandersetzung, Bitterkeit, Frieden, Konflikt, Scheidung, Spaltung, Streit, Temperament, Vergebung, Wut, Zank, Zorn. Es gibt auch Webseiten, auf denen du Themen nachschlagen kannst wie: »Was sagt die Bibel über Konflikte?«

Hier einige Verse, die uns in die richtige Verfassung bringen, um abzuwägen, wie wir auf eine Weise mit Konflikten umgehen können, die Gott ehrt:

> Und seid nicht gleichförmig dieser Welt, sondern werdet verwandelt durch die Erneuerung eures Sinnes, dass ihr prüfen mögt, was der gute und wohlgefällige und vollkommene Wille Gottes ist. (Römer 12,2)

> Wenn ihr aber bitteren Neid und Streitsucht in eurem Herzen habt, so rühmt euch nicht und lügt nicht gegen die Wahrheit. Dies ist nicht die Weisheit, die von oben herabkommt, sondern eine irdische, sinnliche, teuflische. Denn wo Neid und Streitsucht ist, da ist Zerrüttung und jede schlechte Tat. Die Weisheit von oben aber ist erstens rein, dann friedsam, milde, folgsam, voll Barmherzigkeit und guter Früchte, unparteiisch, ungeheuchelt. Die Frucht der Gerechtigkeit in Frieden aber wird denen gesät, die Frieden stiften. (Jakobus 3,14-18)

Denn unser Kampf ist nicht gegen Fleisch und Blut, sondern gegen die Fürstentümer, gegen die Gewalten, gegen die Weltbeherrscher dieser Finsternis, gegen die geistlichen Mächte der Bosheit in den himmlischen Örtern. (Epheser 6,12)

Denn die Waffen unseres Kampfes sind nicht fleischlich, sondern göttlich mächtig zur Zerstörung von Festungen, indem wir Vernunftschlüsse zerstören und jede Höhe, die sich erhebt gegen die Erkenntnis Gottes, und jeden Gedanken gefangen nehmen unter den Gehorsam des Christus … (2. Korinther 10,4-5)

Vergeltet niemand Böses mit Bösem; seid bedacht auf das, was ehrbar ist vor allen Menschen. Wenn möglich, soviel an euch ist, lebt mit allen Menschen in Frieden. Rächt nicht euch selbst, Geliebte, sondern gebt Raum dem Zorn; denn es steht geschrieben: »Mein ist die Rache; ich will vergelten, spricht der Herr.« »Aber wenn dein Feind hungrig ist, gib ihm zu essen; wenn er durstig ist, gib ihm zu trinken; denn wenn du dieses tust, wirst du feurige Kohlen auf sein Haupt sammeln.« Lass dich nicht von dem Bösen überwinden, sondern überwinde das Böse mit dem Guten. (Römer 12,17-21)

Herr,
ich erkenne, dass ich in jedem Bereich meines Lebens völlig von dir abhängig bin. Ich verzichte auf meine weltliche Weisheit. Ich bitte dich, falsche Motive in meinem Herzen offenzulegen, wenn ich mich mit Konflikten und Enttäuschungen auseinandersetze. Du hast mir keinen Geist der Angst gegeben, sondern einen Geist der Kraft und Liebe und Besonnenheit. Öffne meine Augen für alle Taktiken des Feindes. Du kannst mir die Kraft geben, anderer Meinung als mein Mann zu sein, ohne dabei zu streiten oder zu sündigen. Du allein kannst mir die Weisheit geben, die ich brauche, um zu wissen, wie ich in Konfliktsituationen auf meinen

Mann eingehen kann. Hilf mir, Konflikte nicht zu fürchten, sondern hilf mir, sie als Weg zu erkennen, auf dem du mir und meinem Ehemann deine Macht und Herrlichkeit zeigen wirst. Amen.

Mein Mann ist nicht mein Feind;
Satan ist mein Feind.

2. Denke daran: Dein Mann ist nicht dein Feind.

In der Hitze des Konflikts fühlt es sich leicht so an, als wäre dein Ehemann dein Feind. Aber die Bibel sagt, dass unser Kampf »nicht gegen Fleisch und Blut« ist (Epheser 6,12). Mein Mann ist nicht mein Feind; Satan ist mein Feind. Es ist sehr wichtig für mich, zu erkennen, wer mein wahrer Feind ist und welche Pläne er für mich hat. Er will stehlen, töten und zerstören – in meinem geistlichen Leben, meiner Ehe und jedem anderen Teil meines Lebens. Wenn ich mich weigern kann, meinen Mann als Feind anzusehen, sondern vielmehr als Partner und Bruder (oder vielleicht zukünftigen Bruder) in Christus zu sehen, dann wird Gott mich befähigen, ihn mit seinem heiligen Blick zu sehen. Wenn ich mich daran erinnern kann, dass das eigentliche Problem oft nur darin besteht, dass mein Mann und ich anders denken und die Welt anders wahrnehmen, weil wir einzigartige Menschen mit sehr unterschiedlichen Hintergründen und »Filtern« sind, durch die wir die Realität wahrnehmen, dann kann ich geduldig mit ihm sein und mit dem

Wunsch auf ihn zugehen, ihn kennenzulernen, ohne ihn zu verurteilen. Ich kann mich weigern, von bösen Motiven meines Mannes auszugehen, und stattdessen Raum dafür lassen, dass er Dinge auf eine Weise sieht, wie ich sie noch nie gesehen habe.

3. Versuche, seine Sichtweise zu verstehen, bevor du deine mitteilst.

Sehr oft kommt es zum Konflikt, wenn eine Person sich nicht »gehört« oder verstanden fühlt. Nach meiner Erfahrung eskaliert eine große Anzahl der Konflikte zwischen Ehemännern und Ehefrauen unnötig, weil ein oder beide Ehepartner das Gefühl haben, ihre Sichtweise werde nicht anerkannt. Nein, es gibt keine Garantie, dass unsere Ehemänner uns zuhören, aber wir können alles dafür tun, unseren Ehemännern das Gefühl zu geben, dass *wir* zuhören und dass *wir* verstehen wollen. Ich kann zum Ausdruck bringen, dass ich seine Ideen schätze und dass ich offen und empfänglich für alles bin, was er mir sagen möchte, auch wenn ich nicht damit einverstanden bin. Wenn mein Mann mir seine Meinung zu einer Sache sagt und diese Aussage mich nervös macht oder ich ihr nicht zustimmen kann, sollte ich ihm nicht sofort widersprechen oder ihn als »falsch« abstempeln, sondern zuhören und freundliche, interessierte Fragen stellen. Ich könnte Dinge sagen wie:

- Das ist eine interessante Perspektive, so habe ich es noch nie gesehen. Kannst du mir mehr erzählen, was du darüber denkst?
- Verstehe ich das richtig, dass du X denkst? Ich würde gerne wissen, wie du darauf gekommen bist.
- Das ist für mich eine völlig neue Sichtweise auf dieses Problem. Kannst du mir etwas mehr darüber erzählen, wie du zu diesem Schluss gekommen bist?

Wenn mein Mann mehr erzählt, möchte ich empfänglich dafür sein, mit dem primären Ziel, in die Welt und die Perspektive meines Mannes einzutauchen, um ihn besser kennenzulernen. Ich stelle meine Fragen nicht so, als nähme ich meinen Mann ins Kreuzverhör. Ich versuche einfach, besser zu verstehen. Es ist durchaus möglich, dass ich etwas über meinen Mann erfahre, was ich bisher nicht wusste, und dass ich sein Herz und seine berechtigten Sorgen besser nachvollziehen kann, wenn ich nur bereit bin, einmal innezuhalten und zuzuhören. Vielleicht wird mir klar, dass wir eigentlich gar nicht anderer Meinung sind, sondern lediglich unterschiedliche Prioritäten haben, die beide gut sind. Oder ich erkenne, dass mein Mann und ich zwar nicht übereinstimmen, dass ich aber in der Lage sein werde, seinen berechtigten Standpunkt nachzuvollziehen. Auch wenn ich meinem Mann nicht zustimme, kann ich in seiner Perspektive die Dinge suchen, die wahr sind, und diese bestätigen.

Nachdem mein Mann alles vorgestellt hat, was er sagen möchte, kann ich seine Gedanken zusammenfassen, damit er sehen kann, dass ich ihn verstehe. Wenn ich es für angemessen halte, kann ich mich dann dazu entschließen, in freundlichen Worten meine Perspektive mitzuteilen.

- X ist ein wirklich guter Punkt. Ich schätze es sehr, dass du deine Sichtweise zu diesem Thema erklärt hast. Ich habe das Gefühl, dass ich dich ein wenig besser kennengelernt habe, weil du es mit mir geteilt hast. Wenn es jetzt ein guter Zeitpunkt ist, würde ich dir gerne mitteilen, was ich über dieses Thema denke.
- Ich glaube, ich würde mir gerne etwas Zeit nehmen, um über dieses Thema zu beten, bevor ich etwas dazu sage. Ich würde gerne ein oder zwei Tage über deine Perspektive nachdenken.

Durch Shaunti Feldhahns Buch *Männer sind Frauensache*[13] habe ich gelernt, dass, wenn ich mich über Greg geärgert habe oder ihn lieblos fand, das Problem fast immer einfach ein Missverständnis war. Das habe ich auch bei vielen anderen Frauen beobachtet. Wenn du nur ein wenig Übung und genügend richtiges Wissen über Männer im Allgemeinen und über deinen Ehemann im Besonderen bekommen hast, kannst du die Sichtweise deines Ehemanns verstehen lernen, anstatt anzunehmen, dass er dir gegenüber böse Motive hat, wenn du dich ungeliebt fühlst. In den allermeisten Fällen möchte ein Mann seine Frau nicht verletzen. Ich weiß, dass es einige seltene Ausnahmen gibt, aber die meisten Ehemänner haben keine heimlichen Pläne, wie sie ihre Frau unglücklich machen können. Was (in den Augen einer Frau) lieblos erscheint, ist oft die Reaktion des Ehemanns darauf, dass er sich missverstanden oder nicht respektiert fühlt. Oder vielleicht denken wir Frauen auch so anders, dass wir einfach nicht vorhersagen können, was unsere Ehemänner denken, bis wir mehr Informationen dazu bekommen. Das Schlimmste, was eine Frau meiner Meinung nach tun kann, ist, anzunehmen, dass ihr Mann genauso denkt wie sie, und dann, wenn er etwas tut, das sie stört, davon auszugehen, dass er sie absichtlich ärgern wollte. Einer Frau ergeht es am besten, wenn sie nicht davon ausgeht, dass sie die Sichtweise ihres Mannes versteht, sondern wartet, bevor sie über ihn urteilt. Es steckt viel Weisheit darin, wenn wir uns entscheiden, das *Beste* von unseren Ehemännern anzunehmen – dass es eine Erklärung geben muss, die wir einfach noch nicht ganz verstehen.

4. Bete über die Entscheidung, ob du das Thema ansprechen sollst.

Als Ehefrau habe ich die Verantwortung, zu wissen, was meine Ideen, Gefühle und Bedenken in Bezug auf Entscheidungen – insbesondere auf wichtige Entscheidungen – sind, und sie respektvoll mit meinem Ehemann zu teilen. Ich soll ein vertrauenswürdiger Berater meines Mannes sein, sein liebster, angesehenster Freund.

Es wäre furchtbar falsch, wenn ich nichts sage, während ich meinen Mann in eine gefährliche, unkluge oder sündige Richtung gehen sehe (biblische Beispiele finden wir in der Geschichte von Abigail in 1. Samuel 25 und von Sapphira in Apostelgeschichte 5,1-11). Gott wird mich dafür zur Rechenschaft ziehen, wenn ich meinen Einfluss nicht nutze, indem ich ein großes Problem sehe und darüber schweige.

Gott benutzt Ehemänner, um zu ihren Frauen zu sprechen. Ebenso benutzt Gott Frauen, um zu ihren Männern zu sprechen, wenn wir in ihm bleiben und nicht vom Fleisch bestimmt werden. Biblische Unterordnung fordert nicht blinden Gehorsam oder sklavenähnliche Unterwürfigkeit. Es geht nicht darum, dass unsere Ehemänner alles für uns entscheiden, als wären sie unsere Väter. Gott möchte, dass wir Frauen mit einer eigenen Persönlichkeit, eigenem Glauben und eigenen Ideen sind. Gottes Plan von Unterordnung beinhaltet, dass wir Ehefrauen uns von einer Position großer Stärke und Kraft in Christus unterordnen, mit Intelligenz und Sanftmut (gezügelter Stärke), und dass wir auf Zeiten vorbereitet sind, in denen wir fest für das einstehen müssen, was richtig ist, und sogar Sünde ansprechen müssen, wenn nötig. Letztendlich sind wir dazu berufen, Christus zu gefallen, zu ehren und ihm zu gehorchen. Wir möchten beiden gefallen, Jesus und unseren Männern, aber wenn wir wählen müssen, dann Jesus.

Wir möchten beiden gefallen, Jesus und unseren Männern, aber wenn wir wählen müssen, dann Jesus.

Ein wundervoller Aspekt eines Lebens für Christus ist dieser: Er ist absolut souverän. Er kann meine Umstände jederzeit und auf jede Weise ändern. Er kann Wunder tun. Er kann mein Herz verändern. Er kann das Herz meines Mannes verändern. Wenn mein Mann eine Entscheidung trifft, mit der ich nicht einverstanden bin, darf ich beten und Gottes Willen suchen, und Gott kann die Meinung meines Mannes viel effektiver ändern, als ich es je könnte. Gott kann meinen Mann von Sünde überführen und seine Augen für seine Wahrheit öffnen, wie ich es niemals könnte. Die große Schwierigkeit ist nur: Woher wissen wir, wann wir unsere Meinung sagen und wann wir einfach auf Gott warten und es ihm ermöglichen sollen, seine Arbeit zu tun? Jede Frau muss sensibel werden für die ruhige, leise Stimme und das sanfte Wirken des Geistes.

Wäre es nicht schön, wenn es eine Formel gäbe, die wir anwenden könnten, und schon wäre der Konflikt gelöst? Aber so wirkt Gott nicht. Er verlangt, dass wir im Glauben leben, ohne zu wissen, wie wir die Probleme lösen können, und dass wir darauf vertrauen, dass er unseren nächsten Schritt erleuchten wird. Nur Gott weiß, was wir in unserer jeweiligen Situation tun sollen. In Konfliktsituationen sollten wir sehr vorsichtig damit sein, Rat von außen einzuholen, denn viele dieser Ratschläge können uns in eine unbiblische Richtung lenken und unserer Ehe damit nur mehr Schaden zufügen. Wir müssen jeden Ratschlag einer Person anhand der Bibel prüfen, bevor wir ihn befolgen. Wir alle müssen ständig im Gebet bleiben, Sünde in unserem eigenen Leben täglich bekennen, Gott preisen, ein dankbares Herz haben, vom Heiligen Geist erfüllt sein und über alles andere Gott suchen. Wir sind völlig von ihm und seiner Weisheit abhängig, um Konflikte konstruktiv anzugehen.

Wenn du glaubst, dass Gott dich auffordert, etwas anzusprechen

Es gibt einige allgemeine biblische Prinzipien für den Umgang mit Konflikten, die wir berücksichtigen sollten. Vielleicht möchtest du dir zudem Zeit nehmen, viel über diese Themen zu beten, möglicherweise sogar zu fasten, bis du ein sicheres Gefühl dafür hast, wozu Gott dich anweist. Genau das tat Esther, bevor sie ihren Ehemann, den König, auf einen möglicherweise tödlichen Konflikt ansprach (Esther 4,12-16).

Hier einige Vorschläge, die du unter Gebet berücksichtigen kannst:

1. Sei sanft in deinem Tonfall und Verhalten (Sprüche 15,1).
2. Fang nicht mit alten Themen aus der Vergangenheit an, die vergeben wurden (1. Korinther 13,5).
3. Sei schnell zum Hören, langsam zum Reden und langsam zum Zorn (Jakobus 1,19).
4. Höre sorgfältig auf seine Bedenken, seine klugen Ideen und Meinungen, und schenke ihm deine ungeteilte Aufmerksamkeit (Jakobus 1,19).
5. Sei interessiert daran, was er sagt; höre auf sein Herz (1. Korinther 13,4-5).
6. Schaue über jeden Zorn hinweg, sieh den dahinterliegenden Schmerz. Suche nach Gottes Wegen, die Dinge zwischen dir und deinem Mann in Ordnung zu bringen (Matthäus 5,24).
7. Stelle klärende Fragen, wenn es so aussieht, als könntest du und dein Ehemann euch nicht einig werden: »Schatz, ich glaube, du meinst das so. Verstehe ich dich richtig?« (Philipper 2,4).
8. Bete, dass Gott deinem Ehemann seine Weisheit gibt und dass sein Wille geschieht. Danke Gott für deinen Mann, für seine Führung und seinen Schutz in deinem Leben (Matthäus 6,10; 1. Thessalonicher 5,18).

9. Halte das Ergebnis einer Entscheidung nicht zu fest, damit Gott in jeder Situation seinen Willen wirken kann. Stelle Gottes Wünsche weit über deine eigenen; was auch immer sein Wille sein mag, so nimm dein Kreuz auf dich und folge Christus nach (Lukas 9,23).
10. Erkenne, dass Gott durch deinen Ehemann zu dir sprechen kann und wird. Sei aufmerksam, wenn er konstruktive Kritik, Ideen, Vorschläge oder Tadel äußert. Verteidige dich nicht. Denke unter Gebet über das Gesagte nach und bitte Gott, dir dabei zu helfen, herauszufinden, ob es um Dinge geht, die du ändern musst, oder ob du diesen speziellen Kritikpunkt loslassen solltest. Eine weise Frau nimmt Zurechtweisung und Korrektur demütig an, weil sie weiß, dass sie auf diese Weise lernt und Weisheit gewinnt (Sprüche 15,12.32).

Den Ehemann auf seine Sünde ansprechen

Wir dürfen unsere Ehemänner auf gottesfürchtige Weise ansprechen, wenn wir glauben, dass sie im Unrecht sind. Das brauchen wir auch von ihnen. Als Gläubige sollen wir alle einander die Wahrheit in Liebe sagen. Wir tun nichts Gutes damit, die Sünde eines Bruders oder einer Schwester zu ignorieren. Wir müssen Wahrheit und Liebe aber sorgfältig in Einklang miteinander bringen. Zu viel Wahrheit und zu wenig Liebe, und wir werden hart und verurteilend. Zu viel Liebe und zu wenig Wahrheit, und wir werden die Sünde nicht richtig angehen können. Wir brauchen die Kraft Christi, unseren Männern Gnade, Barmherzigkeit und Vergebung zu erweisen, die wir manchmal selbst so dringend brauchen.

Manchmal werden wir nur beten. In anderen Fällen müssen wir die Sünde unseres Mannes ansprechen, wenn der Geist uns dazu anweist. Wenn ein Ehemann ungläubig ist, müssen wir bedenken, dass er in erster Linie Jesus braucht und womöglich gar nicht in der Lage ist, Sünde zu besiegen und zu beherrschen; er braucht den Geist Gottes und die Erlösung. Du kannst seine Sünde ansprechen, aber letztendlich ist er geistlich tot, bis Gott seine Augen öffnet, ihn überführt und geistlich zum Leben erweckt. Wenn nur ein Ehepartner gläubig ist und an Jesus glaubt, liegt die Verantwortung vollständig auf den Schultern dieser Person, als gottesfürchtiges Vorbild zu leben.

Hier einige Hinweise, die du betend berücksichtigen solltest, während du entscheidest, ob du deinen Ehemann ansprechen musst:

- Du musst von deiner eigenen Sünde umkehren und mit Gott und deinem Ehemann geklärte Verhältnisse haben. Du kannst die Sünde deines Mannes nicht klar erkennen, wenn du in eigene Sünde verwickelt bist (Matthäus 7,1-5). Wir sind vor unseren Männern nicht glaubwürdig, wenn wir sie auf etwas ansprechen und sie in unserem Leben Sünde sehen können, die wir nicht bereuen.
- Du musst deinem Ehemann auf sanfte Weise helfen und darauf achten, nicht selbst der Versuchung zur Sünde nachzugeben (wie etwa Unversöhnlichkeit, Verachtung oder Bitterkeit), wovor die Bibel warnt (Galater 6,1).
- Du musst sicher sein, dass du keine sündigen Motive hast. Unser Ziel soll sein, Gott mit ganzem Herzen, ganzer Seele, ganzem Denken und mit aller Kraft zu lieben, und unsere Ehemänner mit der Liebe Christi (Matthäus 22,37-39).
- Du kannst deine Gefühle und deinen Schmerz persönlich mit deinem Ehemann teilen (Matthäus 18,15). Wähle einen geeigneten Zeitpunkt, zu dem dein Mann dir gut zuhören kann, zum Beispiel wenn er ausgeruht und satt ist, nicht zu viel Stress sowie gute Laune hat.
- Du musst sensibel für Gottes Geist sein, um genau zu wissen, was du sagen sollst, wie du es sagen sollst und wann – oder wann Schweigen der bessere Ansatz ist. Wenn wir uns

vom Geist führen lassen, werden Liebe, Freude und Frieden folgen. Wenn wir es nicht tun, werden wir arrogant, eifersüchtig, provozierend und verursachen Spaltung (Galater 5,16-26).

- Du kannst deinen Mann nicht dazu zwingen, das zu tun, was du willst. Du kannst deine Gefühle mitteilen: kurz und offen, in Sanftmut, Freundlichkeit und Respekt. Dann musst du auf Gott warten, der deinem Mann Einsicht und die Möglichkeit zur Umkehr geben kann (Johannes 16,7-11).
- Du trägst selbst die Verantwortung für deinen Gehorsam gegenüber Gott und darfst deinem Ehemann nicht in die Sünde folgen. Du musst nicht an der Sünde deines Mannes beteiligt sein. Du kannst klar und höflich klarstellen, wo deine Grenzen liegen. Wenn dein Mann gläubig ist, kannst du ihm relevante Bibelverse zeigen, die deinen Standpunkt stützen. Dein Bund mit Christus übertrifft deinen Bund mit deinem Ehemann bei Weitem (Apostelgeschichte 5,29).
- Möglicherweise musst du Grenzen oder Konsequenzen festsetzen, wenn dein Mann sich weigert, umzukehren. Wie genau du vorgehst, hängt von der Sache ab und wozu Gott dich auffordert. Aber es kann vorkommen, dass ein Mann weiterhin in Untreue lebt, kriminellen Machenschaften nachgeht, drogen- oder alkoholabhängig ist oder missbräuchlich handelt, dass seine Frau sich von ihm trennen muss, bis er entsprechende Hilfe von außen erhält und über einen längeren Zeitraum nachweisen kann, dass er sich verändert hat und bereit ist, wieder Vertrauen aufzubauen (1. Korinther 7,10-16).

Wenn ihr euch nicht einig werdet

Warum sollte ich mich der Führung meines Mannes unterordnen, auch wenn ich ihm nicht zustimme? Der Hauptgrund ist, dass Gott Frauen befiehlt, sich ihren Männern in allem unterzuordnen *als dem Herrn* (was bedeutet, dass ich meinem Mann nicht folgen muss, wenn er mich bittet, zu sündigen, Sünde zu dulden, oder wenn er nicht bei klarem Verstand ist). Wenn ich Christus gehöre und er mein Herr ist, verehre ich ihn und ordne mich ihm in allem unter. Gott achtet auf unsere Motive und unsere Treue, auch wenn wir nicht mit dem übereinstimmen, was er von uns verlangt, und selbst wenn die Sache uns unbedeutend erscheint. Wenn Gott uns einen Auftrag oder Befehl gibt, müssen wir gehorchen.

> Wer im Geringsten treu ist, ist auch in vielem treu, und wer im Geringsten ungerecht ist, ist auch in vielem ungerecht. (Lukas 16,10)

Unsere Bereitschaft, uns Gott vollständig unterzuordnen, auch wenn wir ihn nicht verstehen oder ihm nicht zustimmen, macht ihm Freude und ermöglicht es uns, ihm nahe zu bleiben, was uns froh macht. Unser Gehorsam bringt Christus und dem Evangelium Ehre. Unsere Bereitschaft, unsere Männer zu unterstützen, auch wenn wir nicht mit ihnen einverstanden sind, zeigt unseren Männern außerdem, dass wir ihnen vertrauen und dass wir Gott vertrauen, dass er uns durch sie führen wird. Das Vertrauen und die Bereitschaft einer Frau, ihrem Ehemann zu folgen, selbst wenn sie anderer Meinung ist, wird ihren Ehemann dazu anregen, sich einzusetzen und verantwortungsbewusster zu sein. Nichts anderes kann einen Mann so sehr dazu motivieren, die besten, selbstlosesten Entscheidungen für seine Familie zu treffen, wie wenn er das Gewicht aller Entscheidungen auf seinen Schultern spürt. Er will seine Frau und seine Familie nicht im Stich lassen. Er will der Held sein! Es ist schon komisch, wie oft Gott unergründliche

Wege geht, wenn eine Frau sich so verhält, wie Gott es ihr befiehlt. Manchmal ändert der Mann seine Meinung. Manchmal ändert die Frau ihre Meinung. Umstände ändern sich. Wunder geschehen. Manchmal hatte Gott etwas viel Besseres im Sinn, als die Frau oder ihr Mann es sich je vorgestellt hätten, selbst wenn die Umstände eine Weile schwierig waren. Durch solche Erfahrungen stärkt Gott unseren Glauben an ihn.

Zuzeiten kann eine Frau das Gefühl haben, dass die Entscheidung ihres Mannes falsch war, und dieses Gefühl kann sich auch Jahre später nicht verändert haben, wenn sie zurückblickt. Aber auch in diesen Zeiten darf eine Frau darauf vertrauen, dass Gott Römer 8,28-29 erfüllt. Vielleicht nutzt Gott diese falsche Entscheidung, um ihrem Ehemann beizubringen, ein besserer Führer zu sein. Vielleicht benutzt Gott das Versagen oder die falsche Entscheidung des Mannes, um seiner Frau Glauben, Genügsamkeit in Christus, die Kraft des Gebets und die Souveränität Gottes beizubringen. Gott ist ein Meister darin, großes Chaos in etwas Schönes zu verwandeln. Ein Ehemann macht Fehler. Manchmal scheitert er auch. Wie eine Frau damit umgeht, kann den Ehemann entweder dazu inspirieren, Jesus ähnlicher zu werden, oder dazu führen, dass er sich gelähmt, entmutigt und deprimiert fühlt. In diesen ausschlaggebenden Momenten hast du die Gelegenheit, der größte Unterstützer und Fan deines Mannes zu sein, und du hast die Möglichkeit, durch dein gottesfürchtiges Wesen zu leuchten, weil der Geist dich dazu befähigt. Du kannst deinen Mann so leicht kleinkriegen, wenn du mit deinen Reaktionen nicht vorsichtig bist. Wenn wir Gott gehorchen, verschwenden wir nie unsere Zeit und unsere Bemühungen sind niemals vergeblich. Er sieht unseren Gehorsam und verspricht, unsere Treue zu belohnen, wenn wir im Himmel vor ihm stehen.

Gott ist ein Meister darin, großes Chaos in etwas Schönes zu verwandeln.

Denn wer für sein eigenes Fleisch sät, wird von dem Fleisch Verderben ernten; wer aber für den Geist sät, wird von dem Geist ewiges Leben ernten. Lasst uns aber nicht müde werden, Gutes zu tun, denn zu seiner Zeit werden wir ernten, wenn wir nicht ermatten. (Galater 6,8-9)

Siehe, ich komme bald, und mein Lohn mit mir, um einem jeden zu vergelten, wie sein Werk ist. (Offenbarung 22,12)

Eine Entschuldigung erkennen

Oft erwarten wir, dass sich unsere Ehemänner mit Worten entschuldigen, wenn sie uns Unrecht getan haben. Aber manche Leute entschuldigen sich ohne Worte. Es ist durchaus logisch, dass ein Mann, der wortlos Probleme löst, wortlos Emotionen verarbeitet und vielleicht wortlos betet, sich auch wortlos entschuldigt. Tatmenschen glauben oft, dass eine verbale Entschuldigung keine Bedeutung hat. Wenn er dir ein Geschenk macht (entweder materiell oder als Angebot, etwas für dich zu tun oder etwas miteinander zu unternehmen) oder nach einer Meinungsverschiedenheit deine Nähe sucht und Sex möchte, versucht er vielleicht, sich auf seine eigene Weise zu entschuldigen. Wenn du fähig bist, seine

Absichten zu erkennen, kannst du das, was er deiner Meinung nach sagen will, in Worten zum Ausdruck bringen und sehen, wie er darauf reagiert: »Das ist so lieb von dir, so auf mich zuzukommen. Das erfordert viel Mut und zeigt mir, dass du mich wirklich sehr liebst. Danke, dass du vorangehst, um wieder Frieden zu schaffen.« Wenn er zeigt, dass er sich durch sein Handeln tatsächlich auf seine Weise entschuldigen möchte, kannst du lächeln und ihn umarmen, sein Angebot annehmen und sagen: »Entschuldigung angenommen.« Alternativ kannst du sagen, was dir noch fehlt, um mit dem Thema abzuschließen: »Diese Geste war so aufmerksam von dir, ich fühle mich sehr geliebt. Ich bin eher der verbale Typ, es würde mir sehr viel bedeuten, wenn du mir mit deinem lieben Geschenk auch einige Worte sagen könntest. Dann weiß ich, dass ich darüber wirklich Frieden schließen kann.« Oder, wenn es nötig ist, entschuldige du dich zuerst mit Worten, und vielleicht kannst auch du ein greifbares Geschenk anbieten.

Mit Enttäuschung umgehen

Stell dir vor, du und dein Mann könnt euch nicht einigen. Du hast deine Überzeugung, deine Vorlieben, Sorgen, Gedanken und Gefühle respektvoll deinem Ehemann mitgeteilt, aber er ist fest davon überzeugt, dass Gott möchte, dass er ein Auto kauft, das teurer ist, als du es gern hättest.

- Bring deine Enttäuschung und deine Sorgen vor Gott.
- Bete zu Gott und bitte ihn, dass sein Wille zu seiner Herrlichkeit geschehe, nicht dein Wille. Folge Jesu Vorbild der Unterordnung aus Lukas 22,42.
- Danke Gott und deinem Ehemann für jede Situation, in denen er gottesfürchtige Führung lebt.
- Konzentriere dich auf all die wunderbaren Dinge in dieser Situation, für die du dankbar sein kannst, und auf Gottes

Vision, dass seine Herrlichkeit in dem Leib seiner geliebten Nachfolger sichtbar wird (Philipper 4,8).

- Warte auf Gott, übergib ihm die Wünsche deines Herzens und vertraue darauf, dass er das tut, was für dich, deinen Ehemann und deine Familie am besten ist, und dass er sein Ziel und seinen Willen vollbringt (Römer 8,28-29).
- Liebe den Herrn, deinen Gott, mit ganzem Herzen, mit ganzer Seele, mit ganzer Kraft und mit deinem ganzen Verstand (Lukas 10,27).
- Denke daran, dass unsere Herzenshaltung und unser Gehorsam als Ehefrauen gegenüber Gott wichtiger sind, als wenn wir in verschiedenen Umständen unseren Willen bekommen.
- Bitte Gott, kraftvoll im Herzen, Verstand und in der Seele deines Mannes zu arbeiten, um ihn zu segnen, ihn zu erbauen und ihm zu helfen, geistlich zu reifen.
- Erkenne an, dass Gott für die Richtung, in die er deinen Mann und deine Familie führt, Gründe haben kann, die du zu diesem Zeitpunkt nicht verstehst. Freu dich darauf, dass sich Gottes vollkommener Wille und sein Plan für deine Familie durch die Führung deines Mannes entfaltet.

Wenn dein Ehemann nicht gläubig ist

Wenn dein Mann noch nicht gläubig ist, ist er wahrscheinlich momentan nicht empfänglich für das, was du über Gott sagst, aber er wird deinen Respekt, deine Freude, deinen Frieden und deinen stillen Glauben an Jesus bemerken. Zusätzlich zu den Geboten, die für alle Gläubigen und alle Frauen gelten, gilt für dich 1. Petrus 3,1-6, bis dein Mann Christus annimmt (siehe Anhang: »Einen Ehemann erreichen, der Jesus Christus nicht kennt«). Danke deinem Ehemann, wenn er dir erlaubt, die Gemeinde zu besuchen. Mach ihm deutlich, dass er jederzeit mit dir kommen kann, aber versuche nicht, ihn dazu zu zwingen.

Wenn er nicht möchte, dass du die Gemeinde besuchst, teile ihm deinen Wunsch mit, zur Gemeinde zu gehen, und frage ihn, ob ihm eine andere Gemeinde oder ein anderer Termin besser passen würde. Wenn er jedoch darauf besteht, dass du nicht hingehst, erwäge, seine Führung zu ehren, und bete intensiv dafür, dass Gott in die Situation eingreift, damit du wieder die Gemeinde besuchen kannst (oder zumindest an einem Frauen-Hauskreis unter der Woche oder online teilnehmen kannst). Du könntest sagen: »Schatz, ich würde gerne jeden Sonntag die Gemeinde besuchen. Ich möchte auch, dass unsere Kinder zur Gemeinde gehen. Das ist mir sehr wichtig. Es wird mich sehr traurig machen, wenn ich nicht gehen kann. Aber wenn du glaubst, dass es das Beste für unsere Familie ist, werde ich deiner Führung vertrauen.« Ich habe gesehen, wie dieser Ansatz die Herzen vieler ungläubiger Ehemänner gegenüber Gott und ihren Frauen erweicht, obwohl mir bewusst ist, dass diese Vorgehensweise völlig entgegen unserer Intuition ist und schmerzhaft sein kann. Wenn ein Ehemann zu Christus findet, weil seine Frau bereit ist, seine Führung auch in dieser Hinsicht zu ehren, wäre es meines Erachtens das Opfer wert, vorübergehend nicht zur Gemeinde zu gehen. Was auch immer ihn zu Gott zieht und wozu auch immer Gott die Ehefrau auffordert, ist zu dem Zeitpunkt wichtiger als die Präferenzen der Frau.

Es gibt auch Zeiten, in denen Gott einer Frau eindeutig offenbart, dass sie mit ihren Kindern zur Gemeinde gehen soll, auch wenn ihr Mann das nicht möchte. Dies erfordert viel Sensibilität der Frau auf Gottes Reden. Es kann Zeiten geben, in denen eine Frau sagt: »Schatz, ich möchte dich als Haupt unserer Familie ehren, aber ich weiß, dass Gott mich und unsere Kinder in der Gemeinde haben will. Ich möchte dir gegenüber nicht nachlässig sein. Aber ich glaube, dass ich das tun muss. Gibt es eine bestimmte Gemeinde oder einen bestimmten Termin, der am besten passt? Ich möchte dich und Gott ehren.«

Eine kooperative Frau zieht einen Ehemann viel leichter zu Gott, als eine streitsüchtige Frau es jemals könnte.

Eine kooperative Frau zieht einen Ehemann viel leichter zu Gott, als eine streitsüchtige Frau es jemals könnte. Suche persönlich auch weiterhin von ganzem Herzen nach Gott, bitte ihn, dir zu helfen, geistlich zu wachsen und in der Lehre der Bibel zu bleiben, höre online bibeltreue Predigten, pflege Freundschaften mit einigen gottesfürchtigen Frauen und lehre deine Kinder zu Hause über Gott, lies mit ihnen die Bibel und bete mit ihnen auf eine Weise, die deinen Mann und Gott ehrt. Es kann sein, dass du das eine Zeit lang tust und Gott dich dann wieder dazu auffordert, mit deinen Kindern in die Gemeinde zurückzukehren. Geh mit deinen Kindern zur Gemeinde, wenn du sicher bist, dass Gott das von dir möchte. Tue das, wovon du mit Herz und Verstand überzeugt bist, dass Gott dich dazu auffordert, und suche mehr als alles andere, ihm zu gehorchen und ihm zu gefallen.

Die Gedanken einiger Ehemänner zum Thema Konflikt

Ehemann 1

Wenn eine Frau mit ihrem Mann ständig über Kleinigkeiten streitet und auf ihrer Meinung besteht, ohne seine Vorschläge … zu berücksichtigen, entsteht schnell eine Atmosphäre, in der der Ehemann anfängt zu glauben, er habe im Leben seiner Frau oder in ihrer Ehe keinen Wert.

Ehemann 2

Für mich ist es ein Zeichen von Respekt, wenn jemand, der mir nicht zustimmt, mir erklärt, *warum* er/sie mir nicht zustimmt, statt Stillschweigen darüber zu bewahren. Als Führungsperson, egal welcher Art, sollte man bereit sein, andere um ihre Meinung zu bitten, insbesondere Menschen mit einem anderen Standpunkt – und Männer und Frauen sehen Dinge normalerweise unterschiedlich.

Ehemann 3

Respektiere, dass seine Entscheidung … ihre eigenen Vorzüge hat, auch wenn du anders gehandelt hättest. Werte die Entscheidung deines Mannes nicht ab. Vielleicht wirkt Gott gerade in diesem Moment auf eine Weise durch deinen Ehemann, die du nicht sehen kannst? Prüfe, ob du aufgrund biblischer Prinzipien nicht einverstanden bist. Wenn es um Sünde geht, hast du das Recht, die Bibel zu zitieren und klarzustellen, dass du mit der Entscheidung nicht einverstanden bist. *Einmal.* Wiederhole dich nicht immer und immer wieder. Wir verstehen euch. Wir haben euch gehört. Wir mögen immer noch anderer

Meinung sein; aber biblische Prinzipien können wir nicht widerlegen und der Heilige Geist wird in uns wirken. …

Sage etwas wie: »Ich möchte dich auf etwas aufmerksam machen. Ich habe etwas beobachtet, bei dem ich mich unwohl fühle. Wann können wir darüber sprechen?« … Wenn er nicht darauf zurückkommt, sprich ihn nach angemessener Zeit vorsichtig darauf an. Wenn er immer noch nicht darauf eingeht und die Sünde angesprochen werden muss, folge zur Konfliktlösung Matthäus 18,15-17. Wähle deine Schlachten sorgfältig. Wenn diese Sünde eine Sache ist, die Gott mit deinem Ehemann lösen kann, wird er es tun. Wenn es um eine wirklich wichtige Sache geht, die den Weg deines Mannes beeinflusst und die angesprochen werden muss, dann gehe dem nach. … Sei bereit, eine Vertrauensperson deines Mannes um Hilfe zu bitten, aber gib ihm Zeit, um das Problem mit dir zu besprechen. Übergehe ihn niemals, ohne vorher ein paar Mal versucht zu haben, mit ihm zu sprechen.

Ehemann 4

Ich erwarte von meiner Frau, dass sie mir auch mal widerspricht. Ich möchte nicht, dass sie mir immer zustimmt. … Nur ein Dummkopf glaubt, dass er sich nie irrt oder täuscht. … Ich schätze ihre Meinung und vertraue ihr, und ich hoffe doch, dass sie mich genug respektiert, um mich vor mir selbst zu retten, wenn das nötig ist. »Respekt« bedeutet nicht »Furchtsamkeit« (2. Timotheus 1,7).

Ehemann 5

Ich möchte keinen stumpfsinnigen Fußabtreter als Frau. Ich möchte eine Frau mit Hirn, die ihre Gedanken mit mir teilt und mir Hinweise und Ratschläge gibt. Wenn ich drauf und

> dran bin, etwas Dummes zu tun, würde ich es wissen wollen. Und wenn ich etwas Dummes tun will, das meiner Familie schadet, dann erst recht. Aber ich möchte nicht, dass sie versucht, mir ihren Willen aufzuzwingen. … Wenn du durch deine Haltung und deine Taten das Vertrauen deines Ehemanns gewonnen hast, bist du glaubwürdig, wenn du einmal nicht mit ihm einverstanden bist. Aber wenn du ständig mit ihm konkurrierst oder andere Dinge tust, die dazu führen, dass er dir nicht vertrauen kann, dann wird er … von einem Hintergedanken deinerseits ausgehen, wenn du ihm nicht zustimmst. Benenne die Dinge, wegen derer du dich sorgst, aber sage es ihm auf sanfte, weiche, nicht drohende Weise. Auf diese Weise wirst du viel wahrscheinlicher zu einem Ergebnis kommen, als wenn du hart und anklagend mit ihm umgehst. Es geht hier um Wiederherstellung, nicht um Strafe. … Wenn es um Sünde geht, sprich als seine geistliche Schwester und als seine Freundin.

Konflikte sind für uns alle schwierig. Es kann beängstigend sein, dir vorzustellen, dass dein Mann wütend auf dich ist. Glücklicherweise hat Gottes vollkommene Liebe Macht, alle Angst auszutreiben, selbst unsere Angst vor Konflikten. Oder vielleicht kämpfst du mit Stolz und zu viel Selbstvertrauen, und es fällt dir schwer, den Entscheidungen anderer zuzustimmen. Meinungsverschiedenheiten, Enttäuschungen und Misserfolge bieten uns gute Gelegenheiten, zu lernen, unseren Männern in Gottes Weisheit zu begegnen, sodass unsere Ehen dadurch stärker werden. Jeder Konflikt bietet Gelegenheit, zu demonstrieren, dass Gottes Kraft in unserem Leben wirkt. Jede Meinungsverschiedenheit kann uns zeigen, dass Gott Wunder wirkt und Gebete auf eine Weise beantwortet, die wir nicht ergründen können. Konflikte in unseren Ehen können Segen bringen und zu größerer Intimität mit Gott und unseren Männern führen, wenn wir sie mit Gottes Stärke, Liebe, Kraft und Weisheit angehen.

Die Reise miteinander teilen

Manchmal hilft es uns, die Perspektiven und die Geschichten anderer Menschen zu hören, die die gleichen Dinge lernen möchten. Jede Person hat eine einzigartige Art, sich zu erklären und auszudrücken, die uns hilft, unser eigenes Verständnis zu erweitern. Die Einblicke und Geschichten der Leser meines Blogs waren mir ein großer Segen. Freundlicherweise waren sie damit einverstanden, dass ich ihre Worte hier wiedergebe. Ich bete, dass ihre Geschichten dich inspirieren, Gottes Herrlichkeit in deinem Leben sichtbar werden zu lassen!

Leser meines Blogs erzählen

Erins Geschichte

Vor einigen Jahren lebten mein Mann und ich getrennt und waren auf dem besten Weg, uns scheiden zu lassen. Wir kamen wieder zusammen und suchten viel Hilfe und Heilung. … Ich erkannte, dass ich, ehrlich gesagt, so erzogen worden war, Männer respektlos zu behandeln. Sobald wir Kinder bekamen, behandelte ich auch meinen Mann wie ein Kind – ich bestrafte ihn, behandelte ihn herablassend und meckerte, als wäre er fünf Jahre alt. Ich war sehr stolz und hatte klare Vorstellungen, wie wir unseren Haushalt richtig zu führen hatten. Seine Meinung war mir nicht wirklich wichtig und ich kämpfte mit allen Mitteln darum, meinen Willen zu bekommen. Eines der eindrucksvollsten Dinge, die ich zu

Anfang [in deinem Blog] las, war, dass er erwachsen ist und das Recht auf seine eigenen Vorstellungen und Entscheidungen hat. Es gibt keinen Grund, dass er so handeln sollte, wie ich es will. Offen gefragt, wie würde ich mich fühlen, wenn er mich ständig verurteilen würde? Was für eine schreckliche Art zu leben. Das Allererste, was ich veränderte, war, dass ich ihn als Erwachsenen respektierte. … Mein Mann nimmt seine Vaterrolle sehr ernst, und mit der Überraschung unseres letzten Kindes hat Gott uns beiden eine neue Gelegenheit gegeben, das Elternsein »richtig« zu leben. Früher hatte er nie das Gefühl, ein guter Vater zu sein. Es gab für ihn keinen Platz, um etwas mit den Kindern zu unternehmen. Ich traf alle Entscheidungen alleine. Ich stand immer auf der Seite der Kinder. Ich schloss ihn aus. Er fühlte sich nicht willkommen und hatte den Eindruck, dass … ich lieber eine alleinerziehende Mutter wäre. Ich gab ihm nie die Gelegenheit, überhaupt zu versuchen, sich einzubringen. Jetzt beziehe ich ihn bei den meisten Entscheidungen ein. Wenn die Kinder fragen, ob sie bestimmte Dinge machen dürfen, ist meine Standardantwort: »Da müssen wir Papa fragen.« Er verbringt jetzt mehr Zeit allein mit den Kindern – ich traue es ihm zu, dass er mit ihnen gut umgehen kann. … Eine der größten Schwierigkeiten auf meinem Weg zur Veränderung war die Erkenntnis, dass ich, wenn Dinge nicht so liefen, wie ich wollte, einen Anfall bekam, der mich aussehen ließ wie ein verwöhntes, unerzogenes kleines Kind. Meine Gewohnheiten haben sich geändert, und obwohl ich alles andere bin als perfekt, weiß ich doch, dass mein Mann sich respektiert fühlt. Ich lache mehr. Ich mache ihm mehr Komplimente. Ich weiß, dass ihm mein Glück wichtig ist und dass er nichts tut, um mich unglücklich zu machen. Ich musste erkennen, dass ich meinem Mann viele schreckliche Motive unterstellt hatte, die von der Wahrheit weit entfernt waren.

Ein Interview mit Bryan

April: Es ist typisch Frau, zu glauben, dass sie, wenn sie ihren Ehemann respektiert, sein Ego pusht und er dadurch stolz wird. Was sagst du dazu?

Bryan: Ich würde ihr empfehlen, zuerst Gott und seine Weisheit zu suchen. Wenn ihre Beziehung zu Gott nicht stimmt, wird nichts Gutes daraus entstehen, wenn sie versucht, sich unterzuordnen. Mit jedem Mal, wenn sie darin scheitert, respektvoll zu sein, steigt ihre Verbitterung. Das Gleiche gilt für den Ehemann, aber bleiben wir mal bei ihr. Mit Gott sind alle Dinge möglich. Wenn man seinem Plan nicht folgen will, wird man sicherlich scheitern. Die Bibel sagt klar, dass die Frau dazu verpflichtet ist, ihren Ehemann zu respektieren und sich unterzuordnen, und dass ihr Mann, wenn er kein Christ ist, durch ihr Verhalten und ihren Respekt gewonnen werden kann. … Wenn er Unterordnung zu weit fasst und sie schlecht behandelt, muss er Gott und seine Regeln für männliche Führung kennenlernen. Wenn er ein ausfallender Mann ist, der sich einfach nicht ändern kann, braucht sie gottesfürchtige, erfahrene Hilfe und muss sich vielleicht sogar von ihm trennen, zumindest zeitweise. Frauen von heute haben ein großes Problem mit biblischer Unterordnung oder Respekt. Beim Thema Ehe hören sie lieber auf ihre Freunde als auf Gott. Wenn sich die meisten Frauen falsch verhalten, warum sollte man sie um Rat fragen? Wende dich an Gott. Er versagt nie!

April: Als deine Frau anfing, echtes Vertrauen in dich, Glauben, Respekt und Ehre zu zeigen, wie änderten sich deine Gefühle für sie? Hat dich das in der Ehe motiviert? Wie wolltest du auf sie reagieren?

Bryan: Offen gesagt, als wir in unserer Ehe am Scheideweg angekommen waren, hieß es nur »mach es oder lass es«. Es gab nicht viel Romantik, Sex, Lachen, Reden oder Sonstiges. Wir stritten fast jeden Tag und fühlten uns einfach miserabel. Schließlich brach ich zusammen und bat Gott, mir zu helfen. Ich schlug meine Bibel auf, betete, recherchierte zum Thema Ehe, suchte im Internet nach Ideen und ähnlichen Situationen und hatte schließlich einen Lösungsweg. Ich ging zu meiner Frau und sagte ihr einfach, was passieren müsste, wenn wir es schaffen wollten – dass Gott einen sehr konkreten Plan hat, der befolgt werden muss. Ich sagte ihr auch, dass es ein Geben und Nehmen ist und wir uns beide ändern müssten. Ja, es sieht so aus, als hätten Frauen mehr damit zu tun, Unterordnung und Respekt zu zeigen, aber auf der Aufgabenliste der Männer steht eine sehr große Verantwortung ganz oben: Rechenschaft vor Gott. Männer sollen das Haupt der Familie sein und werden sich für alles verantworten müssen, wenn sie vor Gott stehen.

Am Anfang kamen wir nur schwer voran. Sie bemühte sich wirklich sehr, auf die Bibel zu hören und sie zu befolgen. Als die Tage und Wochen vergingen …, fing ich an, eine ganz neue Frau zu sehen, und sie war wunderschön! Diese neue, bessere Frau war ruhig, sanft, respektvoll und – offen gesagt – einfach sexy! Wir kamen uns jeden Tag näher und die Lust kam zurück. Unser Sexleben war wie vor zwanzig Jahren! Als sie sich veränderte, fühlte ich mich besser, und meine Handlungen ihr gegenüber zeigten das. … Wir gehen jetzt wieder öfter zur Gemeinde, beten jeden Morgen und Abend zusammen und sogar unsere Kinder benehmen sich besser. Ich weiß, es klingt seltsam, aber die Kinder haben die Veränderung in uns gesehen und lieben es. Sogar ihre Noten haben sich verbessert. … Sie ist ein großer Segen für mich und ich könnte mir mein Leben ohne sie nicht vorstellen. Es braucht nur eine einfache Sache: Gottes Plan befolgen. Mit der Zeit wird es einfacher.

Angies Geschichte

Ich bin sicherlich noch nicht an dem Punkt, an dem ich alle Antworten habe, aber Christus ähnlich zu werden ist ein Prozess und eine Reise, nicht das Ziel. … Ich bin voller Tatendrang und zielorientiert. Mein Mann, der sehr intelligent ist und einen mathematischen Verstand hat, den ich bewundere, funktioniert einfach nicht auf die gleiche Weise, und das verursachte viel Spannung. Ich fühlte mich frustriert, ungeliebt und einsam. Das Schlimmste kam jedoch, als mein Mann eine Affäre hatte. … Wir trennten uns. Unsere Familien unterstützen unseren Sohn und mich und bemühten sich sehr (ohne Erfolg), ihn zu erreichen. Bald sprachen wir über Scheidung. Mein Mann wollte nichts mit mir zu tun haben. Es war eine Katastrophe, mehr als Worte ausdrücken können. In diesen Sorgen, der Trauer, Verzweiflung und Hoffnungslosigkeit streckte ich mich nach Gott aus, damit er mich hindurchtragen würde. Ich bat ihn, mir Hoffnung zu geben und mir auch nach diesem Verlust ein neues Leben zu ermöglichen. Meine Versuche, die Probleme selbst zu »beheben«, meinen Mann zurückzugewinnen oder in ein neues Leben ohne ihn zu finden, machten mich fertig. In einem besonderen Gebet bekam ich eine Antwort. Ich erinnere mich, dass ich so benommen und müde war, dass ich nur zuhören konnte. Gott sagte mir klar, dass ich aufhören sollte, mich »in die Quere« zu stellen und mich darum zu sorgen, was passieren würde. Ich sollte ihm die Situation anvertrauen, geduldig sein, zu ihm aufschauen und nicht auf die Welt, die um mich herum zusammenbrach. Ich hatte alles andere bereits ausprobiert, also tat ich, was Gott mir sagte. Mein Mann und ich konnten uns wieder versöhnen, nur durch Gottes Wirken, da bin ich mir ganz sicher. Seitdem ist unsere Ehe reich gesegnet und wir haben jetzt drei Kinder. Mein Mann ist ein völlig neuer Mensch.

Wenn ich meinen gottgegebenen Platz verlasse und versuche, die Führung zu übernehmen, stelle ich mich Gott in den Weg, sein Kind zu erziehen und es gut zu machen. Gott liebt unsere Kinder und mich genauso, wie er meinen Mann liebt. Ich diene nicht nur meinem Mann; ich diene auch Gott. Jetzt gebe ich meinem Mann Raum für Fehlentscheidungen und Erfolge, ohne mich dabei Gottes Zurechtweisung oder Segen in den Weg zu stellen. Wenn es besonders schwer wird, bete ich um Standhaftigkeit für mich selbst, um Geduld und einen sanften Geist (ich bin diejenige, die gerne einen Streit vom Zaun bricht). Ich bete, dass mein Mann Weisheit, Mut und Selbstlosigkeit hat. Unsere Ehe ist stärker, belastbarer und blüht jetzt. Mein sanfter Geist hat es meinem Mann ermöglicht, seine Rolle als ausgezeichneter Versorger, Ehemann und Vater einzunehmen.

Veronicas Geschichte

Ich bin seit neun Jahren mit meinem liebevollen Ehemann Dong verheiratet. … Er ist mein bester Freund. Ich hatte keine gottesfürchtigen Vorbilder für eine Ehe und heiratete, ohne wirklich zu wissen, was meine Rolle als Frau sein sollte. Deshalb schlug ich meinem Mann vor, wie er an sich arbeiten könnte, recherchierte nach Stellenangeboten und zwang ihn, sich zu bewerben, und sagte ihm ständig, er solle seinen Leidenschaften nachgehen. Während er nicht wusste, wohin sein Leben führen sollte, beschloss ich, nicht darauf zu warten, dass er die Kurve kriegte, sondern selbst unsere Familie zu führen. Dadurch, dass ich in der Beziehung »die Hosen anhatte«, fühlte ich mich sehr unweiblich, bedrückt, bitter und verärgert über ihn und die Fehler, die ich in ihm sah.

Nach der Geburt unseres vierten Kindes verspürte ich plötzlich den Drang, einfach zu Hause zu bleiben und mich um unsere Kinder zu kümmern. Ich war es leid zu führen. Am 1. September 2013 gab ich meinen Wunsch auf, meinen Mann zu kontrollieren. Um diese Zeit herum beschloss ich auch, mich Gott unterzuordnen. … Ich hatte nie gelernt, dass ein passiver Ehemann niemals führen würde, wenn er von einer dominanten Frau geführt wird! Das war ich gewesen! Ich war ein ehrgeiziger Kontrollfreak höchsten Grades, perfektionistisch und leistungsorientiert. Ich wusste nicht, dass meine übermäßige Strebsamkeit der Führung meines Mannes im Wege stand. Der Herr öffnete meine Augen für meine Sünden: Ich war stolz, verurteilend, selbstgerecht und hatte (obwohl ich es niemals so ausgedrückt hätte) nicht viel Vertrauen in Gott, sondern viel Vertrauen in mich selbst. Ich tat Buße und war entsetzt über mein Fehlverhalten! Ich konnte tagelang nicht sprechen. Ich hatte Angst, meinen Mund zu öffnen und meinen Mann dann wieder respektlos zu behandeln.

Seit ich mich unterordne, wie die Bibel es verlangt, erlebe ich eine Freude, die schwer zu beschreiben ist. Man muss sie erleben! Von meinem Kontrollzwang frei zu sein, hat mir sehr viel Frieden gegeben. … Um nichts in der Welt würde ich zu meinem früheren kontrollsüchtigen Ich zurückkehren wollen. …

Als ich lernte, meinen Mann zu respektieren, hat unser Zuhause viel Freude, Frieden und Liebe gewonnen. Dong war so von meiner Veränderung angetan, dass er mich, ein paar Wochen nachdem ich anfing, mich ihm unterzuordnen, sogar darum bat, einen Blog über mein Erlebnis zu schreiben! Er sagte, er wolle, dass mehr Paare das erleben, was wir erlebt hatten, und die Freude entdecken, die in der Ehe zu finden ist! Das kommt von einem Mann, den ich aufgrund meiner Ahnungslosigkeit in großem Maß missachtet und fast entmannt habe! Seit ich mich Gott und meinem Mann untergeordnet habe, nimmt Dong seinen Platz ein. Er hat Träume und Pläne – und obwohl die Dinge gerade erst anfangen, sich zusammenzufügen, sehe ich eine glänzende Zukunft vor mir. Als ich begann, den Mund zu halten, hörte Dong Gottes Stimme. Als ich aufhörte zu entscheiden, begann er zu führen. Als ich anfing, mich auf meine eigene Rolle in der Familie zu konzentrieren, reifte er zu dem Mann, den Gott in ihm sehen wollte!

All diese Jahre hatte ich dafür gebetet, dass Gott ihn verändern sollte! Gott begann erst, mein Gebet zu erhören, als ich es änderte: »Herr, erforsche *mein* Herz und ändere meine Sichtweise.«

… Dass ich die Führung meines Mannes ehre, hat sich auch auf andere Lebensbereiche ausgewirkt. Ich beschloss, meine sehr zeitintensive Radiokarriere aufzugeben, um die Rolle einer Hilfe für Dong einzunehmen. Ich möchte für ihn da sein, ihn zu 100 Prozent bei seinen geschäftlichen Unternehmungen unterstützen und mich gleichzeitig um unsere vier Kleinen kümmern. Früher war mein Mann zu faul, um zum Gottesdienst zu gehen, jetzt regt er es manchmal selbst an, dass wir gehen. Früher waren unsere Kinder nicht sicher, wer im Haus das Sagen hatte. … Jetzt wissen sie, dass Papa in allen Dingen das letzte Wort hat. … Unter Freunden und der erweiterten Familie mache ich klar, dass ich keine wichtige Entscheidung treffe, ohne vorher mit meinem Mann Rücksprache zu halten. Ich habe das Glück, dass mein Mann mich immer begehrenswert fand, und jetzt, wo ich mich ihm unterordne, umso mehr. Geändert hat sich, dass ich mich jetzt ganz hingebe, während es sich früher wie eine lästige Pflicht anfühlte. Eine Frau nach Gottes Gedanken zu sein, hat alle Bereiche meines Lebens gesegnet. Ich kann Gott nicht genug dafür danken, dass er mein Herz verändert und mir seinen Frieden gegeben hat, den Frieden, den die Welt nicht geben kann.

Alanas Tipps

Wenn ich zurückkehren und mir selbst Tipps geben könnte, wie ich eine Frau werde, die Ehe nach Gottes Willen lebt, wäre dieser Prozess (hoffentlich) einfacher und weniger kompliziert geworden.

1. ENTSPANN DICH! Es ist absolut ok, wenn du heute, morgen oder übermorgen nicht alles schaffst. Atme! Lass dir Zeit! Sei geduldig mit dir selbst.
2. Konzentriere dich nur auf ein oder zwei Dinge. Du hast dein ganzes Leben, um zu lernen. Es gibt kein Zeitlimit. Das

ist nicht etwas, was du einmal lernst und dann fertig bist. Betrachte es als eine Weiterbildung. Wenn du jetzt versuchst, alles auf einmal richtig zu machen, wird es dich überfordern. Mach langsam und arbeite nur an ein oder zwei Dingen gleichzeitig. Wenn du sie gelernt hast, füge ein oder zwei weitere hinzu. Setze dich nicht unter Druck!

3. Es wird sich komisch anfühlen. Nichts davon wird sich für dich normal anfühlen. Akzeptiere das. Mit der Zeit wird es normal.
4. Dein Mann braucht ganz andere Dinge von dir als du von ihm. Einige scheinen so klein und belanglos, aber sie sind ihm wirklich wichtig, selbst wenn sie dir sehr wenig bedeuten würden. Das liegt daran, dass ihr anders seid und unterschiedliche Bedürfnisse habt. Vertraue einfach darauf, dass ihm diese Dinge wichtig sind, auch wenn du es nicht verstehst.
5. Männer sind ganz andere Geschöpfe als Frauen. Es ist fast unvorstellbar, wie unterschiedlich wir wirklich sind. Gott hat seinen Grund dafür, dass wir anders geschaffen sind. Gehe nicht davon aus, dass du verstehst, was dein Mann denkt und warum er so handelt, wie er es tut. Wenn du dir nicht sicher bist, warum er etwas tut, frag ihn. Wenn du mit der richtigen Haltung fragst, wird er es wahrscheinlich nur zu gerne erklären.
6. Hör ihm zu. Höre ihm wirklich gut zu. Die Wahrheit ist, dass er wahrscheinlich bereit ist, mit dir zu sprechen und sich mitzuteilen, wenn du nur bereit bist, zuzuhören. Er meint, was er sagt. Glaub ihm. Sei nicht so damit beschäftigt, deine Antwort an ihn zu formulieren, dass du die Botschaft in seinen Worten verpasst. Er teilt dir Dinge mit, um ihn und eure Beziehung besser zu verstehen, wenn du nur zuhörst.
7. Beobachte das Verhalten von Männern im Allgemeinen und das von deinem Mann im Besonderen. Männer leben in ihrer eigenen Welt, von der du vielleicht nichts weißt. Wahrschein-

lich kannst du nicht verstehen, wie sie denken, was sie meinen oder wie sie sich fühlen. Aber du kannst es lernen. Du kannst lesen, beobachten und lernen. Aber wichtig ist vor allem Punkt 6!

8. Gott weiß, was in der Ehe funktioniert. Er hat die Ehe *erschaffen*. Er weiß es besser als jeder andere. Deshalb wird die Ehe nur dann gut funktionieren, wenn wir seinem Plan folgen. Es mag zurückgeblieben, nicht zeitgemäß oder altmodisch wirken, sich der Bibel gemäß unterzuordnen und eine respektvolle Frau zu sein, aber es funktioniert. Gott sagt: »Tretet auf die Wege und seht und fragt nach den Pfaden der Vorzeit, welches der Weg des Guten sei, und wandelt darauf; so werdet ihr Ruhe finden für eure Seelen« (Jeremia 6,16). Dieser alte Weg ist sicherlich gut, und du wirst Ruhe finden, wenn du Gottes Plan befolgst.
9. Ruhe in der Liebe deines Mannes zu dir. Du hast so viel Zeit damit verschwendet, dir darüber Gedanken zu machen, ob er dich liebt, wie sehr er dich liebt und warum er es nicht so zeigt, wie du es dir wünschst. Ruhe einfach in seiner Liebe zu dir (außer wenn er offen sagt, dass er dich nicht liebt, dich betrügt oder sogar missbraucht). Seine Liebe ist sicher, du musst dir keine Sorgen machen.
10. Es wird besser. Lass dich nicht entmutigen. Es braucht Zeit. Du wirst dein Leben lang lernen, wie man eine Ehe nach Gottes Willen führt, aber mit der Zeit wird es einfacher und du wirst dich wohler fühlen. Bleib einfach dran.
11. Du *musst* unbedingt jeden Tag Zeit mit Gott verbringen. Gib dein Bestes, um das durchzuziehen. Wenn du an einem Tag aus irgendeinem Grund keine Zeit mit Gott hattest, sei besonders auf der Hut vor deinem eigenen falschen Denken und Fehlverhalten!
12. Dein Mann hat Gefühle. Vielleicht sieht es nicht so aus, weil er groß und stark ist, aber hinter der harten Schale steckt ein zerbrechliches Herz.

13. Gebete aufzuschreiben und Tagebuch zu führen, hat viel Potential. Es gibt dir die Möglichkeit, das, was du lernst und denkst, zu verarbeiten und dabei Gott näherzukommen.
14. Bete, bete, bete! Du kannst nichts tun, wenn Gott nicht an deiner Seite steht! Bete um Hilfe, Weisheit, Schutz und Wissen. Bete über bestimmte kleine Situationen. Bete über die großen Dinge.
15. Hier geht es nicht wirklich um deine Ehe. Es geht um *dich* und deinen Gehorsam gegenüber Gott. Es ist deine Aufgabe, dich auf deinen Weg mit ihm zu konzentrieren und Gott Freiraum zu geben, sich um deinen Ehemann zu kümmern. Auch wenn du nie Veränderung siehst, musst du dich darauf einlassen. Konzentriere dich darauf, was deine Verantwortung in der Ehe ist. Konzentriere dich darauf, eine bessere christliche Frau zu werden.
16. Gib nicht auf. Du wirst versagen und fallen. Du wirst Tage haben, an denen du alles hinwerfen willst. Erwarte von dir keine Perfektion. Wenn du es vermasselst, vergib dir selbst, steh wieder auf und mach weiter. Lass dich nicht von Entmutigung besiegen.

Von April

Und jetzt, meine kostbare Schwester im Herrn, beginnt *deine* Geschichte. Ich kann es kaum erwarten, alles, was Gott in dir und durch dich und in deiner Ehe tut, dieser Sammlung wundervoller Geschichten hinzuzufügen. Gott verspricht nicht, unsere Ehemänner zu verändern, wenn wir ihm gehorchen, ihn suchen, ihn lieben und ihn weit über alles begehren. Er verspricht, *uns* zu verändern! Wenn Gott zu seiner Ehre dabei doch unsere Ehemänner verändert, dann nur, wenn wir nach seinem Willen handeln. Unsere Motive sind so wichtig. Ich kann mich nicht auf diese Reise begeben mit dem Ziel, meinen Mann zu verändern und ihn dazu zu bringen, mich so zu lieben, wie ich es möchte. Mein Ziel muss sein, Christus zu lieben, zu gehorchen, zu ehren und ihm zu gefallen, und meinen Mann zu lieben, zu ehren und zu segnen. Ich vertraue Gott, dass er für die Ergebnisse und den richtigen Zeitpunkt Sorge trägt. Ich vertraue darauf, dass er mich zu seiner größten Ehre gebraucht, wie er es für richtig hält. Ich finde all meine Erfüllung, Zufriedenheit und Freude, meine Identität, meinen Wert und meinen Frieden allein in Christus. Dann stehe ich fest, egal was in meinem Leben passiert.

Das, worauf ich mich im Himmel freue – gleich nachdem ich Gott und Jesus gesehen und angebetet habe – ist, zu sehen, was Gott im Leben jeder Frau bewirkt hat, die dieses Buch liest. Wenn Gott in deinem Leben wirkt und dich verändert, würde ich gerne von dir hören. Vielleicht kann ich als nächstes deine Geschichte erzählen. Vielleicht möchte Gott Hunderte, Tausende von Frauen auf der ganzen Welt durch das, was er in deinem Leben tut, segnen und beeinflussen! Das würde zu unserem erstaunlichen Gott passen, deine Prüfungen, Schmerzen und Leiden zu nutzen, um deine Familie und viele andere in seinem Königreich zu segnen. Liebe Schwester, möge Gott deinen Weg mit Christus reichlich segnen. Du bist in meinen Gebeten. Ich freue mich sehr, diesen Weg mit dir zu gehen. Zum Glück sind wir auf diesem Weg nicht alleine.

Anhang: Einen Ehemann erreichen, der Jesus Christus nicht kennt

Genau wie du ist auch dein Mann für seine eigene Seele und seine Taten verantwortlich. Es ist die Aufgabe des Heiligen Geistes, deinen Ehemann zur Sündenerkenntnis und Reue zu bringen. Du musst es Gott und deinem Mann überlassen, das Gewicht seiner Sünden und Entscheidungen zu tragen. Konzentriere dich auf deinen eigenen Gehorsam gegenüber Christus. Je näher du Gott bist, je mehr du ihm gehorchst, an seinem Wort festhältst, betest, dass er dich verändert und dass Gottes Geist dich befähigt, umso besser!

Bevor du dir die folgende Liste ansiehst, verbringe einige Zeit im Gebet. Lobe Gott für den, der er ist, und dafür, dass er dich dorthin gestellt hat, wo du gerade bist. Bekenne ihm jede bekannte Sünde. Und dann übergibst du dich und deine Ehe der Fürsorge Gottes, mit Worten wie diesen:

Jesus,
solange ich dich, deinen Geist und dein Wort habe, habe ich alles, was ich brauche. Ich vertraue darauf, dass du für alle meine Bedürfnisse in unserer Ehe und für unsere Kinder sorgen wirst. Ich suche nur deine Herrlichkeit in meinem Leben, egal was es mich persönlich kostet. Ich bin bereit, dir zu gehorchen. Zeige mir, wie ich meinen Mann segnen kann. Öffne seine Augen, Herr. Zieh ihn zu dir – auf deine Weise, in deiner Kraft und deinem Zeitplan, und zu deiner Ehre. Ich bete vor allem für die Errettung meines Mannes und dafür, dass du seinen Geist erneuerst und ihm neues Leben in Christus gibst. Ich bete für die geistliche Heilung meines Mannes, für unsere Ehe, und dass jede feindliche Festung niedergerissen wird. Amen.

Dann überdenke diese Vorschläge, wie du deinen ungläubigen oder geistlich verwundeten Ehemann respektieren kannst:

- Lass nicht zu, dass deine Ehe, dein Ehemann oder seine Erlösung dir wichtiger wird als Christus. Halte diese Dinge nicht fest, klammere dich allein an Jesus. Strebe nach Jesus, mehr als nach allem anderen. Das ist so wichtig!
- Sprich grundsätzlich nicht über geistliche Dinge. Für dich gilt 1. Petrus 3,1-2, bis Gott die Situation ändert.
- Sei sensibel für Gottes Wirken, bleibe im Gebet, tue Buße über jede dir bekannte Sünde in deinem Leben, lies Gottes Wort und strebe danach, ihm über allem anderen zu gefallen. Bleibe ganz nah bei Gott.
- Wünsche deinem Ehemann die gleichen Dinge, die Gott für ihn wünscht – nicht aus egoistischen Motiven und weil es besser für dich wäre, wenn dein Mann zu Christus käme, sondern weil du deinen Mann mit Gottes Liebe liebst und Gottes Bestes für ihn willst.
- Bitte Gott, dir zu zeigen, wie du deinen Mann segnen und ehren kannst.
- Lege deine Erwartungen an deinen Mann und an deine Ehe vor Gott auf den Altar deines Herzens und gib deinen Mann in Gottes Obhut.
- Stelle keine Anforderungen. Vertraue Gott mit deinen Bedürfnissen.
- Zeige deinem Mann, dass du ihn wirklich akzeptierst.
- Stelle Fragen über Dinge, die ihn interessieren, wenn er darüber sprechen möchte.
- Sprich in freundlichem Ton, mit angenehmem Gesichtsausdruck und einer einladenden, positiven Körpersprache. Das ist alles sehr wichtig.
- Lächle ihn immer an, wenn du ihn siehst, um ihm wohlzutun. Lass dich nicht von seiner mangelnden Reaktion entmutigen. Versuche einfach, »seine Seele zu bewässern«.
- Von Zeit zu Zeit summe oder singe fröhlich.

- Danke ihm, dass er arbeitet, um die Familie zu versorgen, wenn er das tut.
- Lächle und sage fröhlich: »Hab eine gute Zeit!«, oder: »Viel Spaß!«, wenn er sich mit Freunden trifft oder einem Hobby nachgeht.
- Erziehe eure Kinder dazu, ihrem Vater so respektvoll wie möglich zu begegnen, wenn er nach Hause kommt.
- Unternimm auch selbst einige Dinge, die dir Spaß machen.
- Schreibe ihm alle paar Tage oder einmal pro Woche eine kurze Nachricht, in der du ihm sagst, dass du stolz auf ihn bist und warum. Erwarte keine Gegenleistung.
- Danke ihm für seine Führung, wenn er Entscheidungen zum Wohl der Familie trifft.
- Lobe ihn dafür, wie gut er seine Rolle als Vater einnimmt, wenn er sich mit den Kindern beschäftigt.
- Sprich nicht über eure Ehe oder frage, wo er emotional steht. Versuche nicht, ihm eine mündliche Garantie für die Zukunft abzugewinnen. Das wird ihn oft mehr abstoßen als alles andere. Konzentriere dich auf das Heute, wie Jesus uns ermahnt hat, und lass den morgigen Tag für sich selbst sorgen (Matthäus 6,34).
- Gib dich ihm sexuell freudig hin, außer wenn er reuelos in Ehebruch lebt oder Pornografie konsumiert, oder wenn du ernsthafte Schmerzen oder Krankheiten hast usw. (1. Korinther 7,1-5).
- Wenn du eine gottesfürchtige, vertrauenswürdige weibliche Gebetspartnerin hast, bitte sie um Unterstützung im Gebet. Bete darüber und sei vorsichtig, wie viele Details du anderen mitteilst – und besprich ernsthafte Angelegenheiten nur mit einer Person, die geistlich reif ist, selbst für Christus selbst lebt und die dir helfen möchte, sich auf das zu konzentrieren, was du auf deiner Seite der Ehe tun kannst. Wenn es um wirklich ernste Angelegenheiten geht, erzähle diese im Detail einem vertrauenswürdigen Seelsorger. Ver-

harmlose nicht, was wirklich passiert, und lass dir von ihm oder ihr helfen.

- Wenn du Hilfe benötigst, suche Hilfe von einem gottesfürchtigen, bibeltreuen Eheberater (vorzugsweise von einer Frau, wenn es nur um dich geht, aber vielleicht von einem Mann, wenn ihr beide hingeht). Du kannst deinen Mann fragen, ob er bereit wäre, mit dir gottesfürchtige Eheberatung zu suchen. Wenn er nicht gehen möchte, erwäge, selbst hinzugehen, wenn du mit deinen Problemen nicht zurechtkommst. Wenn du dich nicht sicher fühlst, begib dich so schnell wie möglich an einen sicheren Ort.
- Sei offen für Vorschläge, Ratschläge und Ideen deines Mannes, solange er dich nicht zur Sünde auffordert.
- Wenn er dich bittet, Zeit mit ihm zu verbringen, genieße ihn, auch wenn du dabei nicht sprichst.
- Frage ihn, ob du etwas für ihn tun kannst.

Lass ihn sehen, dass du in Christus vollkommen froh und zufrieden bist, weil du *wirklich* in Christus allein froh und zufrieden bist. Das muss echt sein.

Lies, was dieser weise christliche Bruder über den Wert von Handlungen gegenüber Worten schreibt:

> Männer sind Geschöpfe der Tat, was ein Grund ist, warum dein Verhalten – nicht deine Worte – ihn überzeugen wird. Wenn du deine Worte nicht mit Taten bestätigen kannst, wirst du in der Welt eines Mannes keinen Respekt bekommen. Ein weiterer Schlüsselpunkt ist: Wenn du versuchst, deinen Ehemann durch Predigen, Lehren oder Nörgeln in die Kirche oder zur Erlösung zu bringen, dann wird seine Erlösung tatsächlich nur dadurch erreicht, dass er sich seiner Frau unterordnet. Das ist ein sehr verkehrter Weg, ihn in das Königreich zu führen, der schlechte Früchte tragen wird. Wenn du ihm jedoch durch deine Handlungen Christi

> Liebe vorlebst und ihm Respekt entgegenbringst …, kann ich garantieren, dass dies tiefgreifende Auswirkungen haben wird, und dann wird *er* sich auf der Grundlage deines Zeugnisses selbst dafür entscheiden, zu Christus zu kommen. Unser Fleisch möchte den einfachen Weg gehen – und es ist viel einfacher, jemandem zu predigen, als die Predigt auch zu leben. Um sie zu leben, muss man täglich sich selbst sterben, und das ist nicht einfach, aber es ist die einzige Chance.

Wenn die Veränderung einer Frau in Christus echt ist, wird das ihren Mann schwer beeindrucken. Er wird nicht wissen, was er davon halten soll, und wird neugierig werden, wie du solchen Frieden haben kannst, wenn er womöglich nicht der beste Ehemann ist. Er könnte versuchen, dich zu provozieren, sodass du auf ihn losgehst. Sei darauf vorbereitet. Er könnte versuchen, dich dazu zu bringen, gegen ihn zu sündigen, damit er sich wieder auf deine Sünde konzentrieren kann. Wenn du nicht mehr gegen ihn sündigst, sondern Römer 12,9-21 befolgst, kann es sein, dass er spürt, wie Gottes Geist an ihm arbeitet. Das wird ihn dazu zwingen, sich mit seinen eigenen Problemen zu beschäftigen. Wenn er dich zur Sünde verleiten kann, hat er wieder einen Grund, seine eigene Sünde zu rechtfertigen und dich für die Probleme in der Ehe verantwortlich zu machen. Tappe nicht in diese Falle! Deine Sünde wird noch mehr Zerstörung und Schaden verursachen. Gehorche weiterhin Gott und vergelte Böses mit Gutem. Lass Gott in seinem Herzen wirken. Wenn du in der Kraft Gottes lebst, steht dir die Kraft des Himmels zur Verfügung, um deiner Ehe und dem Leben deines Mannes Hoffnung, Heilung, Leben und Segen einzuhauchen.

Bert kam nie mitten an einem Arbeitstag nach Hause. Ich war überrascht, als sich im letzten April die Hintertür öffnete und er hereinkam.

»Wir müssen reden«, sagte er.

»Geht es deiner Mutter gut?«, fragte ich. Seine 96-jährige Mutter war kürzlich in unsere Nähe umgezogen.

»Ihr geht es gut. Setz dich.«

Ich war neugierig und ein wenig aufgeregt in Bezug darauf, was er mit mir besprechen wollte. Im Laufe der Jahre hatten wir viele Zukunftspläne besprochen. Also dachte ich, wir würden vielleicht bald damit beginnen, unser Haus am Strand zu bauen. Oder vielleicht wollte er mir sagen, dass jemand interessiert war, seine Physiotherapie-Praxis zu übernehmen, sodass er schon mal in Teilzeit in den Ruhestand gehen könnte.

»Ich will mich scheiden lassen.«

Seine Worte waren ein Messerstich. Sofort bildete sich ein Knoten in meinem Magen. Bert stand in unserem Wohnzimmer und zählte an seinen Fingern all die Gründe ab, warum er es nicht länger ertragen konnte, mit mir verheiratet zu sein. Und jedes Mal, wenn er auf einen Finger zeigte, um einen weiteren Grund zu nennen, spürte ich, wie die Worte direkt in mein Herz schnitten. »Und das Schlimmste von allem: Ich habe dein Nörgeln so satt, Sheryl! Ich habe es satt zu hören, was ich essen oder wie viel ich in meiner Bibel lesen soll. Ich bin mit dieser Ehe fertig!« Schwer atmend ließ er sich in seinen Sessel fallen und versuchte, zu Atem zu kommen. Ich wusste, dass Bert darauf wartete, dass ich etwas sagte, aber in meinem Hals saß ein dicker Kloß. Mein ganzes Gesicht wurde heiß und meine Augen füllten sich mit Tränen. Ich konnte ihn nicht mehr ansehen und starrte auf meinen Schoß, bis ich meine Stimme wiederhatte.

»Oh, Bert, du hast recht.« Das war alles, was ich sagen konnte. In den letzten Jahren hatte ich selbst bemerkt, dass ich immer kritischer wurde. Aber ich erinnerte mich auch an die unzähligen

Male, in denen ich Gott *angebettelt* hatte, mir zu helfen, mich zu ändern. Und jetzt war es zu spät. Wir sprachen noch ein wenig und er breitete seinen Plan vor mir aus: Wir würden noch einen Monat in dem Haus bleiben, in dem wir gerade lebten (aber in getrennten Schlafzimmern). Das würde mir genug Zeit geben, um in der Nähe meiner Kinder eine Wohnung zu finden. Bevor er wieder zur Arbeit ging, wurde seine Stimme freundlicher. Ich konnte sehen, dass er auf ironische Weise versuchte, mich zu unterstützen. Sobald er weg war, gab ich den Tränen nach – und der Panik. Ich machte mir nicht so sehr Gedanken darüber, was aus mir *werden* würde, als darüber, was aus mir *geworden war*.

Ich hatte schon vor einer Weile bemerkt, wie kritisch und wütend ich oft war, besonders wenn ich mich von Bert abgelehnt fühlte. Meine schlechte Einstellung und mein Verhalten waren so konstant, dass es sich anfühlte, als wären sie Teil meiner DNA geworden. Ich kann nicht aufzählen, wie oft ich gebetet habe, dass ich mein respektloses Verhalten lassen kann! Jetzt hatte ich nicht nur das Gefühl, dass meine Ehe in Gefahr war, ich stellte auch mein Verhalten als Nachahmer Christi infrage. Konnte ich mich verändern? Es sah so aus, als hätte ich nur dreißig Tage Zeit (bevor ich gehen musste), um es herauszufinden. *Gott, bitte gib mir eine zweite Chance. Verändere mich!*

Als Bert sehr spät am Abend nach Hause kam, fragte ich ihn, ob ich mit ihm sprechen könne. Er saß in seinem Sessel. »Ja. Aber ich habe mich entschieden. Ich will mich scheiden lassen.«

Wieder traten mir Tränen in die Augen, aber ich sprach weiter. »Ich weiß, aber ich möchte etwas sagen.« Ich setzte mich auf den Boden und sah ihm in die Augen. »Bert, ich weiß, dass ich es vermasselt habe. Ich bitte um eine zweite Chance. Ich bitte nicht darum, dass du dich änderst. Jetzt geht es darum, dass ich mich ändere.« (Ich war erstaunt darüber, dass diese Worte aus meinem Mund kamen. Offensichtlich war Gott bereits hart am Arbeiten!)

»Es ist mir egal, wie viel du dich änderst. Ich werde meine Meinung nicht ändern.«

»Okay. Aber ich werde es trotzdem versuchen.«

Ich fand einige christliche Bücher über Respekt und Vergebung und las mehrere Zeugnisse von Frauen, die ihr respektloses Verhalten gegenüber ihren jeweiligen Ehemännern beschrieben. Ich schämte mich, als ich mich in vielen ihrer Geschichten wiederfand. *Oh Gott, kein Wunder, dass unsere Ehe so schlecht geworden ist!* Mir wurde klar, dass nicht ich allein für den Untergang meiner Ehe verantwortlich war, aber ich konnte nicht leugnen, dass ich dazu beigetragen hatte. Je mehr ich in den Büchern las, umso mehr konnte ich sehen, wie meine ständige Kritik (einschließlich meines Tonfalls und dem Rollen meiner Augen) die Autorität meines Mannes untergrub. Ich weinte, als ich erneut Buße tat für mein wütendes, boshaftes und selbstgerechtes Herz. Bevor der Tag zu Ende ging, beschrieb ich einige Karteikarten mit Versen über Vergebung.

Als ich anfing, Gottes Prinzipien auszuleben, begann ich auch, mich anders zu verhalten und anders zu denken. Anstatt Bert zu nerven, sich gesund zu ernähren, kaufte ich Essen, das er mag. Anstatt ihn zu belehren, zur Gemeinde zu gehen oder Stille Zeit zu machen, blieb ich ruhig und betete für ihn. Das Haus, das ich früher nie ordentlich halten konnte, war jetzt sauber und aufgeräumt. Und wenn er nach Hause kam (was jeden Abend später wurde), achtete ich darauf, dass ich gut aussah. Vor allem entschied ich mich mit Gottes Hilfe, Bert sein Versagen zu vergeben und weiterhin Verantwortung für mein Versagen zu übernehmen. Ich war in diesen Dingen nicht perfekt, aber meine Reue war echt. Während ich jeden Tag betete und über Gottes Wort nachdachte, konnte ich spüren, wie Gottes Gegenwart meine Traurigkeit durchdrang, sogar nachts, wenn ich alleine in unserem Bett lag und weinte. Aber die Hoffnung kehrte zurück, und ich wurde mir der mächtigen Liebe Gottes zu mir bewusster. Glücklicherweise lernte ich, meinen Wert in Jesus finden – nicht in Berts Meinung von mir. Deshalb konnte ich der Versuchung öfter widerstehen und Verhaltensweisen wählen, die Gott gefielen – und Bert. Gott gab mir weiterhin die Gnade, mich so zu verhalten wie die Frau, von der Bert dachte, dass er sie geheiratet hatte.

Dann sah ich eines Abends, ich konnte es kaum glauben, Tränen in *Berts* Augen. »Sheryl, mich hat noch nie jemand so geliebt wie du. Ich hatte nie jemanden, der bereit war, trotz meines egoistischen Verhaltens bei mir zu bleiben.« Er griff nach meiner Hand und zog mich näher an sich heran. »Willst du mir vergeben?«

Ich konnte nicht glauben, was ich hörte! Dann sah ich, wie er seinen Ehering von seiner Kommode holte (auf der er seit April gelegen hatte). Er wollte ihn sich gerade an den Finger stecken, aber ich hielt ihn auf: »Schatz, darf ich dir den Ring anstecken?« Ich sah neue Tränen in seinen Augen, als er nickte. So begann eine neue, schönere, liebevollere und respektvollere Ehe.

Jetzt werden Bert und ich beide zu den Ehepartnern, die wir immer sein wollten. Er bat mich, ihm die Jahre der Ablehnung zu vergeben, und ich bat ihn, meine Jahre respektlosen Verhaltens zu vergeben. Gott nutzte das verheerende Gespräch am 1. April, um mein Verhalten – und unsere Ehe – zu ändern.

Während wir das Gelernte anwenden, geben Bert und ich offen zu, dass wir noch nicht am Ziel angekommen sind. Vor uns liegt noch viel Arbeit! Wir freuen uns jedoch zu berichten: Vergeben, lieben und respektieren fällt uns heute viel leichter als zu Beginn unserer Reise.

Von Karen

Ich bin in einer sehr strengen christlichen Denomination aufgewachsen und habe gelernt, dass Männer ihre Familien führen müssen und dass Frauen sich unterordnen und in der Gemeinde schweigen sollen – mit großem Schwerpunkt auf der Keuschheit der Frau. Diese Dinge sind alle gut, aber es wurde zum Gesetz gemacht. Ich lernte die Liebe meines Lebens kennen, als ich neunzehn war. Wir sündigten, als wir zusammen waren, und ich wurde schwanger. Von uns wurde verlangt, dies vor der Gemeinde zu gestehen; dann heirateten wir. Ich wusste nichts über Geld, wie man spart oder das Geld gut überlegt ausgibt usw. Im Laufe der nächsten zehn Jahre lebten wir über unsere Verhältnisse und häuften Schulden an, während ich mich zu Hause um die Kinder kümmerte. Wir waren sehr aktiv in unserer Gemeinde, wurden Jugendleiter, sangen jeden Sonntag in der Lobpreisgruppe und dienten im Diakonat. Ich war unzufrieden mit dem Gehalt meines Mannes und untergrub ständig seine Autorität gegenüber unseren Kindern. Ich hatte das Gefühl, er sei zu hart mit ihnen, und handelte hinter seinem Rücken ihm zuwider.

Ich gebe zu, mein Verhalten war schrecklich und sündig. Vor ungefähr sieben Jahren bekam ich Schilddrüsenprobleme und das Leben wurde hart. Ich wurde eine andere Person. Nachdem sich meine Gesundheit gebessert hatte, hatte dieser Sturm viele Verletzungen und Trümmer hinterlassen. Mein Mann fühlte sich allein, freundete sich mit einer anderen Frau an und begann sich ihr anzuvertrauen. Sie hatten eine emotionale Affäre. Er ließ es dann sein, aber ich spürte, dass es noch lange nicht vorbei war. Wir hatten uns auseinandergelebt. Meine jahrelange Respektlosigkeit hatte ihn bitter gemacht. Wir trafen uns einige Male mit einem Eheberater. Nach der ersten emotionalen Affäre meines Mannes begegnete Gott mir genau dort, wo ich in all meiner Sünde und Qual war.

Vergebung – was für eine mächtige Sache. Ich konnte fühlen, dass mein Mann nur auf Zeit spielte, bis unsere Kinder aus dem Haus wären. Ich wusste nicht, was ich dagegen tun sollte. Also wandte ich mich an Gott, kapitulierte vor ihm und brachte meine Lasten zum Kreuz. Ich begann zu beten: »Ändere mich, Herr, und segne ihn.« Zusammen machten wir einen Kurs zum Umgang mit Geld. Wir fingen an, über unsere Ausgaben zu sprechen, und ein Heilungsprozess begann. Ich fing an, in Teilzeit zu arbeiten, um die Schulden abzuarbeiten, aber ich spürte, dass mein Mann sich immer noch in einem Kampf befand. Oft kroch ich nachts aus dem

Bett, kniete nieder und betete mit erhobenen Armen, um meinen Mann Gott anzubefehlen. Ich bat Gott, mir einen Hunger nach ihm zu geben. Ich habe so viel Heilung erfahren, als ich die Liebe, die Gott für mich hat, völlig akzeptierte und anerkannte, dass nur Gott diese Leere in meinem Herzen füllen kann. Er will mich. Er sehnt sich nach mir. Er hat mich nie satt.

Während der ganzen Zeit spürte ich, dass mein Mann mir nicht treu war, aber ich wusste nicht, inwiefern. Ich hatte ihn Gott überlassen. Er gehört zuerst Gott. Gott brachte mich dahin, dass ich erkannte, dass ich nicht für die Gedanken oder Entscheidungen meines Mannes verantwortlich bin. Ich bin nur für meine verantwortlich. Das war eine befreiende Erkenntnis. Wie konnte ich meinen Mann wirklich lieben und respektieren, wenn ich Gott nicht an die erste Stelle setzte? Als ich mich ganz dem Einen auslieferte, der mich so sehr liebt, dass er seinen einzigen Sohn sandte, um für meine Sünden zu sterben, und sein Geschenk demütig und dankbar annahm, da begann Gottes heilendes Werk in mir. Als Gott mich meiner Schuld überführte und mich erneuerte, begann ich, mich für meine Respektlosigkeit, Unehrlichkeit mit Geld und andere Vergehen zu entschuldigen und um Vergebung zu bitten. Mein Mann blieb skeptisch. Ich habe alle Schritte durchlaufen, die du beschreibst – den Wunsch, über die Änderungen zu sprechen, und den Versuch, ihm mitzuteilen, was vor sich ging. Aber er wurde wütend und sagte mir, ich solle still sein.

Als ich still wurde, fing er an, die Stimme Gottes hören. Vor ein paar Tagen, als wir im Bett lagen, sagte er mir, dass er über etwas reden müsse. Er erzählte, dass eine Frau, die er kannte, ihn angerufen und gesagt hatte, ihr Mann drehe durch, er werde kommen, um mir zu sagen, dass sie eine Affäre hätten. Er gestand, dass sie sich sehr unangemessene Nachrichten geschrieben hatten. Ich wurde nicht böse, ich hörte ihm einfach zu. … Letzte Nacht war die Krise auf dem Höhepunkt. Er führte mich zum Abendessen aus und sagte, er müsse reden. Er gestand eine Affäre aus dem vergangenen Sommer. Er schluchzte und sagte, dass er vor zehn Jahren die Hoffnung aufgegeben habe und nur seine Zeit absitzen wollte, bis die Kinder aus dem Haus seien. Aber, so sagte er, die Art und Weise, wie ich mich vor seinen Augen zu verändern begann – meine Offenheit und die Geständnisse, der Friede und die erfüllende Freude in mir, die nicht verschwanden, sondern vielmehr stärker wurden – ließ ihn seine Entscheidungen überdenken. Wir unterhielten uns eine Weile, und dann ging ich ins Bett, weil ich Ruhe brauchte – einen Ort, an dem ich weinen und mein Herz vor Gott ausschütten konnte. Ich war traurig, aber voller Ehrfurcht, weil Gott mich darauf vorbereitet hatte. Vor sechs Monaten hatte Gott sehr deutlich zu mir gesprochen und mir drei Worte gegeben, an die ich mich klammern konnte: *zu seiner Zeit*. Ich hatte zu Gott geschrien und gefragt, wie weit das alles gehen müsse, bevor mein Mann zerbricht. Gott flüsterte mir zu: »Ziemlich weit, aber ich werde dich niemals verlassen oder dich aufgeben. Ich bin immer bei dir.« Ich hielt jeden Tag an diesem Versprechen fest. Mein Mann ist ein guter Mann, ein fleißiger Familienvater. Ich glaubte an dieses Versprechen und gab die Hoffnung nicht auf.

Als mein Mann ins Bett kam, unterhielten wir uns noch einmal eine Weile und sagten dann gleichzeitig: »Können wir beten?« Dieser Mann, den ich von ganzem Herzen liebe – und es immer tun werde –, betete ein Gebet, auf das ich gewartet hatte und um das ich Gott gebeten hatte. Er betete, dass Gott das Zentrum unserer Ehe sein würde, dass wir diese Vision niemals verlieren würden, wenn wir ab jetzt vorwärtsgehen und nach zwanzig Jahren voller Missverständnisse, Verletzungen, Unehrlichkeit und Untreue wieder von vorne anfangen würden. Heute Morgen bin ich so dankbar für den einen Gott, der vor uns hergeht, dessen Zeitplan wir nicht beeinflussen können, der uns liebt und vergibt. Ich bin so dankbar für einen Gott, der mich aufhielt und der unsere Ehe, meinen Mann und mich erneuert. Mein Mann sagte mir, dass er in dem Moment wusste, dass er bekennen muss, als ich ihm sagte, dass Gott mich überführt hatte und dass ich siebzig mal sieben Mal vergeben muss – damit wir unsere Ehe heilen und wiederaufbauen könnten. Es gibt so viel Gutes. Mein Gott ist bei mir im Sturm, denn ich habe einen Frieden, den nur er geben kann. Ich bete, dass Gott es uns zeigt, wenn wir mehr Beratung brauchen, dass er es dann meinem Mann offenbart. Ich habe diese Entscheidung [meinem Mann] überlassen. Ich vertraue auf Gott, dass er weiterhin Heilung bringen wird und dass Gott, wenn mein Mann einen Mentor braucht, diese Person in sein Leben bringen wird – einfach weil er so großartig und fürsorglich ist. Er ist mir immer und immer wieder so treu gewesen – wie kann ich dann hinterfragen, was kommt? Ich muss betonen, dass eine völlige Hingabe an Gott geschehen muss, damit Frauen dies erleben können.

Zum Schluss noch eine Erinnerung daran, dass Gott nicht nur im Leben der Gläubigen wirkt, sondern auch im Leben der Ungläubigen. Katy, die Autorin der folgenden Geschichte, ist mit einem Mann verheiratet, der Jesus nicht kennt. Kürzlich hat Gott Katy ihre Respektlosigkeit gegenüber ihrem Ehemann offenbart. Ihr Mann hat eine Affäre und hat darüber gesprochen, sie zu verlassen. Was Gott im Herzen dieser Frau tut, ist wunderbar.

Katys Geschichte

Ich habe nicht gerade das Gefühl, geistlich zu wachsen oder gottesfürchtiger und weiser zu werden. Aber ich bin erstaunt, dass ich irgendwie diesem Sturm standhalten kann, und es liegt definitiv nicht an meiner eigenen Kraft. Ich traue mich kaum, es auszusprechen, aber ich bin in gewisser Weise sogar dankbar für das, was vor sich geht, weil ich weiß, dass ich ohne dieses Leiden immer noch völlig zufrieden (und ahnungslos) als lockerer Christ daherleben würde. Es erfüllt mich mit Ehrfurcht, wie viel Gottes Wort mir jetzt zu sagen hat. Das hat es früher nie gegeben! Ich las die Bibel. Ich lernte viele Verse auswendig. So bin ich erzogen worden und es gehörte einfach zu meinem Leben, wie Hintergrundmusik. Ich glaube nicht, dass ich jemals auf den Text geachtet habe. Ab und zu summte ich nur gedankenlos mit. Jetzt ist es so, als wäre mein Leben die Hintergrundmusik (so unharmonisch es gerade auch ist) und Gottes Wort die Hauptsache! Ich freue mich darauf, meine Bibel zu lesen. Das habe ich früher nie so richtig gespürt.

Mein Gebetsleben wird besser. Ich habe noch viel zu lernen und es scheint mir keine leichte Übung zu sein, aber ich habe den Wunsch, Gott zu suchen und kennenzulernen, wie ich es früher nie hatte. Es ist aufregend! Gott ist real und bedeutsam, und ich erlebe das in einer ganz neuen Weise, durch sein Wort und durch die Ruhe, die ich in diesem Sturm habe. Ich spüre auch, dass diese Ruhe direkt damit zusammenhängt, worauf ich mich konzentriere. Wenn ich meine Augen auf ihn richte, erlebe ich trotz des Chaos um mich herum erstaunlichen Frieden – aber wenn ich meine Augen auf mich selbst richte (verletzte Gefühle usw.), auf meinen Ehemann oder auch auf gute Dinge (meine Kinder), dann ist es unmöglich, nicht zu verzweifeln und die Hoffnungslosigkeit nicht über mich hereinbrechen zu lassen, den Sturm jemals zu überstehen. Wenn Gott mein Leben nicht zerbrochen hätte, wäre ich nicht in der Lage gewesen, ihn zu sehen. Er hat mich mein ganzes Leben lang mit vielen guten Dingen gesegnet, aber erst in dieser Zeit des Leidens beginne ich zu begreifen, dass er da ist und wie sehr ich ihn wirklich brauche. Ich glaube, dass ich in Bezug darauf einfach einen anderen Charakter habe als mein Ehemann. Ich mache mir nicht so viele Sorgen um Dinge wie mein Mann. Anscheinend erlebt er emotionale Höhen und Tiefen in größerem Maße als ich. Das ist nicht unbedingt gut oder schlecht, sondern einfach so, wie Gott uns gemacht hat. Allerdings klingelte es bei mir, als er fragte: »Was ist überhaupt deine Leidenschaft?«, und das ist jetzt mein Gebet geworden. Ich möchte meine Beziehung zu Gott leidenschaftlich leben, und ich bete, dass mein Mann das eines Tages sieht und weiß, wo meine Leidenschaft liegt, und sie auch selbst will.

Ich bin so dankbar, dass [April] mir das Thema Götzendienst erklärt hat. So hat es mir noch nie jemand erklärt und ich habe es nie so verstanden, dass wir immer dann einen Götzen im Leben haben, wenn wir irgendjemanden oder irgendetwas in unserem Herzen und Leben über Gott stellen. Ich dachte immer, Bibeltexte über Götzendienst seien irrelevant und in unserer Gesellschaft gebe es keine »Götzen« (ha!). Es macht jetzt so viel mehr Sinn und ist von einem irrelevanten Thema zu etwas sehr Wichtigem geworden. Ich habe neulich 1. Johannes gelesen. Es enthält so klare Beschreibungen, wie andere Menschen anhand unseres Lebens beurteilen können, ob wir Gott wirklich lieben und Jesus nachfolgen. Ich möchte verstehen, wie mein Leben vor meinem Mann und meinen Kindern Christus widerspiegeln kann, und 1. Johannes sagt sehr klar, wie unser Leben aussehen sollte. Der Brief endet mit diesem Vers: »Kinder, hütet euch vor den Götzen!« Meine erste Reaktion war: »Was? Wie zusammenhangslos! Ist das ein nachträglicher Gedanke? Es wirkt so, als wäre dieser Vers nur drangehängt, ganz ohne Kontext.« Auch die Fußnote in meiner Bibel sagt nur, dass Götzen »falsche Götter im Gegensatz zu dem einen wahren Gott« sind. Was für ein enttäuschendes Ende für einen großartigen Brief!

Dann traf es mich. Das ist der Schlüssel. Davon hängt der gesamte Rest des Briefes ab! Wenn Gott in meinem Herzen und in meinem Leben nicht seinen rechtmäßigen Platz hat und nicht meine erste und einzige Priorität ist, werde ich den Rest aus 1. Johannes niemals erfüllen können: im Licht wandeln, meinen Bruder lieben usw. … Wenn ich irgendwelche Götzen in meinem Leben habe – auch »gute«, wie meine Kinder oder meinen Mann –, dann breche ich sein Gebot, missfalle ihm und folge nicht dem Beispiel Christi. Wenn ich in Sünde lebe, bleibe ich nicht in ihm. Diese Erkenntnis hat mich umgehauen. Nie zuvor habe ich etwas in der Bibel so klar gesehen oder verstanden. Ich weiß, dass es nicht mein eigenes Verständnis war; der Heilige Geist hat mir die Wahrheit enthüllt, die ich früher nicht sehen konnte. Das ist so aufregend!

Und welche Kraft verspricht uns 1. Johannes: Er hört und gibt uns alles, was wir verlangen, wenn wir in seinem Willen leben und seinem Gebot gehorchen, in unserem Leben keinen Götzen vor Gott zu stellen.

Anmerkungen

1. Emerson Eggerichs: *Liebe und Respekt*, Asslar: Gerth Medien, 2011.
2. Vgl. *Die Danvers-Erklärung*, in: John Piper / Wayne Grudem (Hrsg.): *Die Rolle von Mann und Frau in der Bibel: Zweimal einmalig – eine biblische Studie*, Friedberg: 3L, 2008, S. 592.
3. John Piper / Wayne Grudem: *Ein Überblick über zentrale Probleme*, in: John Piper / Wayne Grudem (Hrsg.): *Die Rolle von Mann und Frau in der Bibel: Zweimal einmalig – eine biblische Studie*, Friedberg: 3L, 2008, S. 74.
4. Ebd.: S. 75-76.
5. Übersetzt aus: John Piper / Wayne Grudem: *Questions and Answers*, in: John Piper / Wayne Grudem (Hrsg.): *Recovering Biblical Manhood and Womanhood*, Wheaton, IL: Crossway, 2006, S. 72.
6. Vgl. David J. Ayers: *Die Unvermeidlichkeit des Scheiterns*, in: John Piper / Wayne Grudem (Hrsg.): *Die Rolle von Mann und Frau in der Bibel: Zweimal einmalig – eine biblische Studie*, Friedberg: 3L, 2008, S. 387ff.
7. Vgl. ebd.: S. 400-402.
8. Übersetzt aus: E. M. Bounds: *The Classic Collection on Prayer*, Alachua, FL: Bridge-Logos, 2001, S. 61.
9. Nina Roesner: *The Respect Dare*, Nashville: Thomas Nelson, 2012.
10. Shaunti Feldhahn: *Männer sind Frauensache*, Asslar: Gerth Medien, 2006.
11. Dr. Laura Schlessinger: *The Proper Care and Feeding of Husbands*, New York: HarperCollins, 2004; Laura Doyle: *The Surrendered Wife*, New York: Fireside, 2001.

12. Vgl. Laura Doyle: *The Surrendered Wife*, New York: Simon and Schuster, 1999, S. 86, 228.
13. Shaunti Feldhahn: *Männer sind Frauensache*, Asslar: Gerth Medien, 2006.

Bunny P. Wilson

Befreit durch Unterordnung

160 Seiten, Hardcover
ISBN 978-3-86699-396-9

»Unterordnung« – das Wort, welches Frauen explodieren und Männer zustimmend nicken lässt! Ein Begriff, den die meisten aus ihrem Wortschatz und aus ihren Vorstellungen verbannt haben. Doch dabei ist weithin die Tatsache aus dem Bewusstsein geschwunden, dass Unterordnung alle betrifft und ein bewährtes, lebensnotwendiges Prinzip ist! Mit entwaffnender Ehrlichkeit, erfrischendem Humor und sorgfältiger Untersuchung der biblischen Sicht behandelt Bunny Wilson dieses brisante Thema. Sie vermittelt eine neue, überraschende Schau und fordert heraus, Gottes Verständnis von Unterordnung kennenzulernen und den Segen des Gehorsams zu gewinnen!